Izabella Gawin

Insel El Hierro

„Wo gehen wir hin? Wo kommen wir her?
Und warum sind wir nicht dort geblieben?“

Matthias Beltz

037eh Foto: gs

Impressum

Dieter Schulze
Insel El Hierro
erschienen im
Reise Know-How Verlag Peter Rump GmbH
Osnabrücker Str. 79, 33649 Bielefeld

1. Auflage 2003

Gestaltung
Umschlag: M. Schömann, P. Rump (Layout);
G. Pawlak (Realisierung)
Inhalt: G. Pawlak (Layout),
Angelika Schneidewind (Realisierung)
Karten: Thomas Buri
Fotos: Izabella Gawin und Dieter Schulze (gs),
David Olivera (do)
Bildbearbeitung: Klaus Werner

Lektorat: Caroline Tiemann

Druck und Bindung: Fuldaer Verlagsagentur

ISBN 3-8317-1113-5
Printed in Germany

Dieses Buch ist erhältlich in jeder Buchhandlung der BRD, der Schweiz, Österreichs, Belgiens und der Niederlande. Bitte informieren Sie Ihren Buchhändler über folgende Bezugsadressen:

BRD
Prolit GmbH, Postfach 9, 35461 Fernwald (Annerod)
sowie alle Barsortimente

Schweiz
AVA-buch 2000, Postfach, CH-8910 Affoltern

Österreich
Mohr Morawa Buchvertrieb GmbH, Sulzengasse 2, A-1230 Wien

Niederlande, Belgien
Willems Adventure, Postbus 403, NL-3140 AK Maassluis

Wer im Buchhandel trotzdem kein Glück hat, bekommt unsere Bücher auch direkt bei:
Rump Direktversand Heidekampstraße 18, D-49809 Lingen (Ems)
oder über den **Büchershop im Internet: www.reise-know-how.de**

Wir freuen uns über Kritik, Kommentare und Verbesserungsvorschläge.

Izabella Gawin

Insel El Hierro

Vorwort

Es gibt sie noch: die gelobte Insel, die nichts wissen will vom Traum des großen Geldes, den Verlockungen der Freizeitindustrie. El Hierro, die südwestlichste Insel des Kanarischen Archipels, verharrt im Dornröschenschlaf – der letzte Außenposten Europas vor den Weiten des Atlantiks. Bis zur Entdeckung Amerikas galt die Insel als das „Ende der Welt" und ein bisschen spürt man das noch heute. Dank ihrer abseitigen Lage blieben ihr viele „zivilisatorische Segnungen" erspart und die Natur konnte sich weitgehend intakt erhalten. Von der UNESCO wurde sie zum Biosphärenreservat erklärt, ein Gütesiegel für weltweit einzigartige Landschaften, in denen es gelungen ist, die wirtschaftliche Entwicklung nicht auf dem Rücken der Natur auszutragen.

Die Insulaner werden Herreños genannt – stolz beschützen sie die Natur gegen alle Anfeindungen von außen. Besucher sind willkommen, doch so viele wie auf den Nachbarinseln will man nicht haben. Gerade mal 1000 Betten stehen für sie bereit, und mehr, sagen die Bewohner, werden es hoffentlich nie werden. Ein Fremder auf zehn Einheimische scheint ihnen ein gutes Verhältnis und darum gelten auf ihrer Insel bis auf weiteres die eigenen Gesetze und nicht die der Fremden. Wer die Insel bereist, sei deshalb gewarnt: Vieles von dem, was ihm von der Heimat vertraut ist, gibt es hier nicht: keine Schnellstraße und keine Ampel, kein Hochhaus und nicht einmal einen Aufzug.

Dieses Reisehandbuch will dem Leser helfen, auf El Hierro erlebnisreiche Wochen zu verbringen. Vor allem an Naturliebhaber ist gedacht: 18 detailliert beschriebene Wandertouren machen mit den schönsten Landschaften vertraut. Sie führen über Hochalmen, durch Kiefern- und urwüchsigen Lorbeerwald, vorbei an Vulkanen und schwarzer Lavawüste. Entlang schroffer Steilwände kommt man zu spektakulären Aussichtsplätzen und zum windgepeitschten Wacholder von El Sabinar.

Eine Fülle von praktischen Informationen ermöglicht es, die Insel auf eigene Faust zu entdecken. Ausführlich werden die Orte mit ihren Besonderheiten vorgestellt, Unterkünfte und Lokale am Wegesrand, aber auch restaurierte Landhäuser für einen Urlaub auf Wochenbasis, Badestrände, Naturschwimmbecken und Tauchspots.

Ich wünsche Ihnen eine gute Reise!

Izabella Gawin

Inhalt

Der sonnige Süden

Das fruchtbare Golftal

Wandern auf El Hierro

s. nächste Seite

Anhang

Hinweis: Die **fett gedruckten Orte** sind die bedeutendsten der jeweiligen Region. Dort finden sich auch Infokästen mit Angaben zu Busverbindungen, Touristeninformationen, Banken, Gesundheitszentren etc.

Exkurse

Wandern auf El Hierro

Kartenverzeichnis

Inselkarten

Übersichtskarten

Ortspläne

Wanderkarten

001eh Foto: do

Urlaubsziel
El Hierro

Landschaftsbilder

El Hierro bietet auf wenig Raum eine große Vielfalt an Landschaften. Die Palette reicht vom wolkenverhangenen Lorbeerwald über Kiefernhänge und windgepeitschte Ebenen mit Wacholderbewuchs zu Vulkankegeln und -kratern. Auf sattgrünen Hochalmen weiden Kühe und Schafe, während in den Lavafeldern des Südens, nur wenige Kilometer entfernt, kein Pflänzchen gedeiht. Von fast überall sieht man das Meer, das freilich – abgesehen von der Golfregion – nicht leicht zu erreichen ist. Schroffe Klippen säumen die Insel, nur an wenigen Stellen hat man Zugang zu kleinen Sandbuchten und Naturschwimmbecken.

Zentrum

Quer durch El Hierro zieht sich – sozusagen als Rückgrat der Insel – die **Cumbre,** ein mächtiges, sichelförmiges Kammgebirge. Seinen höchsten Punkt erreicht es am 1502 Meter hohen Malpaso, die Nachbargipfel sind kaum niedriger. Die Cumbre ist mit immergrünem Lorbeer- und Gagelbaumwald bedeckt, dessen Zweige die Passatwolken „melken". Unentwegt tröpfelt das kondensierte Wasser auf die Erde herab und sorgt selbst bei ausbleibendem Regen für ausreichend Feuchtigkeit.

Westen

Westwärts fällt das Kammgebirge fast senkrecht zum **Golftal** ab, das sich in einer weiten, halbkreisförmigen Bucht zum Meer hin öffnet. Während die Hänge im oberen Teil dicht bewaldet sind, wird die sanft geneigte Küstenebene landwirtschaftlich genutzt. Auf Terrassenfeldern wächst schwerer Wein, in Plantagen gedeihen profitable Exoten wie Mangos und Papayas, Avocados und Ananas. Den Früchten verdankt das Tal seinen

Vorhergehende Seite:
Die El-Hierro-Rose – ein Insel-Endemit

Aufstieg zur wirtschaftlich wichtigsten Region – mittlerweile lebt hier mehr als die Hälfte der Herreños.

Osten

Auf der östlichen Inselseite wiederholt sich die Felsformation in kleinerem Maßstab. Die **Bucht Las Playas** wird von über 1000 Meter hohen, zerklüfteten Steilwänden flankiert, die ein Halbrund bilden. Doch anders als im Golftal hat sich keine Küstenplattform ausgebildet, für Ansiedlungen ist kaum Platz. So hat sich Las Playas bis heute seine grandiose Einsamkeit bewahrt, nur eine schmale Stichstraße führt zu verstreuten Häusern.

Norden

Zwischen den beiden Buchten El Golfo und Las Playas verengt sich das Hochland auf wenige Kilometer. Nördlich dieser „Taille" erstreckt sich die **Hochebene Meseta de Nisdafe,** auf der Hunderte von Kühen weiden. Sie ist von grauen Steinmauern durchzogen, die mit ihrem lebendigen, bemoosten Profil wie ein Stück gewachsener Natur anmuten. Im Winter präsentiert sich die Hochebene saftig-grün; mit ihren vorbeihuschenden Passatwolken erinnert sie ein wenig an Irland. Im Sommerhalbjahr ist sie dagegen staubtrocken und ausgebrannt, belebt sich erst wieder nach herbstlichem Regen. Mit mäßigem Gefälle senkt sich die Ebene zur Nordküste hinab. Auf halber Strecke, zwischen 500 und 700 Metern Höhe, liegen Los Barrios („die Weiler"), ein Zusammenschluss mehrerer Ortschaften, und die kleine Inselhauptstadt Valverde.

Süden

Südlich der „Taille" lichten sich die Passatwolken, weshalb es hier wärmer und trockener ist. Der Südhang der Cumbre ist mit dem **Kiefernwald El Pinar** bedeckt, „eine schöne und angenehme Gegend mit immergrünen Bäumen, deren Stämme so dick sind, dass sie zwei Männer allein nicht umfassen können". So steht's in der Chronik der Conquista von 1405 – und diese Beschreibung passt bis zum heutigen Tag.

Ein ganz anderes Bild bietet der Südzipfel El Hierros, die **Halbinsel La Restinga.** Die Hänge sind mit schwarzer Lava bedeckt, die in den erstaunlichsten Formen erstarrte. Da sieht man Flächen, die so glatt sind wie ein ausgebreiteter Faltenwurf, dann wieder ineinander verflochtene Ströme, aufgedunsenes und aufgebrochenes Gestein. Man

002eh Foto: do

ahnt die Bewegung der schnell dahinfließenden Lava, die mitten im Lauf erstarrte, und meint noch ihre Hitze zu spüren. Geologen sprechen von Fladen-, Kissen-, Strick- und Gekröselava, Bauern schlicht und geringschätzig von *malpaís*, „schlechtem", nicht bebaubarem Land. Allen Naturwidrigkeiten zum Trotz floriert an der Südspitze die kleine Ortschaft La Restinga. Die Bewohner leben von Fischerei und Tauchtourismus, das angrenzende „Meer der Stille" (Mar de Calmas) wurde 1996 zum Meeresschutzgebiet erklärt.

Südwesten Westlich der Halbinsel erstreckt sich ein Niemandsland von wilder, karger Schönheit. Die Flanken des Hangs **El Julán** sind von Erosionsrinnen zerfurcht und von der Sonne ausgeglüht. Seit wenigen Jahren wird er wieder aufgeforstet, überall keimen junge, zartgrüne Kiefern. Es gibt in dieser Gegend kein einziges Dorf, wohl aber einen Leuchtturm: Seit Jahrhunderten markiert der Faro de Orchilla an der Süwestspitze den globalen Nullmeridian.

Nicht minder einsam ist **La Dehesa,** die zweite große Hochebene El Hierros. Auch sie ist von Natursteinmauern durchzogen, Wind peitscht über die Zwergsträucher hinweg, die als Viehfutter dienen. Nur hier, nirgends sonst auf dem Archipel erhielten sich alte, urwüchsige Wacholderbäume. Sie wurden vom Wind regelrecht zu Boden gedrückt, mit ihren ineinander verschlungenen Stämmen wirken sie wie bizarre Skulpturen. Nahebei entdeckt man die Ermita de los Reyes, das „geistliche Zentrum" der Insel, wo alle fünf Jahre die größte Prozession der Kanaren startet.

Vulkanische Entstehung

Erese haben die Ureinwohner ihre Insel genannt, zu deutsch „fester Fels". Der Name könnte kaum besser gewählt sein: Schroff wie keine andere Kanareninsel ragt sie aus dem Meer – eine gewaltige Felsfestung mit bis zu 1500 Meter hohen Steilwänden, die sich unter der Meeresoberfläche bis in eine Tiefe von 4000 Metern fortsetzen.

Vor etwa 35 Millionen Jahren klaffte der Meeresboden ein erstes Mal auf. Aus dem Erdinnern quoll glühendes Magma und bildete den Sockel der Kanarischen Inseln. El Hierro, jüngster Spross des Archipels, erhob sich erst spät: Vor etwa drei

003eh Foto: do

Millionen Jahren durchbrach Magma das Inselfundament und wuchs über den Meeresspiegel hinaus.

In der weiteren Entwicklung kam es immer wieder zu vulkanischen Schüben, von denen vor allem zwei bedeutend waren. Ab 50.000 v. Chr. schossen entlang des y-förmigen Inselrückgrats viele kleinere Vulkane empor, deren Auswurfmaterial, Asche und Lavakörnchen, noch heute weite Teile El Hierros bedecken. Damals entstand auch das gigantische Halbrund des Golftals, von dem man lange Zeit glaubte, es sei der Rest eines Riesenkraters, der in Folge einer Eruption herausgesprengt und im Meer versunken sei. Mittlerweile geht man davon aus, dass er aufgrund tektonischer Brüche entstanden ist. Die Insel, vorstellbar als eine riesige, bis zu 2500 Meter hohe, westwärts geneigte Vulkanpyramide, ist vermutlich aufgrund ihres Eigengewichts eingestürzt und ins Meer „gerutscht". Man schätzt, dass die weggebrochenen Felsmassen eine etwa 100 Meter hohe Flutwelle auslösten.

Die jüngste Eruptionswelle fand zwischen 4000 und 1000 v. Chr. statt. Im Nordosten und im Süden brachen mehrere Vulkane aus, deren dünnflüssige Lava sich über die Hänge ergoss. Aus jener Zeit stammt der Höhlentunnel Cueva de Don Justo, der mit einer Länge von sechs Kilometern zu den größten der Welt gehört. 1793 kam es zum vorerst letzten vulkanischen Ausbruch: Mehrere Wochen spie der „Schwarze Rücken" (Lomo Negro) gewaltige Lavamassen aus, die als chaotische Trümmerwüste erstarrten.

Junge Stricklava bei La Restinga

Aufgrund der kurzen Erdgeschichte El Hierros hatten die Kräfte der Erosion wenig Zeit, die Oberfläche zu formen. Darum gibt es keine tief eingeschnittenen Schluchten *(barrancos)* wie etwa auf La Palma und Gomera. Vorherrschend sind leicht gewellte Hochebenen und fast geradlinig abfallende Hänge.

Insel des ewigen Frühlings

Der Archipel liegt auf der gleichen Höhe wie Florida oder Südmarokko, doch klimatische Parallelen lassen sich daraus nicht ableiten. Dank des Kanarenstroms und des Nordostpassats ist es auf den Kanaren **atlantisch mild.** Die Nachttemperaturen liegen im Küstenbereich bei konstanten 14 bis 18°C, unter 12°C fallen sie selten. Die Tagestemperaturen bewegen sich im Winter um die 20 bis 23°C, im Sommer können sie im Norden auf über 25°C, im Süden auf über 30°C ansteigen. Eine **leichte Brise** sorgt für stete Abkühlung, verleitet freilich auch manchen Urlauber, die **Kraft der Sonne** zu unterschätzen – selbst bei Verwendung eines hohen Lichtschutzfaktors sollte der Körper den Strahlen nie allzu lange ausgesetzt werden.

Baden ist auf El Hierro zu allen Jahreszeiten möglich; die Wassertemperaturen schwanken zwischen 18°C im Winter und 23°C im Spätsommer. Aufgrund der Nähe zum Äquator bleibt es im Winter länger hell als in Mitteleuropa. Noch der kürzeste Tag dauert knapp elf Stunden, die Sonne steht weit oben und „fällt" dann steil ab ins Meer.

Wasser und Wind

Für das einzigartige Klima sorgen Meeresströmungen und die feuchten, atlantischen Winde. Der **Kanarenstrom** – so wird der auf der Höhe der Azoren abdriftende Ausläufer des Golfstroms genannt – dämpft die subtropischen Temperaturen. Für leichte Abkühlung sorgt auch der **Passat,** der im Spanischen *viento alisio* (elysischer Wind)

Klimatabelle

Mittlere tägliche Maximum- und Minimumtemperaturen in °C

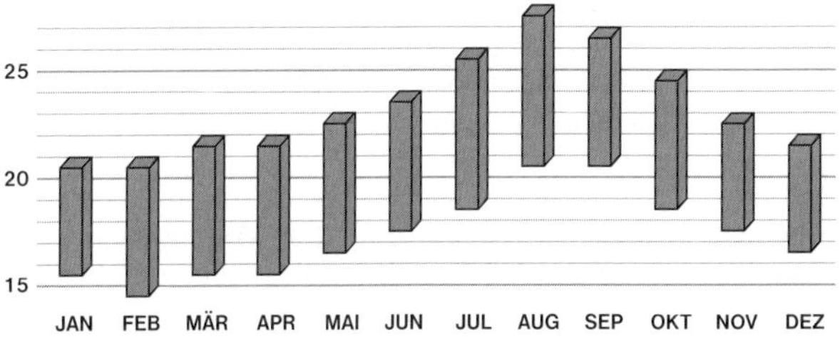

Wassertemperatur in °C

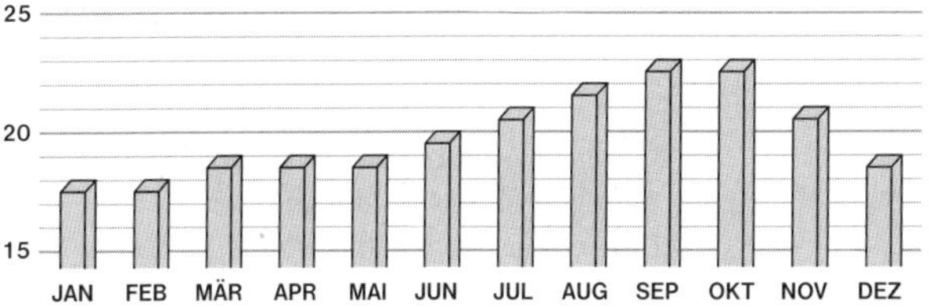

Mittlere Anzahl der Tage mit Niederschlag pro Monat

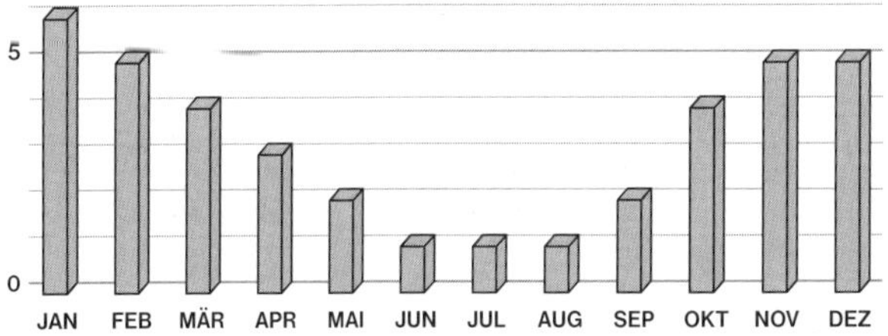

Die genannten Daten sind Durchschnittswerte, die sich auf das westliche Golftal beziehen. In La Restinga ist es trockener und etwas wärmer, im Norden dagegen vor allem in den Wintermonaten feuchter und kühler, die Temperaturen liegen bis zu 3°C niedriger.

heißt: Bei seinem Lauf über den Atlantik lädt er sich mit Feuchtigkeit auf und trägt sie von Nordosten her in Form dichter Wolken heran. Sobald diese auf das Bergmassiv stoßen, stauen sie sich zu dichten Bänken, die im Tagesverlauf von den Bäumen „gemolken" werden. Der Grundstein für eine üppige Vegetation ist damit gelegt.

Wetterscheide

Das zentrale, bis zu 1502 Meter hohe Gebirgsmassiv der **Cumbre** wirkt als Wetterscheide, nur wenige Wolken stoßen nach Süden und Südwesten vor. Wie ein „Wasserfall" ergießen sich diese über den zentralen Kamm, um sich im Golftal aufzulösen. Nur selten geschieht es, dass der Wind einmal radikal dreht und Regenwolken vom Äquator heranführt.

Häufiger ist der von den Einheimischen gefürchtete Schwenk des Windes auf Südost. Die so genannte *Calima* ist ein drückender **Saharawind,** der feine, rötliche Sandpartikel mit sich führt. Diese legen sich wie eine Käseglocke über die Insel und erschweren das Atmen, besonders, wenn die Calima in tiefere Luftschichten absinkt. Der Sahara-

Kühl-feuchte Passatwolken aus NO stoßen gegen die Insel und steigen bis zu einer Höhe von 1500 m auf.
An Bäumen kondensieren sie zu Nebeltropfen = horizontaler Regen.
Oberhalb von 1500 m wehen trocken-warme Winde.

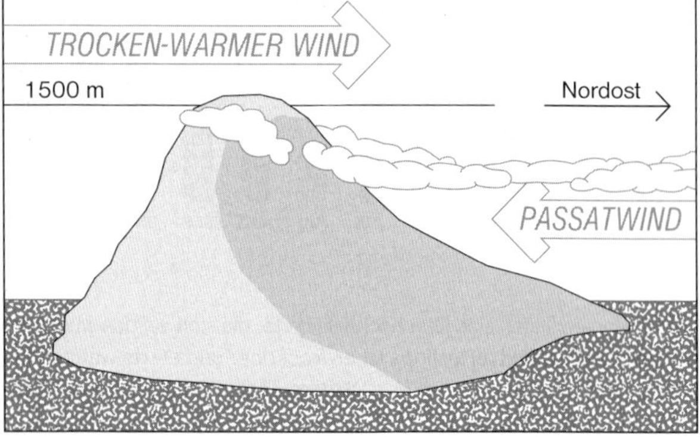

Staub ist in den Monaten Juni bis Oktober am häufigsten, kann aber auch im Winter über die Inseln hinwegfegen. Einziger Trost: In der Regel ist der Spuk nach drei Tagen wieder vorbei!

Kühle in den Bergen

Je höher man in die Berge hinaufsteigt, desto kühler wird es. Als Faustregel gilt, dass die Temperatur pro 100 Höhenmeter um etwa ein Grad sinkt. Besonders ausgeprägt sind die Klimaunterschiede im Winter. Da kann es geschehen, dass man in La Restinga oder Tamaduste schwitzend in der Sonne liegt, während man sich in San Andrés am Rande der Hochebene von Nisdafe in Pullover und Regenjacke hüllen muss.

Flora und Fauna

Pflanzenwelt

Die Insel ist klein, doch ihre Pflanzenwelt üppig: Die Palette reicht von dem für wüstenhaft-trockenes Klima typischen Dornlattich bis hin zum Lorbeerbaum, der eine große Menge an Feuchtigkeit benötigt.

Die Besonderheit der kanarischen Flora verdankt sich ihrer Isolation. Weit ab vom Festland war der Archipel eine Art „Naturlaboratorium". So erklärt es sich, dass **fast 1300 Arten endemisch** sind, d.h., sie wachsen nur hier, nirgends sonst auf der Welt. In Millionen von Jahren keimten sie auf dem vulkanischen Boden heran. Andere Pflanzen kamen als Samen und „blinder Passagier": versteckt im Gefieder von Vögeln oder in einem

Von Nordost kommen kühl-feuchte Passatwolken und stauen sich an den Bergen zu dichten Bänken

Stück Treibholz. Sie fanden günstige klimatische Bedingungen vor, die sie sprießen und gedeihen ließen – so das **europäische Heidekraut** und der **Farn,** die auf El Hierro weit über die uns vertraute Größe hinausgeschossen sind.

Seit der spanischen Eroberung ist die einheimische Flora auf dem Rückzug. Im „biologischen Koffer" der Konquistadoren kamen nicht nur **Agaven** sowie **Mandel- und Feigenbäume** auf die Insel, sondern auch Hibiskus, Weihnachtsstern und Bougainvillea, ein Potpourri **exotischer Zierpflanzen.** Wer heute auf El Hierro unterwegs ist, wird je nach Höhenlage einer sehr unterschiedlichen Vegetation begegnen. Der folgende Überblick beschränkt sich auf die endemischen Exemplare.

Küstenvegetation (0–500 m)

Der schmale, rasch ansteigende Küstenbereich ist felsig und trocken, die Luft extrem salzig. Nur widerstandsfähige Pflanzen können sich hier behaupten, allen voran die **Kandelaberwolfsmilch** (span. *cardón*) aus der Familie der Dickblattgewächse. Mit ihren gewaltigen Armen erinnert sie an Riesenkakteen; wie diese speichert sie ihren Lebenssaft in einem verpanzerten „Blatt". Stattliche, bis zu zwei Meter hohe Exemplare findet man in den Buchten von Las Playecillas und Las Playas, hier besonders an der nach ihr benannten Playa de los Cardones. Ein weiteres bekanntes Dickblattgewächs ist der **Dachwurz:** eine fast tellergroße Rosette, die sich gern zwischen Dachziegel und Felsspalten krallt. Die Insel hat eine besonders schöne Unterart ausgebildet, die als „El-Hierro-Rose" *(aeonium hierrense)* bezeichnet wird. Ihre glatten, rosafarbenen Blätter sind zu einer terrassenförmigen Rosette angeordnet, die oft von einem Kranz kleinerer „Rosen" eingefasst ist. Nahe Valverde entdeckt man das *aeonium valverdense,* ein Dickblattgewächs, dessen leicht rötliche Rosetten verholzten Zweigen aufsitzen.

Im Grenzbereich zwischen Küste und Gebirge hat sich ein auf den Kanaren einzigartiger Bestand des **Phönizischen Wacholders** erhalten. Die Bäume aus der Familie der Zypressengewächse wachsen bis zu zwölf Meter hoch und können mehrere Hundert Jahre alt werden. Sie sind biegsam und widerstandsfähig, lassen sich selbst von peitschendem Wind nicht brechen. Mit ihren tief gebeugten, bizarr verknorrten Stämmen gelten sie als Wahrzeichen der Insel.

Nicht eigentlich ein Baum, sondern ein Liliengewächs ist der **Drachenbaum:** Sein Stamm ist nicht verholzt und zeigt keine Jahresringe. Beeindruckt von seinem majestätischen Aussehen, haben ihm Wissenschaftler ein biblisches Alter „von mehreren Tausend Jahren" angedichtet (⇨Exkurs im Kap. „Golftal"). Die **Kanarische Palme** ist wild kaum noch anzutreffen; man sieht sie vor allem in Gärten, wo sie als dekorative Schattenspenderin geschätzt wird.

Monteverde (500–1500 m)

Im feuchten, dem Passat ausgesetzten Kammgebirge der Cumbre wächst der „grüne Bergwald" *(monteverde),* die schönste Pflanzenformation El Hierros. Mit ihrem dichten, immergrünen Kronendach sorgen die Lorbeerbäume dafür, dass kaum ein Lichtstrahl nach unten dringt. Unermüdlich „melken" sie die heranwehenden Passatwolken: An ihren lederartigen Blättern kondensieren die Nebelschwaden zu Tropfen, die auf den Boden perlen und einen Wildwuchs an Farn, Moos und Efeu nähren.

Zu den wichtigsten Vertretern des Monteverde zählt der **Lorbeer** *(laurus azorica,* span. *laurel),* in Europa ein kümmerlicher Strauch, auf El Hierro ein ansehnlicher Baum von bis zu 30 Metern. Enge Verwandte sind der **Mocán** mit gezähnten, zugespitzten Blättern sowie der **Stinklorbeer** *(ocotea foetens,* span. *til),* der an seinen eichelähnlichen Früchten zu erkennen ist. Sein Name rührt her von dem beißend scharfen Geruch, den die Rinde verströmt, sobald sie verletzt wird. Jahrhundertelang wurde er als „heiliger Baum" verehrt und gilt noch heute als eines der Wahrzeichen der Insel (⇨Exkurs im Kap. „Bergland").

Der Lorbeer gedeiht vor allem nordwestlich der Cumbre; an der trockeneren Südseite wird er von **Gagelbaum** *(faya)* und **Baumheide** *(brezo)* abgelöst. Beide werden nicht so hoch und haben auch kein so dichtes Blätterdach, vertragen dafür aber

Lagarto gigante – ein Überlebender meldet sich zurück

„Es gibt Eidechsen groß wie Katzen. Sie sind zwar äußerst hässlich anzuschauen, doch richten sie keinerlei Schaden an ...", so berichteten 1405 die ersten europäischen Chronisten. Was sie sahen, waren **Rieseneidechsen,** die heute außer auf El Hierro in geringer Zahl noch auf Gran Canaria und Gomera existieren. Aufgrund der Isolation hat jede dieser Inseln eine spezifische Unterart ausgebildet, die es nur hier, nirgends sonst auf der Welt gibt.

Fast, freilich, wäre die El-Hierro-Variante ausgestorben: Von den Bimbaches, den Ureinwohnern, als Leckerbissen geschätzt und von den europäischen Siedlern als Schädling bekämpft, ging ihr Bestand kontinuierlich zurück. Katzen und Hunde machten auf sie erbitterte Jagd, worauf sich die Eidechsen in unzugängliche Felswände zurückzogen. Fast hatte man sie vergessen, als 1889 der Naturforscher Steindachner nach El Hierro kam und doch noch ein paar Rieseneidechsen auf den Roques de Salmor entdeckte. Er benannte sie nach dem auf den Kanaren tätigen Kollegen Oskar Simonyi *lacerta simonyi simonyi* und machte sie durch Aufsätze in Fachzeitschriften in aller Welt bekannt. In den Folgejahren pilgerte manch ein „Naturfreund" auf die Insel, um sich eine Trophäe für seine Sammlung zu sichern. Schon bald schmückten ausgestopfte Exemplare die Museen von London und Wien, Santa Cruz de Tenerife und La Palma, doch auf El Hierro war die Echse kaum noch zu sehen. 1930 starb das vermeintlich letzte Exemplar – die Art wurde **für ausgestorben erklärt** und die Bauern freuten sich.

45 Jahre später machte die Rieseneidechse abermals Schlagzeilen. Der Ziegenhirt Juan Pedro Pérez Machín entdeckte sie in der Fuga de Gorreta, einer schwer zugänglichen Felswand im Golftal. Hektische Aktivität war die Folge: Vertreter von ICONA, der staatlichen Umweltschutzbehörde, stellten umgehend die seltene Spezies *(lagarto gigante)* unter Schutz und begannen mit der **Nachzucht.** Inzwischen scheint das Überleben auf El Hierro gesichert zu sein. Im Rahmen des EU-Programms für bedrohte Arten entstand in Guinea ein **Lagartorio,** in dem sich die Tiere rege vermehren. Bis zur Jahrtausendwende

größere Temperaturschwankungen und kommen mit weniger Feuchtigkeit aus.

Kiefern (800–1200 m)

In trockenen Lagen über den Wolken, vorzugsweise auf der Inselsüdseite, wächst die **Kanarische Kiefer** *(pino canariensis)*. Sie hat sich an die vulkanische Umgebung bestens angepasst. Mit ihren

erblickten dort über 400 Eidechsen-Exemplare das Licht der Welt, von denen mehrere auf dem Roque de Salmor in die freie Wildbahn entlassen wurden.

Die Echsen werden bis zu **75 Zentimeter lang** und besitzen einen dunklen Schuppenpanzer, der durch Rücken- und Seitenflecken aufgehellt ist. Ihr Körper wirkt gedrungen, der Schwanz ist lang und elegant. Mit ihren ausgeprägten Greifzehen krallt sich die Eidechse an Baumstümpfen und glatten Felswänden fest. Sie ist ein Vegetarier und begibt sich im Winter zur Ruhe, um erst im Frühjahr wieder aufzuwachen. Im Mai ist Paarungszeit, was aber keineswegs heißt, dass das Weibchen sogleich Eier legt. Es besitzt die erstaunliche Fähigkeit, den männlichen Samen im Körper aufzubewahren. Das bedeutet nicht nur, dass es den „Gebärtermin" selber festlegt, sondern auch, dass es an sexuellem Kontakt für längere Zeit nicht interessiert ist. Die gefrusteten Männchen, so wurde beobachtet, bedienen sich in diesem Fall gleichgeschlechtlicher Artgenossen, um ihrer sexuellen Energie freien Lauf zu lassen. Ist das Weibchen zur Tracht bereit, legt es bis zu zwölf Eier, denen nach zwei Monaten die Jungen entschlüpfen.

005eh Foto: do

Lebendes Fossil – die Rieseneidechse von El Hierro

bis zu 30 Zentimeter langen Nadeln „kämmt" sie die Feuchtigkeit aus den Wolken; dabei hilft ihr die Bartflechte, die wie schütteres Lametta von den Zweigen hängt. Erstaunlich ist die Fähigkeit der Kanarenkiefer, Feuersbrünste zu überstehen. Während eine mitteleuropäische Kiefer nach einem Brand abstirbt, ist ihre kanarische Verwandte durch eine dicke Borke geschützt. So begegnet man bei einem Spaziergang durch den Wald des öfteren alten, angekokelten Bäumen, aus deren Stamm frische Äste treiben. Aus Respekt vor ihrer Kraft haben ihnen die Herreños Namen gegeben, die in manch einer Landkarte verzeichnet sind. Da gibt es Pino Verde, Pino Piloto und Pino de Agua – der Wächter des Picknickplatzes Hoya del Morcillo kann noch viele weitere aufzählen ...

Tierwelt

Aufgrund der isolierten Lage El Hierros haben nur wenige Säugetiere den Sprung auf die Insel geschafft. Auf den Booten der ersten Siedler kamen Nutztiere wie Ziege und Schaf, zugleich aber auch unfreiwillige Reisebegleiter wie Ratte und Fledermaus. Später brachten die Konquistadoren das Kaninchen mit, damit sie auf der wildlosen Insel ihrer Jagdlust frönen konnten.

Vögel

Die Vögel brauchten kein Transportmittel, um auf die Insel zu gelangen. Besonders häufig begegnet man dem einheimischen **Turmfalken** *(falco tinnuculus canariensis),* der auf Lesesteinmauern sitzt und nach Beute Ausschau hält. Man kann sich ihm auf wenige Meter annähern, erst im letzten Augenblick fliegt er davon. Wo Wacholder wächst, sieht man den **Kolkraben** *(corvus corax canariensis).* Der pechschwarze Vogel ernährt sich von den Beeren des Baums und hilft bei der Wiederaufforstung: Der harte Samen des Wacholders beginnt erst dann zu keimen, wenn er von den Raben unverdaut ausgeschieden wurde. Überall präsent sind die hübsche **Blaumeise** sowie der **Hierro-Buchfink** mit seinem auffällig blauen Federkleid. Berühmt ist der **Kanarienvogel,** der – in seiner Wildform grau und wenig stimmgewaltig – erst durch Züchtung auf dem europäischen Kontinent zum gelb gefiederten Singvogel hochgepäppelt worden ist.

Eidechsen Wie auf den Nachbarinseln braucht man auch auf El Hierro keine Angst vor giftigen Schlangen und Skorpionen zu haben. Wenn es mal hinter den Steinen und im Gesträuch raschelt, handelt es sich meist um harmlose Eidechsen. Zwölf verschiedene Arten leben auf der Insel, davon ist die Hälfte endemisch, d.h., es gibt sie nur auf den Kanaren. Der **Skink** wird bis zu neun Zentimeter lang und ist an seinem glatten, tiefroten Schuppenkleid erkennbar. Gern sonnt er sich zwischen Steinen an alten Mauern. Die sympathischen, kleinen **Geckos** ziehen es vor, während der Tagesstunden zu schlafen – erst wenn es dunkel wird, werden sie munter. Im Zimmer laufen sie mit ihren Saugfingern an der Decke entlang und jagen Mücken und Käfer. Die **Rieseneidechse** kann man im Lagartorio, einem Terrarium im Golfdorf Guinea, bestaunen: Sie wird bis zu 75 Zentimeter lang. Ihr zutraulicher Charakter ist ihr im Lauf der Geschichte fast zum Verhängnis geworden.

Strände und Badeplätze

Kilometerlange Sandstrände, Dünen und Lagunen sucht man auf El Hierros vergebens. Fast ringsum ist die Insel von **hohen, schroffen Klippen** gesäumt, die abrupt aus dem Meer steigen und keinen Raum für eine flache Küste lassen. Gleichwohl muss man auf El Hierro nicht aufs Baden verzichten. An einigen Stellen, wo Schluchten ins Meer münden, haben sich kleine, dunkle **Lavastrände** ausgebildet. Allerdings ist Vorsicht gebo-

006eh Foto: gs

ten: Die Unterströmung ist stark, schon manch ein geübter Schwimmer wurde aufs offene Meer gezogen und kam nie mehr zurück. Nur im „Meer der Stille" (Mar de Calmas), der Südküste, die im Windschatten liegt und von La Restinga bis Faro de Orchilla reicht, sind die Strömungen weniger ausgeprägt.

Eine gute Alternative zum Baden am Strand sind die **Naturschwimmbecken** – nirgends auf den Kanaren gibt es mehr. Meist sind sie durch Lavazungen vom offenen Meer abgetrennt und von felsigen Sonnenterrassen eingefasst. Da sich das dunkle Gestein in der Sonne rasch erwärmt, emp-

fiehlt es sich, als Unterlage eine Isomatte mitzunehmen. An viele Strände und Naturschwimmbecken sind **Picknickplätze** angeschlossen. Unterm Bambusdach findet man aus Holz gehauene Tische und Bänke, Grill- und Wasserstellen.

Ost- und Nordküste

Puerto de la Estaca: Im Inselhafen kann man im Schutz der Mole gefahrlos in die Fluten steigen. Der Kiesstrand ist zwar nicht sehr bequem, doch das Wasser aufgrund des noch geringen Schiffsaufkommens sauber und klar.

Der schönste Strand im Südwesten: Playa del Verodal

Timijiraque: Die tief eingeschnittene Bucht besitzt einen kleinen schwarzen Sandstrand, von dem man leicht ins Wasser gelangt. Man kann gut schwimmen und schnorcheln; am Wochenende feiern die Herreños auf dem angrenzenden Picknickplatz große Familienfeste.

Las Playas: Die besten Strände der mehrere Kilometer langen Bucht liegen an der Nord- und Südseite: Wind- und brandungsgeschützt ist der Kiessandstrand nahe dem Roque de la Bonanza (Fels der Meeresstille), baden kann man aber auch an den Stränden südlich des Hotels Parador, an der Playa de los Cardones und der einsamen Playa de las Calcosas.

La Caleta: Die schön gestaltete Badelandschaft am gleichnamigen Ort wartet mit Felsschwimmbecken und Kinder-Pool auf; bei ruhiger See kann man von der Mole ins offene Meer steigen.

Tamaduste: Bei Flut ist dies einer der besten Badeplätze der Insel. Durch Felsriffs ist die tief eingeschnittene Bucht vor der Brandung geschützt, so dass man sicher schwimmen kann, während sich nur wenige Meter entfernt wilde Wogen brechen. Bei starker Ebbe läuft das Wasser aus, im knöcheltiefen Wasser kann man sich dann bestenfalls ein wenig erfrischen.

Charco Manso (bei Echedo): Schmale, fjordähnliche Bucht an einer brandungsumtosten Lavaküste. Hier sollte man nur bei absolut ruhiger See (wähend der Sommermonate) in die Fluten steigen.

Pozo de las Calcosas: Einer der spektakulärsten Flecken der Insel: zwei Naturschwimmbecken am Fuß einer gewaltigen Steilwand, die nur über einen zehnminütigen Serpentinenweg erreichbar sind. Auch hier sollte man nur bei Ebbe und ruhiger See ins Wasser springen.

Süd- und Westküste

La Restinga: Dank einer acht Meter hohen Mole ist die Bucht des Ferienorts vor Brandung und Strömung geschützt – das ganze Jahr kann man hier unbesorgt schwimmen. Der feinsandige Ortsstrand ist klein, aber attraktiv und wird von Schatten spendenden Palmen und einer Promenade gesäumt. Über einen 3,5 Kilometer langen Wanderweg erreicht man die Bahía de Naos, den einzigen FKK-Treff der Insel.

Cala de Tacorón: In einem geschützten Naturschwimmbecken kann man sich im „Meer der Stille“ herrlich erfrischen. Einige Besucher kommen eigens zur Betrachtung des Sonnenuntergangs her. Die Cala ist einer der wenigen Orte, wo es außer zwei Picknickplätzen auch ein uriges Strandlokal gibt.

Muellito de Orchilla: „Kleine Mole“ am „Ende der Welt“, nur über eine holprige Schotterpiste erreichbar. Steintreppen führen ins meist ruhige Meer, manchmal ankern hier Segelboote.

Playa del Verodal: Ein romantischer Flecken: Der rötlich-schwarze Sandstrand erstreckt sich auf 150 Metern Länge am Fuß hoher Klippen. Da die Strömung hier besonders tückisch ist, sollte man sich mit einer strandnahen Erfrischung begnügen. Der windgeschützte, strohgedeckte Picknickplatz bietet einen schönen Blick auf die Bucht.

Golftal

Arenas Blancas: Einziger heller Sandstrand der Insel, 2,5 Kilometer nordwestlich von Pozo de la Salud. Schön anzuschauen, aber aufgrund starker Strömung zum Baden ungeeignet.

Charco Azul de Los Llanillos & Sabinosa: Am Westrand des Golftals gibt es gleich zwei „blaue Tümpel“: Bade-Pools unter höhlenartigen Überhängen, Felsbadewannen und Sonnenterrassen.

La Maceta & Los Sargos: ein großes und zwei kleinere Naturschwimmbecken am Fuß niedriger Klippen und mit Blick auf die Felseilande Roques de Salmor. Hier, am besten Badeplatz des Golftals, gibt es Sonnenterrassen, Grill- und Wasserstellen, oberhalb der Bucht auch ein Strandlokal. Etwas südwestlich liegt die Felsbucht Los Sargos, die sich zwar weniger zum Baden eignet, aber wegen ihrer bizarren Lavaeinfassung gefällt.

Las Puntas: Unmittelbar an der Küste wurde die sternförmige Badelandschaft Cascadas del Mar geschaffen, in deren Meerwasser-Pools man sicher schwimmen kann. Alternativ gibt es eine kleine Felsbucht unmittelbar an der ehemaligen Anlegestelle, die man aber meist nur im Sommer, wenn das Meer ruhig ist, nutzen kann.

Geschichtlicher Überblick

„Es handelt sich um eine sehr schöne Insel", schreiben die Chronisten der Conquista 1405. „Einst war sie von vielen Menschen bewohnt, doch da viele als Gefangene verschleppt wurden, sind nur wenige übrig geblieben." Als sie dies verfassten, waren die Kanarischen Inseln längst geografisch erfasst; immer wieder hatten europäische Seefahrer Jagd auf die dort lebenden „wilden Heiden" gemacht, da sie auf dem Sklavenmarkt einen hohen Preis erzielten.

Vor der Ankunft der Europäer hatten die **Bimbaches,** wie sich die Einwohner nannten, unbehelligt auf der kleinen Insel gelebt. Schon lange vor Christi Geburt waren sie aus dem **berberischen Nordwestafrika** auf den Archipel übergesetzt. Bis heute ist unklar, warum sie zu den anderen, in Sichtweite gelegenen Inseln offenbar keinen Kontakt unterhielten. Sie waren Bauern und Ziegenhirten, gingen auf Jagd mit Waffen aus Stein und bestatteten ihre Toten in Höhlen. Einige wenige Tote wurden mumifiziert: Ihre Körper wurden ausgeweidet, mit „Drachenblut", dem Saft des Drago-Baums, eingerieben und in Ziegenfelle gewickelt.

Als ihren höchsten Gott verehrten sie *Eraoranhan*. Kaum weniger wichtig war die Göttin *Moneyba* – noch viele Jahre nach der **Conquista,** der spanischen Eroberung, wurde nach ihr die Jungfrau Maria genannt. Daneben glaubten sie an andere übersinnliche Wesen wie *Aranfaybo*, einen in

Schweinsgestalt auftretenden Mittler zwischen Mensch und Gott. Den **Göttern** wurde an spektakulären Plätzen zwischen Erde und Himmel gehuldigt: so auf den Gipfeln der Cumbre, dem meerwärts geneigten Hang El Julán und der Montaña de la Virgen auf der Hochebene La Dehesa. An mehreren Orten der Insel, meist an einer Begräbnishöhle bzw. einem Versammlungsplatz *(tagoror)*, wurden bild- und schriftartige Felszeichen entdeckt, die bis heute nicht entschlüsselt sind.

Nach der Conquista wurden die überlebenden Ureinwohner **getauft** und mussten **Kastilisch** lernen; ihre eigene Sprache und Kultur gingen im Laufe von einigen Generationen weitgehend verloren. Überdauert hat die Sprache der Bimbaches nur in **berberischen Ortsnamen** wie Guarazoca, Timijiraque, Tamaduste oder Taibique sowie in Fachausdrücken der Hirten.

Erste Kontakte

ab 1100 v. Chr. **Phönizische Seefahrer** erkunden den Ostatlantik und laufen dabei möglicherweise auch die Kanarischen Inseln an.

um 800 v. Chr. Die antiken Schriftsteller **Homer** und **Hesiod** berichten von paradiesischen Inseln jenseits der Straße von Gibraltar.

ab 500 v. Chr. **Berber aus Nordwestafrika** besiedeln die Kanarischen Inseln in mehreren Schüben. Da sie keinen Kontakt zur übrigen Welt haben und schriftliche Zeugnisse aus jener Zeit fehlen, ist über die Frühgeschichte der Bewohner nur wenig bekannt.

25 v. Chr. Der römische Vasall König *Juba II.* von Mauretanien entsendet ein Expeditionskorps zum Archipel. Nachzulesen ist dies in der „Naturgeschichte" des Historikers *Plinius d. Ä.* (23–79 n. Chr.). Er nimmt eine relativ genaue Verortung der Inseln vor und versieht El Hierro mit dem Namen *Capraria* (Ziegeninsel).

2. Jh. n. Chr. Der alexandrinische Geograf *Ptolemäus* verortet den Rand der Welt an den Kanarischen Inseln. Durch El Hierro wird der Nullmeridian gezogen.

3. Jh. n. Chr. In einem Text des afrikanischen Schriftstellers *Arnobio* erscheint erstmals der Name *Canarias Insulas*.

4. Jh. n. Chr. Mit dem Zerfall des Römischen Reiches geraten die Kanarischen Inseln aus dem Blickfeld der Europäer.

999 Von Nordwestafrika aus, das seit dem 7. Jahrhundert islamisch beherrscht ist, werden Fahrten zu den Kanaren unternommen. Dem Araber *Ben Farroukh* gelingt im Jahr 999 die **Wiederentdeckung** der Kanarischen Inseln, doch verknüpfen sich hiermit keine Eroberungsabsichten.

Mit Fahnen und Fanfaren –
die normannischen Konquistadoren rücken an

Die Zeit der Eroberung

1336 *Lancelotto Malocello,* ein Genueser in portugiesischen Diensten, landet auf der später nach ihm benannten Insel Lanzarote, die 1339 auf der Landkarte des Mallorquiners *Angelino Dulcert* erstmals wieder eingetragen wird.

ab 1341 Die iberischen Königreiche **Portugal, Kastilien und Aragonien** rivalisieren um den Besitz des kanarischen Archipels und entsenden mehrere Expeditionen. Dabei werden zahlreiche Altkanarier gefangen genommen und als Sklaven verkauft.

1344 Auch die **Kirche** meldet Besitzansprüche an. Papst *Clemens VI.* verleiht den Königstitel an den „herrenlosen" Inseln seinem Günstling *Luis de la Cerda,* Sohn des enterbten *Alfons von Kastilien.* Der Besitzanspruch auf den Archipel geht damit laut christlicher Rechtsauffassung auf die kastilische Krone über. Ab 1351 werden **Missionare** entsandt.

1402–05 *Jean de Béthencourt,* normannischer Adliger in kastilischem Dienst, erobert die Inseln **Lanzarote** und **Fuerteventura** und darf sich daraufhin mit dem Titel „König der Kanarischen Inseln" schmücken. Die Eroberung wird auf **El Hierro** ausgedehnt: Laut Überlieferung behilft sich der Konquistador des Bimbachen *Augerón,* eines bei einem früheren Raubzug gefangen genommenen Verwandten des Inselkönigs. Dank dessen Übersetzerkunst wird König *Armiche* überredet, sich mit 120 seiner besten Krieger in der Bucht Bahía de Naos einzufinden und die Waffen niederzulegen. Béthencourt nimmt die Männer gefangen und verkauft sie in die Sklaverei, worauf der Widerstand der Insulaner zusammenbricht. Das Land wird unter europäischen Neusiedlern verteilt, die sich einheimische Frauen nehmen und die neue Inselelite begründen.

1406 Béthencourt scheitert an der Eroberung der übrigen Inseln, kehrt nach Frankreich zurück und überlässt die Verwaltung der Inseln seinem Neffen *Maciot,* der auf El Hierro einen Gouverneur einsetzt.

ab 1418 Der Archipel wird mehrfach verkauft und getauscht, ist vorübergehend auch in portugiesischem Besitz.

1474 Die Heirat von *Isabella von Kastilien* und *Ferdinand von Aragonien* markiert eine wichtige Etappe bei der **Herausbildung des spanischen Staates.** Die vormals um die iberische Vormachtstellung konkurrierenden Königreiche vereinigen sich. Gemeinsam leiten sie eine offensive Eroberungspolitik ein: nicht nur auf der Iberischen Halbinsel, sondern auch im Atlantik.

1479 Der Papst als internationale Rechtsinstanz teilt den Atlantik zwischen den aufstrebenden Kolonialmächten Spanien und Portugal auf. Im Vertrag von Alcâcovas wird der kanarische Archipel endgültig Spanien zugesprochen; im Gegenzug erhält Portugal Westafrika und alle sonstigen atlantischen Inseln. Erstmals wird die spanische Krone selbst auf den Kanarischen Inseln aktiv und entsendet gut ausgerüstete Truppen nach Gran Canaria.

Árbol Santo – der „Regenbaum" ist das Wahrzeichen El Hierros und wurde schon von den Ureinwohnern als heilig verehrt

1483 Es gelingt den von der spanischen Krone beauftragten Militärführern, **Gran Canaria** zu unterwerfen.

1492/93 **Kolumbus** startet von Gomera aus seine Entdeckungsfahrt zur Neuen Welt. Bei seiner zweiten Fahrt ein Jahr später wählt er die Bahía de Naos auf El Hierro als letzten Versorgungsstützpunkt vor der Atlantikquerung. Mit günstigem Passatwind im Rücken erreicht er nach nur zwanzig Tagen die „Neue Welt".

1493–96 Nach mehrjährigen Kämpfen fallen die letzten noch nicht eroberten Inseln **La Palma** und **Teneriffa.** Damit ist der gesamte Archipel auch de facto in spanischem Besitz.

El Hierro – ein begriffliches Verwirrspiel

Erstmals erwähnt wird die Insel im „Libro de Conoscimiento de todos los reinos" (Kompendium aller Königreiche): In der mittelalterlichen Schrift von 1350 trägt sie den Namen *Isla del Fero,* woraus später *Ferro* bzw. *Hierro* (beides span. „Eisen") wird. Dieses Metall hat es auf der Insel freilich nie gegeben, weshalb spätere Schreiber korrigierten: Die Insel besitze kein Eisen, habe aber eine wuchtige Gestalt und sei „wie Eisen fest und hart".

Wahrscheinlich verdankt sich der Name einem Übertragungsfehler. Der katalanische Mönch, der das Kompendium verfasste, verkürzte *fer 0* (Null machen), fälschlicherweise zu *fero.* Betrachtet man den 25 Jahre später erschienenen Atlas von *Abraham Cresques,* sieht man an der südwestlichsten Stelle des Archipels die *Insula de lo fer 0,* was so viel heißt wie: „eine Insel, um 0 zu machen", die „Insel des Nullmeridians". Beide Autoren könnten diese Deutung *Ptolemäus* entlehnt haben, jenem alexandrinischen Astronom, der im 2. Jh. n. Chr. das Ende der Welt am äußersten Rand des Kanarischen Archipels verortet hatte. In diesem Fall hat der Name nichts mit der Bezeichnung gemein, die die berberischen Ureinwohner ihrer Insel gaben. Sie nannten sie *Erese* (fester Fels), woraus europäische Seeleute *Ero* bzw. *Hero* gemacht haben könnten.

Insel im Abseits

ab 1500 Während auf den übrigen Inseln mit Hilfe schwarzer und altkanarischer Sklaven exportfähige Luxusgüter (Zucker, später auch Wein) angebaut werden, bleibt auf der „vergessenen" Insel El Hierro Subsistenzlandwirtschaft vorherrschend. Die Besitzer El Hierros, Gomeras, Fuerteventuras und Lanzarotes, die so genannten *señores* (die übrigen, „großen" Inseln unterstehen unmittelbar der spanischen Krone), beschränken sich darauf, durch den Gouverneur den ihnen zustehenden *quinto* (das Fünftel) einzutreiben.

1516 Die Konquistadorenfamilie erhält vom König den Grafentitel zugesprochen.

1553–85 Der Gold- und Silbertransport von den amerikanischen Kolonien lockt **Piraten** an, mehrfach wird auch El Hierro attackiert.

ab 1700 Das wirtschaftliche Machtzentrum verschiebt sich von der Iberischen Halbinsel in den Nordseeraum. England und Holland, bald auch Frankreich dominieren den internationalen Handel.

1762 Gräfliche Steuererhöhungen zwingen immer mehr Herreños in die **Emigration** nach Mittel- und Südamerika.

1793 Nach mehrwöchigen Vulkaneruptionen im Südwesten der Insel wird erwogen, die Bevölkerung auf die Nachbarinseln zu evakuieren. Doch dazu kommt es nicht, die Ausbrüche verebben im Sommer des gleichen Jahres.

1837 Der Señorial-Status wird auf El Hierro ebenso wie auf Gomera, Lanzarote und Fuerteventura abgeschafft, d.h., die Insel ist fortan nicht der Grafenfamilie, sondern direkt der spanischen Krone unterstellt. Für die meisten Herreños ändert sich wenig: Sie bleiben schlecht bezahlte Pächter und Tagelöhner auf den grundherrschaftlichen Plantagen.

1852 Den kanarischen Häfen wird der **Freihandelsstatus** gewährt. Von Zoll- und Steuerschranken befreit, werden sie interessant als internationaler Warenumschlagplatz.

ab 1880 Der Freihandel lockert die ökonomischen Bande zum Mutterland. Die als Industrie- und Handelsmacht weltweit dominierenden **Briten** können sich als führende Wirtschaftskraft auf dem Archipel etablieren. Sie nutzen ihn als Zwischenstopp auf dem Weg in ihre neuen westafrikanischen Kolonien und führen den **Bananenanbau** ein, um auf dem Rückweg vom Schwarzen Kontinent leeren Laderaum mit profitabler Fracht zu füllen.

1882 Der Nullmeridian wird von Faro de Orchilla (El Hierro) ins britische Greenwich verlegt.

1898 Nach dem Verlust der letzten Kolonien Spaniens in Übersee (Kuba, Puerto Rico, Philippinen) bemühen sich Deutschland, Frankreich und Belgien vergeblich um den Kauf der Kanarischen Inseln als eines attraktiven Stützpunkts zur Sicherung der Handelsrouten und zur Erschließung Afrikas.

1912 Neben Valverde wird La Frontera zweiter Gemeindesitz der Insel.

ab 1914 Der U-Boot-Krieg im Ostatlantik führt zu einer totalen Isolation der Kanarischen Inseln von der Außenwelt.

ab 1918 Der wirtschaftliche Einfluss der Briten geht zurück, Bananen werden billiger aus den Kolonien in Mittelamerika bezogen. Die spanische Regierung bemüht sich um Reintegration der „vergessenen Inseln".

1927 Die Kanarischen Inseln werden in eine Ostprovinz (Hauptstadt Las Palmas de Gran Canaria) und eine **Westprovinz** (Santa Cruz de Tenerife) aufgeteilt.

1931–36 Die Herreños wählen mehrheitlich sozialistisch und profitieren von der Politik der Frente Popular: Der Inselhafen wird ausgebaut, neue Straßen werden angelegt und Schulen eröffnet.

1936 Der nach Teneriffa strafversetzte General *Franco* unternimmt am 18. Juli einen **Staatsstreich** gegen die demokratisch gewählte republikanische Regierung in Madrid. Mit den ihm loyalen Truppen aus den spanischen Kolonien Nordwestafrikas marschiert er auf der Iberischen Halbinsel ein und provoziert einen dreijährigen Bürgerkrieg. Auf El Hierro bricht der Widerstand gegen Franco bereits nach wenigen Tagen zusammen.

1940–44 Spanien erklärt sich im Zweiten Weltkrieg für neutral.

Tourismus-Ära

ab 1950 Bis zum Tod des Generals Franco wird Spanien diktatorisch regiert, feudale Verhältnisse werden stabilisiert. Die Inseln werden wieder an das „Mutterland" angebunden, auf Teneriffa und Gran Canaria beginnt man mit dem Ausbau des Fremdenverkehrs. Dagegen ist auf den kleinen Inseln noch keine Hoffnung in Sicht, zahllose Herreños suchen ihr Heil in der Emigration nach Amerika.

ab 1960 Die Franco-Regierung schafft politische und fiskalische Rahmenbedingungen, aufgrund derer sich ausländische Investoren sichere Profite ausrechnen dürfen. Auf den kanarischen Hauptinseln kommt es daraufhin zu einem gewaltigen Bauboom, es entstehen riesige **Touristenzentren.**

1972 Der **Flughafen** auf El Hierro wird eröffnet.

ab 1975 Nach dem Tod Francos setzt in Spanien die Demokratisierung ein. Den Kanarischen Inseln wird im **Autonomiestatut** von 1982 Selbstverwaltung in Fragen von Kultur und Wissenschaft zugebilligt. Auf El Hierro entstehen viele öffentliche Einrichtungen: Krankenhaus, Schulen, Kulturhäuser und Sportplätze.

1985 Zur Ankurbelung des Fremdenverkehrs wird auf El Hierro ein Luxushotel, der staatliche Parador in Las Playas, eröffnet. Derweil entwickeln sich La Restinga und das Golftal zum Geheimtipp für Taucher und „alternative" Touristen.

1986 Spanien wird Vollmitglied von **NATO und EG** (später EU). Es profitiert von ausländischen Investitionen und EU-Subventionen, die dem Land einen ungeahnten Wohlstandsschub bescheren: Das „Armenhaus Europas" wird zum Modell gelungener Modernisierung.

1991 Linienschiffsverbindungen verkehren mehrmals wöchentlich zwischen El Hierro und Teneriffa.

ab 1992 Nach kurzer Tourismuskrise nimmt die Zahl der Besucher wieder auf allen Inseln zu. Der Archipel profitiert von den Kriegen in der Golfregion und auf dem Balkan. EU-Gelder zur Förderung strukturschwacher Zonen fließen auf El Hierro in Straßenbau und ländlichen Tourismus.

1996 Der dem Archipel zehn Jahre zuvor eingeräumte wirtschaftliche Sonderstatus wird aufgehoben, die volle Integration in die Europäische Gemeinschaft ist besiegelt.

2000 El Hierro wird von der UNESCO zum **Biosphärenreservat** erklärt.

2002 Die Regierung El Hierros mobilisiert die Bewohner gegen Pläne des spanischen Verteidigungsministeriums, auf dem Malpaso eine militärische Radarstation und eine Abschussrampe für Weltraumraketen zu errichten.

2003 Mit Hilfe von EU-Fördergeldern wird El Hierro „sauberste Insel Europas". Fast der gesamte Energiebedarf wird aus erneuerbarer Wind-, Sonnen- und Wasserkraft bestritten.

Steckbrief El Hierro

- **Lage:** zwischen 27°37′ und 27°51′ nördlicher Breite sowie 17°53′ und 18°10′ westlicher Länge; kleinste Insel des Archipels, über 400 km vom afrikanischen Festland und 1500 km von Gibraltar entfernt
- **Höchster Berg:** Malpaso (1502 m)
- **Fläche:** 278 km² und mit einer vorn angehobenen Stiefelette vergleichbar: 20 km von der Stiefelspitze (Punta de Orchilla) bis zur Absatzkante (Punta de la Restinga), von dort 24 km bis zum Schaftende (Punta Norte); die Westseite von der Punta Norte zur Punta de las Arenas ist mit 30 km am längsten.
- **Einwohner:** knapp 10.000, verteilt auf zwei Gemeinden
- **Hauptstadt:** Valverde, 4000 Einwohner
- **Religion:** vorwiegend römisch-katholisch
- **Sprache:** Spanisch; anders als auf den übrigen Kanaren wird auf El Hierro reinstes Kastilisch gesprochen, Fremdsprachenkenntnisse sind rar.
- **Verwaltung:** Die Kanarischen Inseln bilden innerhalb Spaniens eine autonome Region (vergleichbar mit den Bundesländern in Deutschland). Sie ist in zwei Provinzen aufgeteilt: El Hierro gehört seit 1927 mit Gomera, La Palma und Teneriffa zur Westprovinz Santa Cruz de Tenerife, Gran Canaria bildet mit Lanzarote und Fuerteventura die Ostprovinz Las Palmas de Gran Canaria. Jede Insel wird von einem Inselrat, dem *Cabildo Insular,* verwaltet; dieser überwacht die Arbeit der *Ayuntamientos,* der Bürgermeisterämter der Gemeinden.
- **Wirtschaft:** Die Bewohner leben von Viehzucht, Landwirtschaft und Fischfang. Die Arbeitslosenquote liegt bei knapp 20%; viele Jugendliche ziehen auf die Nachbarinsel Teneriffa, um im Tourismus zu arbeiten.
- **Tourismus:** Pensionen oder Hotels in allen wichtigen Orten, ein Parador in Las Playas und Apartmentanlagen in La Restinga. Verstreut über die Insel liegen restaurierte, auf Wochenbasis buchbare Landhäuser.
- **Letzter Vulkanausbruch:** 1793 öffnete sich eine Spalte am Lomo Negro und spie mehrere Wochen gewaltige Lavamassen.
- **Zeit:** Westeuropäische Zeit (Mitteleuropäische Zeit minus 1 Std.)

009eh Foto: gs

Praktische
Reisetipps
von A bis Z

Anreise

Mit Flugzeug und Fähre

Die Anreise erfolgt in der Regel über Teneriffa und ist eine Kombination von Flug- und Schiffsreise. Bei einer Landung auf Teneriffas **Südflughafen** (Reina Sofía) spart man viel Zeit, denn von dort ist es nicht weit bis zum **Fährhafen** Los Cristianos.

Transfer auf Teneriffa

Am Ausgang des Südflughafens kommt man rechts zur öffentlichen **Bushaltestelle.** Von dort bringt Linie 487 den Reisenden um 12.10, 14.10, 16.10 und 18.25 Uhr direkt zum Fährhafen von Los Cristianos (Rückfahrt: 7.20, 9.20, 13.20 und 15.20 Uhr). Etwas schneller ist man mit dem **Taxi,** doch zahlt man für die 20 Kilometer lange Strecke ca. 18 €. **Radfahrer** benutzen die parallel zur Autobahn verlaufende Landstraße.

Sollte es aufgrund einer Flugverspätung nötig sein, in Los Cristianos eine **Zwischenübernachtung** einzulegen, so findet man nahe dem Fährhafen mehrere Pensionen. Besonders preiswert sind Pension Playa (Tel. 922792264) und La Paloma (Tel. 922790198).

010eh Foto: gs

Überfahrt nach El Hierro

In Los Cristianos herrscht fast den ganzen Tag über reger Betrieb. Doch nach **Puerto de la Estaca,** dem Hafen von Valverde (El Hierro), fahren nur wenige Schiffe: täglich meist nur eines der Reederei Fred. Olsen und eines von Trasmediterránea. Für die Überfahrt benötigt man vier Stunden.

- **Vorläufiger Fahrplan Olsen** (www.fredolsen.es):
Los Cristianos – Valverde: tgl. außer Sa 8.00 Uhr
Valverde – Los Cristianos: tgl. außer Sa 13.30 Uhr
- **Vorläufiger Fahrplan Trasmediterránea**
(www.trasmediterranea.es):
Los Cristianos – Valverde: So–Fr 19.15 Uhr, Sa 8.30 Uhr
Valverde – Los Cristianos: So–Fr 24 Uhr, Sa 17.15 Uhr

Das **Gepäck** muss man nicht eigenhändig auf die Fähre tragen, sondern kann es im Hafen in kostenlose, meist mit der Abfahrtszeit markierte Sammelcontainer bzw. in gebührenpflichtige, individuelle „Rollschließfächer" legen. Bei Ankunft auf El Hierro werden die Gepäckwagen gut sichtbar zur Selbstentladung aufgestellt.

Flugpreis

Der Hin- und Rückflug kostet je nach Saison, Airport und Gesellschaft **zwischen 350 und 550 €,** am günstigsten ist es meist mit Hapag Lloyd und außerhalb der Oster- und Weihnachtsferien.

Wer in der glücklichen Lage ist, seinen Urlaub nicht weit im Voraus planen zu müssen, bucht **Last minute.** Frühestens 14 Tage vor Abflug werden Restplätze zu ermäßigtem Preis angeboten. Die Buchungsbestätigung erfolgt in der Regel nach wenigen Minuten per E-mail. Hier ein Überblick über die besten Online-Anbieter:

- **www.ltur.de:** „Reisespezialist für Kurzentschlossene" ist L'tur, das seine aktuellen Offerten auch unter Tel. 01805-858585 bekannt gibt. Gutes und benutzerfreundliches Portal!

Vorhergehende Seite:
Schlichtes Mahl – Gemüseeintopf mit einem Glas Herreño
Links: Aeropuerto de El Hierro: nur für kleine Maschinen

Gute Aussicht im Flieger

Wer die schönste Aussicht genießen möchte, wählt einen Fensterplatz in Flugrichtung links. Bei typischer Flugroute und klarer Sicht sieht man die Alpen, die Straße von Gibraltar und anschließend die afrikanische Küste. Beim Rückflug müsste man entsprechend versuchen, rechts zu sitzen!

- **www.super-last-minute.de:** Neben der normalen Homepage werden von L'tur einige noch bessere Angebote unterbreitet. Einzige Voraussetzung: Man muss bereit sein, seine Sachen schnell zu packen und innerhalb von 48 Stunden abzufliegen. Die allerbesten Schnäppchen macht man abends nach 20 Uhr: Ein stündlich aktualisiertes Trendinfo zeigt im Tagesverlauf an, wie gut die Chancen stehen, noch ein Ticket zu ergattern.
- **www.hlf.de:** Beim Ferienflieger Hapag Lloyd findet man unter der Rubrik „Angebote" ab 14 Tage vor Abflug sehr günstige Angebote nach Teneriffa und Gran Canaria, dazu Länderinfos und Wetterdaten.
- **www.ltu.de:** Etwas umständliches Online-Portal der LTU-Gruppe mit Restplätzen mehrerer Anbieter. Teneriffa und Gran Canaria findet man unter dem Stichwort „Zielgebiete in Nordafrika".
- **www.travelchannel.de:** Restplatzbörse von mehreren Veranstaltern (u.a. Condor), einfach zu bedienen.
- **www.nix-wie-weg.de:** Internet-Reisebüro mit übersichtlich geordneten Angeboten.
- **www.fliegen.de:** Pauschalpakete wichtiger Veranstalter. Nach der Wahl des Abflughafens und des gewünschten Abflugdatums findet man den günstigsten Preis.
- **www.lastminute.de:** Die Daten werden jeweils um 18 Uhr aktualisiert, Angebote u.a. von Neckermann, ITS und Alltours mit Specials für den folgenden Tag.
- **www.hinundweg.com:** Die „Hits der Woche" werden nach Zielgebieten geordnet vorgestellt.
- **www.shop-and-order.net:** Neben den neuesten Flugangeboten ein interessanter Vergleich von Katalogpreisen.

Sondergepäck

Die Fluggesellschaft muss – möglichst einen Monat im Voraus – darüber informiert sein, ob der Gast sperriges Gepäck mitnehmen möchte. Dies kann mit Zusatzkosten verknüpft sein, die je nach Airline unterschiedlich sind. Hapag Lloyd war in der vergangenen Saison am günstigsten, beförderte Tauchausrüstung, Fallschirm und Bodyboard (bis 1,40 Meter Länge) kostenlos, Flugdrachen schlugen mit 50 € zu Buche.

Wer sein **Rad** mitnehmen will, zahlt pro Strecke 15 bis 50 € – auch hier erwies sich Hapag Lloyd mit 15 € als günstigster Anbieter. Auf den ersten Blick mag dies gar nicht so billig erscheinen, doch erweist sich der Preis im Vergleich zu dem, was vor Ort für die Fahrradmiete zu zahlen ist, als günstig. Für die sichere Verpackung hat man selber zu sorgen. Das Personal am Check-in Schalter erwartet, dass der Lenker parallel zum Rahmen steht und die Pedalen nach innen gedreht oder abmontiert sind; die Luft ist aus den Reifen herauszulassen. Wer Kratzer am kostbaren Drahtesel vermeiden will, holt sich im Fahrradladen einen entsprechenden Karton (meist gratis).

Flug mit Zwischenstopp

El Hierro hat einen eigenen kleinen Flughafen. Er liegt bei Tamaduste, zwölf Kilometer von Valverde entfernt, ist mit roten Ziegeldächern hübsch gebaut und trägt den Namen der spanischen Luftfahrtgesellschaft Iberia. Bislang werden hier nur wenige Flüge abgewickelt. Da aufgrund der zerklüfteten Topografie lediglich eine kleine Landebahn gebaut werden konnte, sind **internationale Flüge nicht zugelassen.** Wer nach El Hierro fliegen will, muss also einen Zwischenstopp auf einer der großen Inseln (Gran Canaria/Teneriffa) einlegen. Im Falle eines Flugs nach Teneriffa hat man bei der Buchung vorsichtig zu sein. Da es auf dieser Insel zwei Flughäfen gibt, einen im Norden (Los Rodeos) und einen im Süden (Reina Sofía), ist darauf zu achten, dass man dort landet, wo auch die Maschine nach El Hierro startet. Ansonsten hat man einen anstrengenden, 90-minütigen Bus- oder Taxitransfer auf sich zu nehmen!

Mit Auto und Schiff

Wer aus bestimmten Gründen nicht fliegen will oder darf, kann El Hierro auch über Land (Frankreich/Spanien) und per Schiff erreichen. Die Autofähre von Trasmediterránea legt am Dienstagabend im Hafen von **Cádiz** (südspanische Atlantikküste) ab und erreicht am Donnerstagnachmittag Santa Cruz de Tenerife – von dort geht es per Bus weiter zum Fährhafen Los Cristianos. Die Rückfahrt ist für Freitagmittag angesetzt, nach Zwischenstopps in Gran Canaria und Lanzarote kommt man am Montagvormittag in Cádiz an. Die billigste Überfahrt in einer Vierbettkabine kostet gut 200 € für die einfache Fahrt inkl. Vollpension, dazu kommen ca. 170 € für das Auto und mehr als 70 € für das Motorrad. Fahrräder werden umsonst mitgenommen. Rabatt gibt es für Gruppen sowie Reisende unter 26 und über 60 Jahren. Die Ticketreservierung erfolgt über DER-Reisebüros bzw. direkt bei:

- **DER TRAFFIC Schiffsservice,** Emil-von-Behring-Str. 6, 60439 Frankfurt, Tel. 069-95885800, Fax 95885822, www.trasmediterranea.net

Ankunft im Hafen von El Hierro

Der Fährhafen **Puerto de la Estaca** liegt im Nordosten der Insel. Am Terminal gibt es Büros der Schifffahrtsunternehmen Olsen und Trasmediterránea, außerdem warten dort Taxifahrer und die bestellten Vertreter von Autoverleihfirmen. Nach jeder Ankunft eines Schiffes gibt es eine Linienbusverbindung nach Valverde, der Inselhauptstadt.

Einsame Straßen überall (hier: Meseta de Nisdafe)

Auto fahren

Busse fahren auf El Hierro selten, und so leicht wie früher ist auch das Trampen nicht mehr. Darum mietet sich, wer es sich leisten kann, ein Auto: Man kann aussteigen, wo's einem beliebt, und erreicht ohne Mühe die Startpunkte zum Wandern. Die Straßen El Hierros befinden sich dank finanzieller Hilfe der EU in gutem Zustand, was freilich nicht heißt, dass man rasend schnell vorankommt. Kurvenreich und steil ist die Anfahrt ins Hochland, in den Bergen ist mit Nebel- und Wolkenbildung zu rechnen. Eine wichtige Erleichterung ist für das Jahr 2005 in Aussicht gestellt. Dann nämlich soll die neue „Tunnelstraße" fertig gestellt sein, womit sich die Fahrtdauer von der Hauptstadt in die Golfregion im Westen beträchtlich verkürzt.

Mietwagen

Um ein Auto zu leihen, muss man mindestens **21 Jahre** alt und schon ein Jahr im Besitz eines gültigen Führerscheins sein. Ausweis und **nationaler Führerschein** sind bei Abschluss des Mietvertrages vorzulegen. Bevor man jedoch den Vertrag unterschreibt, sollte man das Fahrzeug gründlich

011eh Foto: gs

in Bezug auf Lenkung, Bremse und Kupplung überprüfen. Auch sollte man nachschauen, ob Seitenspiegel und Scheibenwischer in Ordnung sind und ob sich ein Ersatzreifen sowie zwei Warndreiecke im Gepäckraum befinden. Im Vertrag ist zu vermerken, wie voll der Tank bei Rückgabe des Fahrzeugs zu sein hat (sollte identisch sein mit dem aktuellen Stand der Tankanzeige).

Filialen von **Autovermietungen** gibt es am Flughafen sowie in Valverde und La Frontera. Der letzte Preisvergleich förderte bei den örtlichen Anbietern keine großen Differenzen zutage – neben der auf allen kanarischen Inseln bewährten Firma CICAR (Büro am Flughafen) hat sich neuerdings Bamir den Ruf einer freundlich-zuverlässigen Firma erworben.

Als Faustregel gilt: Für einen Kleinwagen (Seat Marbella, Opel Corsa) sollte man nicht mehr als **30–35 € pro Tag** inkl. Steuer und Versicherung zahlen. Prüfen Sie stets, ob der Wagen ohne weitere Zusatzkosten bereits am Flughafen oder im Fährhafen bereitsteht. Rabatt wird bei einer Miete ab drei Tagen gewährt, noch preiswerter ist es, Autos auf Wochenbasis zu mieten. In der Regel muss eine Kaution hinterlegt werden. Vorsicht ist bei Schäden geboten, die auf nicht-asphaltierten Straßen entstehen – diese sind offiziell nicht versichert!

- **CICAR,** Aeropuerto, Reservierung Tel. 928822900, www.cicar.com, info@cicar.com
- **Bamir,** Calle Doctor Quintero 27, Valverde, Tel. 922550183, Fax 922551245;
Calle La Rambla s/n, La Frontera, Tel. 922559077, Fax 922559723, autosbamir@elhierro.tv
- **Cooperativa,** Tel. 922550729
- **Rosamar,** Tel. 922550422
- **Cruz Alta,** Tel. 922550004

Karten

Eine einfache, dafür aber **kostenlose Inselkarte** bekommt man bei der Touristeninformation in Valverde oder als Beigabe zur Automiete. Die detaillierte Wander- und Autokarte von freytag &

berndt sieht man in den Buchläden El Hierros nur selten – wer sie benötigt, sollte sie sich schon in Deutschland besorgen. Die Karte kam 1999 heraus, viele auf ihr noch als „Piste" und „Karrenweg" eingetragene Strecken sind inzwischen asphaltiert. Aufgrund ihrer Übersichtlichkeit bleibt sie aber der vom Nationalen Geografischen Institut in Madrid herausgegebenen Inselkarte *(Mapa Topográfico Nacional)* vorzuziehen.

Eine gute Inselkarte im Maßstab 1:50.000 ist die Karte „La Palma, Gomera, El Hierro" des World Mapping Project, die kürzlich im Reise Know-How Verlag erschienen ist.

Benzin

Volltanken heißt: „¡Lleno, por favor!" Der Preis für Superbenzin liegt auf El Hierro bei etwa **0,70 € pro Liter** und ist damit erheblich niedriger als etwa in Deutschland oder auf dem spanischen Festland. Tankstellen gibt es in Valverde, El Pinar und La Frontera. Sie öffnen in der Regel um 8 und schließen um 20 Uhr, sonntags vorerst nur in Valverde.

Verkehrsregeln

In Spanien werden Verkehrsverstöße mit hohen **Geldstrafen** *(multas)* geahndet; wer zuviel Alkohol im Blut hat, muss gar mit dem Entzug des Führerscheins rechnen. Die wichtigsten Vorschriften:

- **Vorfahrt:** Auch auf El Hierro gilt, sofern durch Verkehrszeichen nicht anders geregelt, rechts vor links; im Kreisverkehr hat Vorfahrt, wer sich im Kreis befindet.
- **Höchstgeschwindigkeit:** innerhalb geschlossener Ortschaften 50 km/h (mindestens 25 km/h), auf Überlandstraßen 90 km/h (mindestens 45 km/h), auf Straßen mit mehr als einer Fahrspur in jeder Richtung 100 km/h (mindestens 50 km/h)
- **Park- bzw. absolutes Halteverbot:** gelbe bzw. rote Kennzeichnung am Bordstein
- **Überholverbot:** 100 m vor Kuppen und auf Straßen, die nicht mindestens 200 m zu überblicken sind
- **Anschnallpflicht:** innerhalb und außerhalb geschlossener Ortschaften
- **Alkoholgrenze:** 0,5 Promille
- **Telefonieren:** nur mit Freisprechanlage
- **Abschleppen:** privat nicht erlaubt, nur von Unternehmen mit Lizenz *(grúa)*

Unfall Nach einem Unfall ist die Verleihfirma umgehend zu verständigen. Wurde eine Person verletzt, sollte unbedingt die Polizei angerufen werden. Über die kostenlose Telefonnummer **112** erreicht man die Zentrale für alle Notfälle rund um die Uhr– Polizei, Arzt und Feuerwehr. Anrufe werden auch auf Deutsch beantwortet. Über ein Computersystem wird umgehend der Standort des Anrufers erkannt, selbst ein Handy wird bis auf wenige Meter genau verortet. Automatisch wird der nächstpositionierte Notarzt- bzw. Polizeiwagen angepeilt und verständigt.

Bei Unfällen empfiehlt es sich in jedem Fall, die KFZ-Nummern der Beteiligten sowie deren Namen, Anschrift und Versicherung aufzuschreiben. Rat in Notsituationen gibt der **ADAC** – für Mitglieder stets kostenlos. Seine Zentrale in Spanien befindet sich in Barcelona und ist rund um die Uhr besetzt: Tel. 0935082828 (auch deutschsprachig).

Blühender Dachwurz (Aeonium)

Behinderte unterwegs

Der Reiseveranstalter TUI hat einen speziellen Katalog mit „Zusatzinformationen für Behinderte und ihre Begleiter" herausgegeben, den man im Reisebüro einsehen kann. Er enthält Detailangaben über Türbreiten, Anzahl der Stufen, Beschaffenheit der Zimmerausstattung und Infos über Verpflegungsvarianten.

Prüft man die jüngste Ausgabe im Blick auf El Hierro, wird man nicht fündig – auch die Bundesarbeitsgemeinschaft der Clubs Behinderter und ihrer Freunde e.V. (Tel. 06131-225514) kann im Rahmen ihrer Reiseberatung bisher keine akzeptablen Unterkünfte auf El Hierro nennen. Wohin man schaut, mangelt es an Barrierefreiheit, die Toiletten sind zu eng, die Duschen nicht unterfahrbar. Und wenn schon einmal mehrere Räume dem „Kriterienbogen" der Behindertenverbände standhalten (so im Parador oder im Balneario Pozo de la Salud), so scheitert doch eine Empfehlung am Zustand der Hotelstrände: steinig und für Rollstuhlfahrer ungeeignet.

Diplomatische Vertretungen

Spanische Botschaften

- **Botschaft des Königreichs Spanien,** Schöneberger Ufer 89, 10785 Berlin, Tel. 030-2540070, Fax 25799557
- **Botschaft des Königreichs Spanien,** Argentinierstr. 34, 1040 Wien, Tel. 01-50557880, Fax 5042076
- **Botschaft des Königreichs Spanien,** Kalcheggweg 24, 3006 Bern, Tel. 031-3520412, Fax 3515229

Konsulate auf den Kanaren

In den Konsulaten auf den Kanarischen Inseln bekommt man Hilfe in unangenehmen Lebenslagen. So wird beim **Verlust des Passes** ein Ersatz-Reiseausweis ausgestellt, ist das **Geld weg,** werden Kontakte mit Freunden vermittelt oder es wird – gegen Rückzahlungsverpflichtung – ein Überbrückungsgeld gezahlt. Auch hilft man, z.B. im Falle einer Festnahme, bei der Suche nach einem

Übersetzer oder Anwalt. Im Sterbefall benachrichtigt das Konsulat die Hinterbliebenen und ist bei der Erledigung der Formalitäten vor Ort behilflich.

- **Deutsches Konsulat,** Calle Albareda 3, 2. Stock (nahe Parque Santa Catalina), 35007 Las Palmas, Tel. 928491880, Fax 928262731, Mo–Fr 9–12 Uhr (zuständig für alle Inseln)
- **Österreichisches Konsulat,** Calle Villalba Hervás 2, Santa Cruz de Tenerife, Tel. 922243799, Mo–Fr 9–12 Uhr (zuständig für die Westprovinz)
- **Schweizer Konsulat,** Calle Domingo Rivero 2, 35004 Las Palmas, Tel. 928293450, Fax 928290070, Mo–Fr 9–12 Uhr (zuständig für alle Inseln)

Einkaufen und Mitbringsel

Lebensmittel

El Hierro mag klein und abgelegen sein, doch muss man auf nichts Lebensnotwendiges verzichten. Gut bestückte **Supermärkte** gibt es in allen größeren Orten, so in der Hauptstadt Valverde und La Frontera, in El Pinar und La Restinga. Ein **„wandernder" Markt** versorgt die Einwohner mit frischem Obst und Gemüse; mehrmals wöchentlich fährt der **Fischwagen** über die Insel.

Was auf der Insel hergestellt wird, ist durchweg lecker und frisch. Den herzhaften **El-Hierro-Käse** *(queso herreño)* findet man in jedem noch so kleinen Laden und selbstverständlich auch am Ort der Herstellung, der landwirtschaftlichen Kooperative im Nordosten von San Andrés.

Bestens zum Käse schmeckt das **Vollkornbrot** aus El Pinar, das gleichfalls auf der ganzen Insel vertrieben wird. Freunde von **Fleisch** dürfen bedenkenlos zubeißen – Schweinepest und BSE kennt man auf El Hierro nur aus dem Fernsehen. In El Pinar entdeckt man die einzige Öko-Metzgerei der Kanaren, in Valverde bieten zwei blitzblanke Läden vornehmlich Produkte aus eigener Schlachtung an: Salami und *chorizo* (pikante Dauerwurst), Schinken, Kochwurst, Schweineschmalz und Aufstrich.

Kunsthandwerk

Aus der Zeit, da die Herreños alles Lebensnotwendige selber herstellten, erhielt sich die Tradition des Kunsthandwerks. Aus dem **Holz** von Maulbeer- und Avocadobaum werden Schüsseln, Tassen und Teller geschnitzt, aus gebranntem Ton entsteht archaische, formschöne **Keramik.** In El Pinar, Mocanal und Tigaday hat man die Möglichkeit, den Kunsthandwerkern in ihren Ateliers bei der Arbeit zuzuschauen. Naturgefärbte **Schafswolle** wird zu Taschen und Tüchern verwebt, Pflanzenfasern und Weidenzweige werden zu **Körben** verflochten. Eine umfassende Auswahl

Großes Mitbringsel – altkanarische Tara-Figur aus El Pinar

kunsthandwerklicher Arbeiten findet man in der Tienda de Artesanía in Valverde (Calle Doctor Quintero 2).

Folklore

Ein beliebtes Souvenir sind Kassetten und CDs mit kanarischer Folklore. Zu den bekanntesten Gruppen El Hierros zählt seit über 20 Jahren Tejeguate, ein Ensemble aus Frontera. Von den Nachbarinseln stammen Los Gofiones und Mestisay (Gran Canaria), Taburiente (La Palma), Los Sabandeños (Teneriffa) und Los Campesinos (Lanzarote).

Preise

Die Preise haben durchweg mitteleuropäisches Niveau, billiger sind einzig noch **Tabak und Zigaretten,** vielleicht auch Parfüm und Spirituosen. Der weitgehend auf die Hauptstadt begrenzte **Winterschlussverkauf** beginnt nach dem Dreikönigstag und dauert zwei Monate; viele Herreños warten 14 Tage, bis die *rebajas* auf die *rebajas* (Rabatte auf die Rabatte) angeboten werden.

Einreisebestimmungen

Dokumente

Bürger aus Deutschland und Österreich benötigen zur Einreise einen gültigen **Personalausweis** oder Reisepass und können unbegrenzt lange auf den Kanarischen Inseln bleiben. Schweizer benötigen für einen Aufenthalt bis zu drei Monaten eine nationale Identitätskarte – wollen sie länger bleiben, müssen sie ein Visum bei der Spanischen Botschaft beantragen. Für **Kinder** ist ein gesonderter Ausweis mit Nationalitätsvermerk (ab zehn Jahren mit Lichtbild) oder eine Eintragung im Pass der Eltern erforderlich.

Tiere

Wer auf seinen Vierbeiner im Urlaub nicht verzichten kann, benötigt ein **amtstierärztliches Gesundheitszeugnis** (am Tag der Einreise nicht älter als zehn Tage) sowie ein beglaubigtes, in Spanisch und Deutsch verfasstes **Tollwutimpfzeugnis.** Die

Tipps zur Reisevorbereitung

- Prüfen Sie, ob Ihre **Personaldokumente** noch gültig sind!
- Fertigen Sie **Kopien** von Personalausweis und Führerschein an!
- Denken Sie an ausreichenden **Krankenversicherungsschutz!**
- Notieren Sie **Konto-, Kredit- und Scheckkartennummern** sowie die Telefonnummern Ihrer Bank und Kreditkartenbüros, damit Sie bei Verlust oder Diebstahl sofort eine Sperrung veranlassen können!
- Nehmen Sie zur Sicherheit so viel **Bargeld** mit, wie Sie für die ersten zwei Aufenthaltstage brauchen!

Impfung muss mindestens einen Monat, aber höchstens zwölf Monate vor Ankunft in Spanien erfolgt sein. Meist wird bei Charterflügen das Gewicht des Hundes mit dem Freigepäck verrechnet: Hat man mehr als 20 kg Gepäck, zahlt man – analog zum normalen Übergepäck – einen Aufpreis von ca. 5 € pro kg.

Artenschutz

Exemplare von Tier- und Pflanzenarten, die vom Aussterben bedroht sind (also auch Elfenbein und Korallen), dürfen nicht ein- und ausgeführt werden. Auch für Deutschland und Spanien ist das Washingtoner Artenschutzabkommen verbindlich. Die „Fibel zum Artenschutz“ verschickt das Referat Öffentlichkeitsarbeit im Bundesumweltministerium auf Anfrage kostenlos.

Zoll

Aufgrund der steuerlichen Sonderstellung gelten auf den Kanarischen Inseln bis auf weiteres die bekannten **Mengenbeschränkungen:** 200 Zigaretten oder 100 Zigarillos oder 50 Zigarren oder 250 Gramm Tabak, 1 Liter Spirituosen (Alkoholgehalt über 22%) oder 2 Liter Wein bzw. Spirituosen unter 22%, 50 Gramm Parfüm oder 0,25 Liter Toilettenwasser. Vor der Abfahrt sollte man sich erkundigen, ob die hier gemachten Angaben noch gültig sind. Die Broschüre „Reisezeit – Ihr Weg durch den Zoll“ ist beim Bundesfinanzministerium erhältlich (Wilhelmstr. 92, 10117 Berlin, www.bundesfinanzministerium.de). Pauschalreisende informieren sich bei ihrer Reiseleitung.

Essen und Trinken

Kulinarische Vielfalt sucht man auf El Hierro vergebens – hier dominieren **deftige Gerichte.** Wer sich nicht sicher ist, ob ihm die kanarische Kost zusagt, startet mit einer „Probiermahlzeit“: Man bestelle eine *tapa* (Appetithappen) oder die etwas größere *media ración* (halbe Portion) und zeige dabei auf eines der in der Vitrine ausgestellten Gerichte. Das mag eine Art Kartoffelsalat sein *(ensaladilla),* vielleicht aber auch Tintenfisch *(pulpo)* oder Huhn *(pollo),* gefüllte Paprika *(pimientos rellenos)* oder Fleisch in Soße *(carne en salsa).* Bei Bedarf wird das Essen aufgewärmt und alsdann auf einem kleinen Teller serviert. Vielleicht macht's Appetit auf mehr!

Typische Speisen

Fisch und Meeresfrüchte

El Hierro ist ein wahres Paradies für Liebhaber von Fisch und Meeresfrüchten. Wer je einmal in La Restinga oder Pozo de las Calcosas die frischen Köstlichkeiten zusammen mit Salat und einem Glas Herreño-Wein genossen und dabei die Brise des Atlantiks geschnuppert hat, wird später immer wieder gern an dieses Essen zurückdenken ...

Auf der Speisekarte (wenn es denn eine gibt) steht oft nichts weiter als *pescado del día*, Tagesfisch. „Königin der kanarischen Fische“ ist die von knallrot bis grau schillernde *vieja* („die Alte“). Ihr weißes Fleisch schmeckt wie Karpfen und zergeht auf der Zunge wie Butter. Am häufigsten sieht man sie von Mai bis August, in der restlichen Zeit hat sie Seltenheitswert und ist teurer. Eine gute Alternative sind dann die fettarme *merluza* (Seehecht) und der kräftige *mero* (Zackenbarsch). Ein ausgesprochener Soßenfisch ist der *cherne* (Wrackbarsch), während der edle Eigengeschmack des *pez de espada* (Schwertfisch) am besten pur zur Geltung kommt. Auch den festfleischigen *atún* (Tunfisch), den die meisten nur aus der Dose kennen, sollte man wenigstens einmal im Frischzustand kosten: Als besondere Delikatesse gilt das rohe Rückenfilet, aus dem frisches Tatar zubereitet wird.

Beste Adresse für den Fischkauf ist der Hafen von Restinga, jeden Nachmittag zwischen 15 und 16 Uhr – es sei denn, die See war zu stürmisch, um hinausfahren zu können. Neben diversen Fischarten gibt es Kalamar und Tintenfisch, dazu leckere Meeresfrüchte wie Garnelen, Napfschnecken, Pfahlmuscheln und Langusten.

Vielfältig wie die Tiere sind die **Zubereitungsarten:** Fisch wird gedörrt oder gekocht, gebacken oder gegrillt, mariniert oder in einen Salzmantel gehüllt. Die einfachste Variante heißt *a la plancha*: „auf heißem Blech" gebraten und nur leicht gesalzen, damit der Eigengeschmack besser zur Geltung kommt. Komplizierter ist die Zubereitung von *pescado en adobo*, für den meist Tun verwendet wird: Der Fisch wird mit Oregano und Knoblauch, mildem Essig und Olivenöl über Nacht eingelegt, um am nächsten Tag gebraten zu werden. Originell ist auch *pescado jareado*: Der ausgeweidete und gewaschene Fisch wird auf die Leine gehängt und ist nach drei Tagen in salziger Meeresluft reif für den Verzehr – eine gute Beilage zu Salat, Suppe und pikanter Soße.

Fleisch

Wer Fisch nicht mag, greift zu **Ziege, Lamm** oder **Kaninchen.** Vor allem am Wochenende, wenn Einheimische die Ausflugslokale bevölkern, kann man davon ausgehen, dass das angebotene Fleisch frisch ist. Meist wird es *en adobo,* in einer würzigen Essigtunke, gebeizt oder *al salmorejo* mariniert, wobei außer Knoblauch auch süßer und scharfer Paprika, Rosmarin und Thymian zum Einsatz kommen. Je nach Gusto wird das Fleisch anschließend gebraten, gegrillt oder gekocht.

Eintopf

Probieren sollte man auch die herzhaften kanarischen Eintöpfe. Der einfache *potaje* besteht aus

Kürbis, Süßkartoffel und Karotte; das gehaltvollere Gegenstück heißt *puchero* und enthält zusätzlich mehrere Sorten Fleisch, darunter Paprikawurst, Schweinerippchen und Rind.

Gofio

Gofio ist das einzige kulinarische Überbleibsel der Ureinwohner. Dabei handelt es sich um das Mehl von geröstetem Getreide, das mit Brühe zu einer festen Masse verknetet wird. Früher galt es als „Brot der Armen", heute wird es aufgrund seines hohen Nährwerts wiederentdeckt: Gern stellt man ein Schälchen *gofio* zu Eintopf und Suppe; zusammen mit fein geschnittenen Kartoffeln, Paprika, Zwiebeln und Käse bildet es eine eigene Hauptmahlzeit *(gofio escacho)*.

Papas & mojo

Kein Mahl ohne *papas arrugadas*: kleine, feste **Kartoffeln,** die ungeschält in stark salzhaltigem Wasser (bzw. Meereswasser) gekocht werden. Ist es verdunstet, lagern sich die Salzkristalle auf den Kartoffeln ab und lassen diese weiß und runzelig aussehen. Wahrscheinlich geht die originelle Zubereitungsart auf den Zwang zurück, Süßwasser sparen zu müssen – an Meerwasser dagegen herrschte kein Mangel. Die heißen Kartöffelchen werden mit zwei **Soßen** gegessen. *Mojo rojo* (rote Soße) besteht aus getrockneten, höllisch scharfen Paprikaschoten, die zusammen mit Olivenöl, Essig, Kümmel und Knoblauch im Mörser zerstampft werden. Nimmt man statt rotem grünen Paprika bzw. frischen Koriander, erhält man *mojo verde*, eine milde Variante, die vor allem zu Fisch serviert wird. Neben diesen beiden Hauptsorten gibt es weitere *mojos*, die aber in Restaurants nur selten angeboten werden. Besonders lecker schmeckt *mojo queso*, bei dem geräucherter Käse mit Meersalz, Pfeffer und Knoblauch zerstampft wird.

Käse

Nach dem großen Mahl hat man die Wahl zwischen Pikantem und Süßem. Eine besondere Delikatesse ist der herrenische Käse, der in jedem Ort

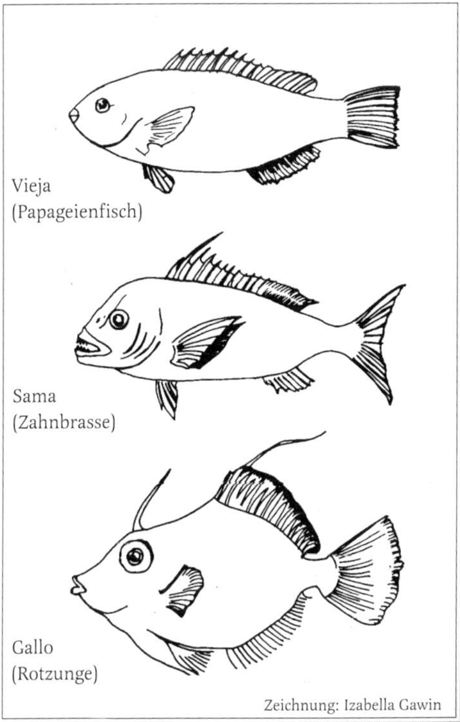

Zeichnung: Izabella Gawin

anders schmeckt. Fressen die Tiere vor allem Gras, ist der Käse mild – knabbern sie gern am Wolfsmilchgewächs, hat er einen leicht bitteren Beigeschmack. Frischer, nur wenige Tage alter Käse *(tierno)* ist weich und zart, halbgereifter *(semicurado)* entfaltet bereits ein starkes Aroma; reifer, mehrere Monate alter Käse *(curado)* erinnert an Parmesan, ist würzig und steinhart (⇨Exkurs im Kap. „Bergland").

Häufig gefangene Fische

Süßes

El Hierro ist aber auch für seine Süßigkeiten berühmt. In zwei Betrieben in Valverde und im Golftal werden aus Frischkäse, Mehl, Zitrone, Ei und Zucker kleine **Kuchen** zubereitet, die überall auf der Insel erhältlich sind. Lecker schmecken die *rosquillas* (aus Mandeln und Honig), die *lacitos de miel* (mit Honig gefüllte Blätterteigtaschen) und die *mantecados* (Schmalzkuchen). Begehrte Importe vom spanischen Festland sind *flan* (Karamelpudding) und *mousse au chocolat* (Schokoladenmousse). Von Gran Canaria stammt das Rezept zum Gofio-Eis, das mit *bienmesabe*, einer zähflüssigen Mandelmousse, beträufelt wird.

Der beste **Honig** der Insel stammt aus dem Südwesten. Er heißt *El Tomillar* und ist nach der gleichnamigen Region zwischen La Dehesa und El Julán benannt. Vor allem zwei aromatische Lippenblütler sind es, die ihm seinen würzigen Geschmack verleihen: *Micromeria hyssopifolia* und *thymoides*.

Früchte

Äpfel, Birnen und Pfirsiche gibt es im Norden El Hierros zuhauf. Doch der eigentliche „Fruchtgarten" der Insel ist das vor knapp 50 Jahren landwirtschaftlich erschlossene Golftal. Im mild-sonnigen Klima wachsen nicht nur Klassiker wie Bananen und Orangen, sondern auch Avocados, Mangos und Papayas, Cherimoyas und Guajaven. In Plantagen nahe am Meer gedeihen köstliche Ananas, die in die Feinkostläden auf dem spanischen Festland wandern. Die süßen herrenischen Feigen werden getrocknet und zur Anreicherung von Soßen benutzt.

Preiskategorien

Um dem Leser eine Vorstellung zu vermitteln, wie teuer die in diesem Buch vorgestellten Restaurants sind, wurden sie in drei Preisklassen unterteilt. Die Preise gelten für ein **Hauptgericht mit Nachspeise und Getränk.**

- **untere Preisklasse** €: bis 15 Euro
- **mittlere Preisklasse** €€: 15–25 Euro
- **obere Preisklasse** €€€: ab 25 Euro

Essenszeiten

Das Mittagessen *(almuerzo)* findet zwischen 13 und 16 Uhr, das Abendessen *(cena)* zwischen 20 und 23 Uhr statt. Da es bisher in nur wenigen Lokalen mehrsprachige Speisekarten gibt, findet sich im Anhang dieses Buches eine **spanisch-deutsche Sprachhilfe** mit allen wichtigen gastronomischen Begriffen.

Getränke

Wein

Vino Herreño ist „der südlichste Wein der nördlichen Halbkugel". Man sieht die Weinstöcke überall auf der Insel: auf grünen und aschefarbenen Hängen, im Norden, Süden und vor allem im Westen. Fast jede Familie besitzt einen kleinen Weingarten und jede Bar, die auf sich hält, führt einen eigenen *vino de pata* (wörtl. „Pfotenwein"), d.h. einen Wein, dessen Trauben mit bloßen Füßen zertreten werden. Er hat keinen Namen und trägt kein Etikett, doch dafür schmeckt er ausgesprochen gut.

Seit 1986 sind über 600 Winzer und Bauern des Golftals in einer Bodega-Kooperative vereint. Mit Hilfe moderner Technik und erstklassiger Onologen haben sie Weine der Marke *Viña Frontera* kreiert, die schon manch einen Preis eingeheimst und das begehrte staatliche Gütesiegel *denominación de origen* erhalten haben. *Viña Frontera* wird in vier Sorten angeboten: Der trockene *Blanco Seco* mit niedrigem Alkoholgehalt mundet zu dunklem Fisch, zu Meeresfrüchten wählt man besser den reiferen *Blanco Semiseco*. Der seltene *Rosado Herreño* ist ein Mischling aus weißen und roten Reben und wird zu Pasta und Reis getrunken. Aber auch ein Rotwein ist im Angebot: Der aus Listán-Negro-Trauben bestehende *Tinto Herreño* ist trocken und entfaltet einen samtenen Nachgeschmack. Er wird zu deftigem Grillfleisch und Käse gereicht.

Bier

Einheimisches Bier kommt aus Teneriffa *(Cerveza Dorada)* oder Gran Canaria *(Cerveza Tropical)*.

Herreñische Klassiker – Rezepte für vier Personen

Ensalada de piña herreña (Ananassalat)

Zutaten:
500 g geschälte, gegarte Garnelen
(können aus der Tiefkühltruhe sein)
1 frische Hierro-Ananas
2 kleine Zwiebeln
½ Esslöffel Olivenöl
1 kleiner Kopfsalat
125 g Krebsfleisch (Dose oder tiefgekühlt)
3 Esslöffel Mayonnaise
1 Esslöffel Tomatenmark
1 Prise Muskatnuss
Salz, Pfeffer
ca. 50 ml Ananassaft
evtl. Joghurt und Kresse

Zubereitung:
Die gewaschenen Salatblätter auf Teller verteilen, dann die Ananas schälen, in 2 cm dicke Rundscheiben schneiden und den festen Strunk herausstanzen. Aus einem Fruchtstück etwas Saft auspressen und zur Seite stellen. Die Ananasscheiben auf die Salatblätter verteilen und die zerschnittenen Garnelen sowie das Krebsfleisch in die ausgestanzte Öffnung legen.

Für die Soße verrührt man die Mayonnaise mit Tomatenmark, Muskatnuss, Salz und Pfeffer und würzt sie mit einem kräftigen Schuss Tabasco. Damit sie schön cremig wird, fügt man Ananassaft hinzu, es kann auch Joghurt eingerührt werden. Nun wird die Soße über die Meeresfrüchte und die Ananas gegossen. Den letzten Pfiff erhält das Gericht durch die kleingeschnittene, in Olivenöl goldbraun gebratene Zwiebel, die über das Ganze gestreut wird. Wer will, kann zur Dekoration ein paar Blättchen Kresse dazu legen.

Sopa de mariscos (Meeresfrüchtesuppe)

Zutaten:
500 g Miesmuscheln (nur geschlossene wählen)
250 g Fisch
150 g Garnelen (frisch oder tiefgekühlt)
2 Stangen Sellerie mit Blattgrün, alternativ grüne Paprika
1 große Zwiebel

2 Knoblauchzehen
400 g Tomaten
1 Bund gehackte Petersilie
150 ml Weißwein
600 ml Trinkwasser
Salz, Pfeffer, Thymian, Zitronensaft und Petersilie

Zubereitung:

Kleingehackte Zwiebel und Knoblauch in Olivenöl glasig dünsten, gewaschene Sellerie bzw. Paprika ebenfalls zerschneiden und mitbraten. Die Tomaten werden mit kochendem Wasser übergossen, damit sich ihre Haut abziehen lässt, anschließend gewürfelt und gleichfalls mitgeschmort. Danach gibt man den Weißwein und das Wasser hinzu, schmeckt das Ganze mit Salz und Thymian ab und lässt es 15 Minuten köcheln.

Währenddessen werden die Muscheln gewaschen und gründlich abgebürstet, alsdann in einem separaten, abgedeckten Topf mit etwas Zitronensaft auf hoher Flamme gekocht. Sobald sie sich öffnen, werden sie von der Flamme genommen und mit dem Sud in die Suppe gerührt. Erst jetzt werden der in mundgerechte Stücke geschnittene Fisch und die Garnelen beigefügt. Nachdem die Suppe fünf Minuten auf kleiner Flamme gekocht hat, ist sie reif für den Verzehr und wird mit frischer Petersilie bestreut.

Pescado encebollado („eingezwiebelter" Fisch)

Zutaten:

1 kg küchenfertiger Fisch
(Seehecht, Zackenbarsch oder jeder andere Fisch mit festem, weißem Fleisch)
5 Knoblauchzehen
4 Zwiebeln
1 grüne Paprika
ein paar Stängel Petersilie
1 Teelöffel Oregano
5 Esslöffel Olivenöl

Zubereitung:

Den Fisch kalt abspülen und in einem Topf mit viel Wasser bei mittlerer Flamme gar ziehen lassen. Anschließend den Fisch häuten und entgräten, in größere Stücke schneiden und in eine mit etwas Öl bestrichene Pfanne legen. Zwei Knoblauchzehen klein hacken, die Zwiebeln in Ringe schneiden und die gewaschene Paprika würfeln, um alles zusammen mit Oregano in Olivenöl anzubraten. In der Zwischenzeit werden die restlichen drei Knoblauchzehen klein gehackt und mit der geschnittenen Petersilie in einem Mörser zerrieben. Das grüne Mousse wird auf die Fischstücke gestrichen, das Gemüse draufgelegt und alles bei kleiner Flamme fünf Minuten gebraten.

Quesadilla (Käsekuchen)

Zutaten:

1 kg Frischkäse (am besten *queso tierno*)
½ kg Zucker
3 Eier
Anis
Zimtpuder
unbehandelte, geriebene Zitronenschale
350 g Mehl
100 g Schweineschmalz

Zubereitung:

Für die Füllmasse wird der Käse fein zerbröselt und in einer Schüssel mit dem Zucker verrührt. Dann gibt man die Eier und 100 g Mehl hinzu, wobei unentwegt weiter gerührt wird. Anschließend werden Anis, Zimt und fein geriebene Zitronenschale eingestreut und die Masse so lange bearbeitet, bis alles gut vermischt ist.

Für den Teig werden die restlichen 250 g Mehl mit dem Schweineschmalz und etwas Wasser gut verknetet. Anschließend rollt man den Teig fein aus und sticht 12 cm große Kreise aus. Mit diesen werden entsprechende Förmchen ausgelegt und darauf die Käsemasse verteilt. Zuletzt werden die Törtchen im Ofen bei 220°C ca. 20 Minuten gebacken, bis sie hellbraun sind. Fertig sind sie, wenn eine eingestochene Gabel picobello sauber herausgezogen werden kann!

Die bekanntesten Marken vom Festland sind *Cruz Campo*, *San Miguel* und *Mahou*. Möchte man gezapftes Bier trinken, bestellt man *una caña* (kleines Bier) oder *una jarra* (großes Bier), wünscht man alkoholfreies Bier, so bestellt man *cerveza sin alcohol*.

Kaffee Auf jedes gute Essen folgt eine Tasse Kaffee. Wer einen schwarzen Espresso möchte, fragt nach *café solo*, der mit viel Zucker getrunken wird. Ist ihm Milch beigemischt, spricht man von *cortado*, wobei sich der Kellner vielleicht danach erkundigt, ob man ihn *natural* (mit H-Milch) oder *con leche condensada* (Büchsenmilch) bevorzugt. Manchmal bestellen Kanarier auch *cortado largo* im großen Glas, der sehr viel mehr Milch enthält als der normale Milchkaffee *café con leche*. Gleichfalls beliebt ist *carajillo*, ein kleiner Schwarzer mit einem Schuss Brandy – meist der Marke Veterano.

Feste und Folklore

Trommeln, Flöten und Kastagnetten, dazu archaische Rhythmen und ein ausgiebiger Schmaus: Dies sind die Zutaten einer jeden herrenischen **Fiesta.** Die Ortsgruppen treten in ihrer jeweiligen Tracht auf, in ihren balladenartigen Gesängen erzählen sie von Liebe und Leidenschaft, Emigration und Tod. Die besten Folklore-Ensembles kamen in den vergangenen Jahren aus El Pinar, großer Beliebtheit erfreuen sich auch die aus Sabinosa und La Frontera. Einen musikalischen Kontrapunkt bildet die Gruppe *Maneras de vivir* („Arten zu leben"). Die sechsköpfige Rockband aus dem Golftal spielt eigene Kompositionen, in denen das Lebensgefühl der jüngeren Herreños zum Ausdruck kommt: „Ich will hier fort ..."

In der folgenden Übersicht sind die bedeutendsten Fiestas zusammengefasst, ergänzt um Feiertage und Festivals. Die Termine sind mit gewisser Vorsicht zu lesen, denn nicht selten verlegt der Bürgermeister die Feierlichkeiten auf das vorangehende oder nachfolgende Wochenende, um auch den auf den Nachbarinseln lebenden Herreños die Teilnahme zu ermöglichen. Den aktuell gültigen Festtagskalender *(calendario de fiestas)* bekommt man bei der Touristeninformation in Valverde.

Die schönsten Inselfeste

- **1. Januar:** *Año Nuevo.* Das neue Jahr wird eingeläutet: Die Herreños versammeln sich auf dem Dorfplatz, vernaschen zu jedem Glockenschlag eine Weintraube und trinken Sekt. Anschließend gibt es in allen größeren Orten ein Feuerwerk.
- **5./6. Januar:** *Cabalgata de los Reyes Magos.* Am Vorabend zum 6. Januar ziehen Balthasar, Melchior und Caspar, die **Heiligen drei Könige** aus dem Morgenland, durch Valverde, La Frontera und El Pinar. Festlich gekleidet und gut gelaunt werfen sie Bonbons in die Menge, manchmal reichen sie auch Käse und Wein. Am nächsten Tag erhalten alle braven Kinder ihre „Weihnachtsgeschenke", die sie anschließend stolz auf Straßen und Plätzen vorführen.
- **17. Januar:** *Fiesta de San Antonio Abad.* Fest zu Ehren des Schutzpatrons von Taibique und der anstehenden Mandelblüte.
- **Januar/Februar:** Im Rahmen des Internationalen Kanarischen Musikfestivals kommen renommierte Ensembles auch nach El Hierro und treten in den Kulturzentren von La Frontera/Tigaday und Valverde auf.
- **2. Februar:** *Fiesta de Nuestra Señora de la Candelaria.* Die Gemeindestadt La Frontera ehrt ihre Schutzheilige mit einer feierlichen Prozession. Am darauf folgenden Sonntag wird die Heilige auch im Ortsteil Los Llanillos gefeiert.
- **Februar/März:** *Fiesta de Carnaval.* **Karneval** wird vor allem in den beiden Gemeindeorten Valverde und La Frontera gefeiert – ein zweiwöchiger Ausnahmezustand mit Maskenball und schrill-buntem Umzug, der Wahl einer „Königin" und Salsa bis zum Morgengrauen. Wenn am Aschermittwoch, der hier meist auf ein Wochenende fällt, die „Sardine" verbrannt wird, ist der Spaß noch längst nicht vorbei. Von der Hauptstadt zieht der Karneval weiter nach El Pinar, La Frontera und La Restinga – viele Herreños sind als Ziegenböcke verkleidet und gleich mehrmals dabei.
- **19. März:** *Fiesta de San José.* Der Josefstag ist großer Feiertag in Isora und zugleich kanarischer Vatertag.
- **März/April:** *Semana Santa.* **Ostern** im Fackelschein, mit Weihrauch und düsterem Trommelwirbel – der Umzug von Valverde beschwört den Geist der Inquisition. Mitglieder geistlicher Bruderschaften ziehen im grauen Mantel durch die Stadt und verbergen ihr Gesicht unter einer spitzhaubigen Kapuze. „Büßer" sind gleichfalls mit von der Partie, kasteien sich mit Peitsche und Geißel. Passion und Kreuzigung Christi werden auf der Straße vor begeisterten Zuschauern nachgespielt. Offizielle Feiertage sind Gründonnerstag *(Jueves Santo),* Karfreitag *(Viernes Santo)* und Ostersonntag *(Domingo de Pascua),* am Ostermontag wird wieder gearbeitet.

● **25. April:** *Fiesta de los Pastores.* Beim „Hirtenfest" auf der Hochebene La Dehesa verabschieden sich die Schäfer von ihrer Schutzheiligen, anschließend kehren sie in die Küstendörfer zurück.

● **1. Mai:** *Día del Trabajo.* Alle Geschäfte bleiben am Tag der Arbeit geschlossen. Fällt dieser auf einen Sonntag, wird er auf Montag verlegt.

● **3. Mai:** *Fiesta de la Cruz.* Beim „Fest des Kreuzes" in El Pinar werden schmuckbehängte Kruzifixe durchs Dorf getragen.

Fiesta de los Pastores, Schafhirte anno dazumal

● **Erster Maisonntag:** *Fiesta del Dulce Nombre de María*. In Guarazoca feiert man den „süßen Namen Mariä" an einer spektakulär gelegenen Felskapelle.

● **15. Mai:** *Fiesta de San Isidro*. In der Isidro-Kapelle am Ortsausgang von Valverde wird für den Schutzpatron der Bauern eine große Viehmesse veranstaltet.

● **25. Mai:** *Fiesta de Nuestra Señora de la Consolación*. In Sabinosa wird die „trostreiche Maria" geehrt.

● **Dritter Maisonntag:** *Fiestas de la Caridad*. Von ihrer Kapelle am Mirador de Jinama wird die Figur der Heiligen mit viel Tanz und Gesang nach San Andrés getragen.

● **30. Mai:** *Día de Canarias*. Am Tag der Kanarischen Inseln wird die blau-gelb-weiße Regionalflagge gehisst, die freie Zeit verbringt man mit der Familie beim Picknick.

● **Anfang Juni:** *Fiesta de Corpus Cristi*. **Fronleichnam** wird mit einer prachtvollen Prozession in Valverde begangen; in der Nacht vor der Fiesta herrscht auf den Straßen fröhlicher Trubel.

● **Erster Junisonntag:** *Fiesta de la Apañada*. Großer Viehmarkt in San Andrés mit abschließendem Pferderennen.

● **3. Juni:** *Fiesta de San Antonio Abad*. Der hl. Antonius ist Schutzpatron von El Pinar und wird in der nach ihm benannten Kirche im Ortsteil Taibique geehrt.

● **24. Juni:** *Fiesta de San Juan*. Die Sommersonnenwende, die schon die heidnischen Ureinwohner feierten, wurde in die christliche Zeit hinübergerettet. Es ist die Nacht der Feuersglut, in der alles Böse verbrennt und sich das Schicksal zum Besseren kehrt. Das größte Fest steigt in Las Puntas im Golftal, aber auch in Timijiraque werden Sonnenwendfeuer entfacht.

● **29. Juni:** *Fiesta de San Pedro*. Das Patronatsfest in Mocanal wird in der nach dem Heiligen benannten Kirche gefeiert.

● **6. Juli:** *Bajada de la Virgen de los Reyes*. Der „Abstieg" der Jungfrau ist El Hierros größtes Fest, das von vielen Veranstaltungen begleitet und rund einen Monat gefeiert wird (⇨Exkurs im Kap. „Süden").

● **16. Juli:** *Fiesta del Carmen*. Schiffsprozession zu Ehren der Schutzheiligen der Fischer in La Restinga.

● **25. Juli:** *Fiesta de Santiago Apóstol*. Fest zu Ehren des männlichen Stadtpatrons, das an der nach ihm benannten Kapelle startet.

● **Erster Augustsonntag:** *Fiesta de El Salvador*. Der „Erlöser" wird von seiner Waldkapelle nach La Frontera getragen, wo ihm zu Ehren ein großer Ringkampf ausgetragen wird.

● **10.–15. August:** *Fiesta de Nuestra Señora de la Candelaria*. Viele Veranstaltungen im Rahmen des großen Patronatsfests zu Ehren Mariä Lichtmess in La Frontera.

● **15. August:** *Fiesta de San Lorenzo y la Candelaria*. Patronatsfest in Echedo.

●**24. August:** *Fiesta de San Bartolo.* Feierliche Prozession in El Mocanal.
●**6. oder 7. September:** *Fiesta de San Mariano.* Fest vor der winzigen Kapelle von Las Playas.
●**8. September:** *Fiesta de los Remedios.* Großes Fest in San Andrés zu Ehren der „Barmherzigen Jungfrau".
●**12. September**: *Fiesta de Nuestra Señora de la Paz.* Fest zu Ehren der „Friedensjungfrau" in Taibique (El Pinar).
●**14. September:** *Fiesta de San Telmo.* Patronatsfest in Puerto de la Estaca.
●**24. September:** *Fiesta Virgen de los Faroles.* Pilgerzug im Fackelschein auf der Hochebene La Dehesa.
12. Oktober: *Día de la Hispanidad.* Der spanische Nationalfeiertag ruft auf den Kanaren gemischte Gefühle hervor: Man gedenkt der Eroberung der Neuen Welt und preist die spanische Sprache und Kultur als zivilisationsbringende Kraft.
●**Dritter Oktobersonntag:** *Fiesta de la Virgen de la Peña.* Von ihrer Kapelle bei Guarazoca wird die Jungfrau auf einem spektakulären Weg ins Golftal getragen.
●**28. Oktober:** *Fiesta de San Simón.* Patronatsfest in Sabinosa.
●**31. Oktober:** *Fiesta de las Tafeñas.* Große Fiesta in La Frontera/Tigaday.
●**1. November:** *Todos los Santos.* Zu Allerheiligen bleiben die Geschäfte geschlossen, doch die Blumenverkäufer haben Hochkonjunktur. Man pilgert zu den Gräbern der in der Friedhofsmauer ruhenden Vorfahren und Angehörigen, legt Kränze nieder und entzündet Kerzen.
●**11. November:** *Día de San Martín.* Am Martinstag wird vielerorts der erste Wein probiert, man trifft sich mit Freunden und röstet Kastanien.
●**27. November:** *Fiesta de la Virgen Milagrosa.* Ehrung der „wundertätigen Jungfrau" in Erese.
●**30. November:** *Fiesta de San Andrés.* Der Regenheilige Andreas wird in Valverde um Wasser angefleht, um die kommende Ernte zu sichern.
●**6. Dezember:** *Día de la Constitución Española.* Der Tag der spanischen Verfassung ist ein gesetzlicher Feiertag.
●**8. Dezember:** *Immaculada Concepción.* Mariä Empfängnis – nur zwei Tage nach dem Verfassungstag ein weiterer Feiertag und für viele Herreños ein guter Vorwand für die längste *puente* (Brücke) des Jahres: Einige bleiben der Arbeit eine ganze Woche lang fern.
●**24./25. Dezember:** *Fiesta de la Navidad.* **Weihnachten** auf El Hierro: Tannenbäume auf dem Dorfplatz und Jingle-Bell-Songs im Supermarkt. Am Heiligabend *(Nochebuena)* trifft sich die Familie zum Festmahl, um anschließend zur Mitternachtsmesse zu gehen – meist ist in der Kirche eine Krippe aufgestellt.

¡Viva la Virgen! – das größte Inselfest

Alle vier Jahre, das nächste Mal im Juli 2005, wird ganz groß gefeiert. Herreños aus aller Welt kehren an den Ort ihrer Kindheit zurück, um Freunde und Familienangehörige wiederzusehen. Innerhalb weniger Tage verdreifacht sich die Inselbevölkerung, in den Hotels und Pensionen ist kein Plätzchen mehr frei. Auf den Straßen herrscht ausgelassenes Treiben, ein unentwegtes Grüßen und Winken, Kommen und Gehen.

Der wichtigste Tag ist der erste Sonntag im Juli. Im Morgengrauen versammeln sich Tausende Herreños auf der Hochebene La Dehesa rings um die kleine Ermita de los Reyes. Nach der obligatorischen Messe folgt die Prozession **Bajada de la Virgen,** das „Niedertragen der Jungfrau". Allen voran schreiten die Hirten mit ihrem mächtigen Stab, es folgen die Tänzer in klassischer Tracht. Von Kopf bis Fuß sind sie weiß eingekleidet; den einzigen Farbakzent setzen die roten Schürzen und Halsbänder. Der topfähnliche Hut ist mit Blumen und langen Schleifen geschmückt. Schon bald stimmen die Musiker auf der Flöte *(pito)* und der Riesentrommel *(tambor)* jene archaischen Klänge an, die auf den nachfolgenden 28 Kilometern nicht mehr verebben werden. Die Tänzer drehen sich anmutig im Kreis und lassen ihre Kastagnetten *(chácaras)* klacken. Der monotone Rhythmus versetzt sie in Trance und lässt sie die körperliche Anstrengung vergessen. An der *raya*, einer seit alters her festgelegten Grenze, werden die *bailarines* von Sabinosa, die den Reigen anführen, von den Tänzern aus El Pinar abgelöst, diese von denen aus La Frontera und anderen Orten, bis schließlich alle der Jungfrau ihren Tribut gezollt haben. Alle Gruppen haben ihren jeweiligen Ortspatron dabei, auf dass er die auf einer Sänfte getragene Madonna ehrenvoll grüße.

Gegen Mittag trifft die Prozession am Cruz de los Reyes ein, dem Kreuz der hl. drei Könige. Die Figur der Jungfrau wird auf einem improvisierten Altar abgestellt und lauscht den erhabenen Worten von Dichtern und Pfarrern. Währenddessen werden auf dem Boden Picknickdecken ausgebreitet *(paños tendidos)* und eine jede Familie tischt auf, was ihr als Bestes erscheint: Schinken, Käse, Fisch oder Fleisch, dazu hausgekelterten Wein. Etwa zwei Stunden dauert der Festschmaus, dann setzt sich die Prozession wieder in Bewegung – fortan fast nur noch bergab. Bei Erreichen der Hauptstadt ist es schon dunkel. Zur Begrüßung läuten die Kirchenglocken und aus tausendfacher Kehle erschallt ein lautstarkes *¡Viva la Virgen!*

Film und Foto

Wegen der hohen Sonnenintensität empfiehlt sich die Benutzung von Filmen mit niedriger DIN-Zahl. Schwarzweiß-, Farb- und Diafilme sollte man bereits vor Antritt der Reise kaufen – die Auswahl vor Ort ist begrenzt, überdies sind die Filme (samt Batterien) auf El Hierro erheblich teurer.

- **Buchtipp:** *Helmut Hermann,* „Praxis: Reisefotografie", und *Volker Heinrich,* „Praxis: Reisefotografie digital", Reise Know-How Verlag, Bielefeld.

Frauen

Alleinreisende Frauen können sich auf El Hierro problemlos bewegen – einzig in typischen Männerbars der Bergdörfer mag es vielleicht zu Irritationen kommen, wenn frau von Männern minutenlang angestarrt wird: Eine ausländische Frau allein unterwegs ist für Herreños noch immer exotisch.

Wer einen **Wanderurlaub unter Frauen** verbringen will, kann sich einer Tour des Unternehmens Naturaktiva anschließen. *Edieth Kinder* organisiert mehrmals jährlich zweiwöchige Exkursionen auf die kleine Insel, Standort ist das Golftal.

- **Naturaktiva** (Edieth Kinder), La Palma, Tel./Fax 0034-922401933, www.naturaktiva.de, wandern@naturaktiva.de

Geldfragen

Währung

Seit Januar 2002 ist auch in Spanien der **Euro** die geltende Währung, die Peseta gehört damit der Vergangenheit an. Viele Herreños zeigen sich darüber verärgert, dass auf den Scheinen zwar die großen Kanareninseln abgebildet sind, nicht aber die kleinen wie El Hierro und Gomera.

Bürger der **Schweiz** gehören nicht zur EU und müssen auch weiterhin die lästigen Wechselmodalitäten ertragen. Die Umtauschgebühren der spanischen Banken schwanken derzeit zwischen 1 und 4%. Wechselkurs zum Euro:

- 1 € = 1,46 SFr; 1 SFr = 0,68 € (Stand Ende 2002)

Bank

Der Umtausch von Banknoten sowie die Einlösung von **Reiseschecks** ist bei allen Banken und Sparkassen möglich. Außerhalb der üblichen Schalterstunden (Mo–Fr 9–14, Sa 9–13 Uhr) können auch Geldautomaten (*telebancos*, blauweiße Hinweisschilder) in Anspruch genommen werden, an denen mit der **EC-Karte** Geld abgehoben werden kann.

Kreditkarten

In den Hotels und Autovermietungen, immer häufiger auch in den Geschäften der Hauptstadt werden die gängigen Kreditkarten akzeptiert: am häufigsten Visa und Eurocard/Mastercard, seltener American Express (jeweils am Emblem erkennbar). Geht die Kreditkarte verloren, sollte man sie umgehend **sperren lassen,** um ihren Missbrauch zu verhindern:

- **Visa:** Tel. 069-79201333
- **Eurocard/Mastercard:** Tel. 069-79331910
- **American Express:** Tel. 069-97971000
- **EC-Karte:** Tel. 0180-5021021

SparCard

Mit der SparCard kann tatsächlich Geld gespart werden. Das von der **Postbank** eingeführte Sparbuch im Scheckkartenformat erlaubt viermal pro

Richtwerte für Preise

Unterkunft

- Einfache Pension, DZ pro Tag: ab 20 €
- Apartment pro Tag: ab 25 €
- Hotel, DZ pro Tag: ab 35 €
- Landhaus pro Woche: ab 350 €

Aktivitäten

- Geführte Tageswanderung: 20–40 €
- Fahrradmiete pro Tag: ab 10 €

Verkehrsmittel

- Linienbus Flughafen – Valverde: 1 €
- Linienbus Fährhafen – Valverde: 1 €
- Taxi Flughafen – Valverde: 9 €
- Taxi Flughafen – La Frontera: 36 €
- Taxi Flughafen – Parador: 16 €
- Mietauto pro Tag: ab 28 €
- Super-Benzin, 1 l: 0,70 €

Im Lokal

- 3-Gang-Menü, kanarisch: 7–12 €
- Fisch mit Mojo-Soße: 8–10 €
- Tortilla: 4 €
- Bier, 0,3 l: 2 €
- Glas Wein, 0,2 l: 2 €
- Kaffee mit Milch: 1,50 €
- Frisch gepresster Orangensaft: 2 €

Im Supermarkt

- Brötchen: 0,30 €
- Milch, 1 l: 0,70 €
- Wurst, 100 g: ab 0,80 €
- Käse, 100 g: ab 0,80 €
- Apfelsinen, 1 kg: 1 €
- Flasche Mineralwasser, 1 l: 0,60 €
- Wasserkanister, 5 l: 1 €
- Zigaretten, 200 Stück: 12–16 €

Trinkgeld

In Restaurants sind 5–10% Trinkgeld üblich, freilich nur, wenn die Bedienung den Gast wirklich zufrieden gestellt hat. Zimmermädchen und Rezeption erwarten 2 € wöchentlich, weitere Gelder gehen an Reiseleiter, Privatbus- und Taxifahrer.

Jahr kostenfreies Geldabheben an ausländischen Visa-Plus-Automaten; erst ab dem fünften Mal wird eine Gebühr kassiert. Bei Verlust sperren lassen unter Tel. 0180-3040600.

Informationen

Aktuelles **Informationsmaterial** kann unter Tel. 06123-99134 oder Fax 9915134 angefordert werden. Auskünfte werden unter dieser Nummer nicht erteilt. Dafür sind allein die Büros des Spanischen Fremdenverkehrsamts zuständig.

Fremdenverkehrsämter

- **Spanisches Fremdenverkehrsamt,** Kurfürstendamm 180, 10707 Berlin, Tel. 030-8826543, Fax 8826661
- **Spanisches Fremdenverkehrsamt,** Grafenberger Allee 100, Kutscherhaus, 40237 Düsseldorf, Tel. 0211-6803980, Fax 6803985
- **Spanisches Fremdenverkehrsamt,** Myliusstr. 14, 60323 Frankfurt, Tel. 069-725033, Fax 725313
- **Spanisches Fremdenverkehrsamt,** Schubertstr. 10, 80336 München, Tel. 089-5389075, Fax 5328680
- **Spanisches Fremdenverkehrsamt,** Walfischgasse 8 Nr. 14, 1010 Wien 1, Tel. 01-5129580, Fax 5129581
- **Spanisches Fremdenverkehrsamt,** Seefeldstr. 19, 8008 Zürich, Tel. 01-2527930, Fax 01-2526204

Vor Ort

Auf El Hierro erhält man die aktuellsten Broschüren bei der **Touristeninformation in Valverde.** Die Adresse findet sich in der Kurzinfo zur Hauptstadt (Kap. „Norden").

Internet

- **www.tourspain.es:** Homepage des Spanischen Fremdenverkehrsamts mit grundlegenden Informationen zu allen Regionen des Landes, Kunst und Kultur, Veranstaltungen, Aktivtourismus und Spanisch lernen.
- **www.spanien.com:** „Spanien auf einen Blick" – Basisinfos für Spanienurlauber mit Links zum Reisewetter und zu Sprachkursen, zu Immobilien und Glücksspielen.

- **www.eCanarias.com:** Ein Nachschlagewerk für Adressen aller Art mit Links zu Flügen und einigen wenigen (nicht gerade preiswerten) Unterkünften, Angaben zum Wetter und zu Fährverbindungen, „Gelbe Seiten" und Ferientipps.
- **www.canarias24.com:** Über die Suchmaschine kommt man u.a. zu Museen und Ausstellungen, Musik, Tanz und Theater.
- **www.abcanarias.com:** Vermittlungsbüro mit großem Angebot an Unterkünften (bei der letzten Durchsicht leider veraltet), Adressen von Veranstaltern zu Freizeit und Sport.
- **www.canary-island.com:** Die von Island Marketing in Zusammenarbeit mit der Kanarischen Rundschau erstellte Website bietet allgemeine Infos, Anzeigen, News und Webcams.
- **www.el-hierro.org** (identisch mit www.cistia.es/cabildo hierro): Die Homepage des Cabildo (Inselregierung) enthält Infos zu Geschichte und Wirtschaft der Insel, zu Flora und Fauna, Festen und Kunsthandwerk.
- **www.el-hierro.org/noticias:** Das Neueste vom Tage aus El Hierro – für alle, die Spanisch sprechen.
- **www.elhierro.tv:** Urlaubsinfos und Bilder, Inselkarte und Dienstleistungen, Link zum Biosphärenreservat.
- **www.tourist-testreport.com:** Deutschsprachige Werbezeitschrift für Touristen und Residenten auf den Kanaren. Restaurantbesitzer und Hoteliers preisen ihre Dienste an, anhand vieler Bilder kann man sich auf die Urlaubsinsel einstimmen. El Hierro soll bald mit einer eigenen Ausgabe vertreten sein.
- **www.infocanarias.com:** Deutschsprachiges, auf Gran Canaria herausgegebenes Wochenblatt mit neuesten Nachrichten zum Archipel und einer Übersicht über den Gezeitenstand.
- **www.kanarische-rundschau.com:** Alle 14 Tage erscheint eine neue Ausgabe mit Links zu anderen Presseerzeugnissen des Archipels.
- **www.fredolsen.es/lineas.tarifas.htm:** Aktuelle Abfahrtzeiten der Fährlinien von Fred. Olsen, z.B. der Linie Los Cristianos (Teneriffa) – Valverde (El Hierro); auch die Preise sind zuverlässig angegeben.
- **www.trasmediterranea.es:** Unter „Routes & Services" findet man die wichtigsten Fährverbindungen der Gesellschaft Trasmediterránea.
- **www.infocanarias.com/infoCANARIAS/ Satellitenbilder.html:** Calima aus der Sicht eines Satelliten. Auf der Website der NASA kann man auf Bildern verfolgen, wie der Saharawind zu den Inseln gelenkt wird. Die Zeitschrift infocanarias hat Links zu diesen Bildern auf ihre „Wetterseite" gelegt.
- **www.reise-know-how.de:** Aktuellste Infos und Tipps zur Ergänzung dieser Auflage sowie weiterführende Links fin-

den sich auf der Verlags-Homepage unter den Stichwörtern „Latest News" und „Travellinks". Diesen Service bietet der Verlag zu allen Reiseführern von Reise Know-How.

Hinweis Die Online-Adressen der wichtigsten **Last-Minute-Anbieter** werden unter „Anreise", die der **Landhaus-Vermittler** unter „Unterkunft" genannt. Sportlich Aktive finden Online-Adressen bei den Ortsbeschreibungen: **Taucher** in La Restinga, **Wanderer**, **Radfahrer**, **Drachenflieger** und **Kletterer** in Valverde.

- **Buchtipp:** „Praxis: Kommunikation von unterwegs", Reise Know-How Verlag, Bielefeld

Kinder

Die Herreños sind kinderfreundlich, drücken und küssen die Kleinen, lachen und scherzen mit ihnen. Das Verhältnis zu Kindern ist direkt und nicht „durch die pädagogische Mühle gedreht". Man macht sich bisher nur wenig Gedanken darüber, was und warum mit dem Kind etwas zu „veranstalten" sei. Es gibt keine Mini- und Animationsclubs, erst im Jahr 2002 wurde in La Frontera der erste Kindergarten der Insel eingeweiht.

Dabei sind die praktischen Dinge des Lebens gut geregelt: In Supermärkten findet man Babynahrung und Windeln, in manch einem Restaurant werden für die Kleinen Hochstühle bereit gestellt. Platz zum Toben und Spielen gibt es auf der Insel genug, im Wald wurden zwei **Spielplätze** eingerichtet. Besonders gelungen ist der von Hoya de Morcillo, wo man nicht nur Schaukeln, Wippen und Drehkreisel findet, sondern auch Kletterrecks aus abgestorbenen Kiefernbäumen und einen großen Platz für Ballspiele. Der zweite Spielplatz befindet sich in Hoya del Pino an der Straße zum Golftal.

Stets beliebt bei Kindern ist ein Besuch der **Herberge für glückliche Esel** in Guarazoca, wo sie die Tiere nach Herzenslust füttern und streicheln können. Einen starken Eindruck hinterlassen auch die **Rieseneidechsen im Lagartorio** von Guinea. Am „Ende der Welt" kann man, ausgerüstet mit einer Taschenlampe, in die Unterwelt des 300 Meter langen **Lavastollens** Cueva del Acantillado hinabsteigen; wer Lust auf geführte Höhlenexkursionen hat, wird vom Team Sanjora (⇨Valverde) mit weiteren unterirdischen Tunneln bekannt gemacht. Schwimmen und schnorcheln können Kinder in den **Naturschwimmbecken** von Tamaduste, La Caleta und La Maceta; für Strand- und Sandspiele geeignet sind der Ortsstrand von La Restinga und die größere (aber für Kinder zum Baden zu gefährliche) Playa del Verodal im Inselwesten. Für die über 12-Jährigen bieten sich **Tauchkurse** in La Restinga an; per Boot wird man zu den interessantesten Spots gefahren.

Kleidung

In den Wintermonaten kann es auf El Hierro durchaus ein paar feuchte und kühle Tage geben. Für Abendspaziergänge am Urlaubsort, ganz besonders aber für die Ausflüge ins Bergland und in den Norden empfiehlt sich die Mitnahme warmer Kleidung: Pullover und Anorak, Regenschutz und festes Schuhwerk sind gefragt. Wer im Sommer wandern will, sollte eine schützende Kopfbedeckung dabei haben. Mit ins Gepäck gehören natürlich auch Badesachen, Taucherbrille und Schnorchel, dazu eine Sonnenschutzcreme mit hohem Lichtschutzfaktor sowie Plastiksandalen als Schutz vor dem aufgeheizten Sand- oder Felsstrand. Nützlich ist auch eine Isomatte fürs Sonnenbad, die man unter das Handtuch legt.

Medizinische Versorgung

Staatlich

Besucher aus Ländern der EU können sich kostenlos im **Krankenhaus** von Valverde *(Hospital General de El Hierro)* und in den lokalen **Gesundheitszentren** *(Centros de Salud)* behandeln lassen. Vorzulegen sind der Ausweis und – in zweifacher Ausfertigung – das von der gesetzlichen Krankenkasse ausgestellte Formular E-111. Die Telefonnummern und Adressen für Krankenhaus, Gesundheitszentren und private Arztpraxen finden sich im Kurzinfo der jeweiligen Stadt in den Ortsbeschreibungen.

Privat

Alle Ärzte, die außerhalb staatlicher Institutionen praktizieren, sind **Privatärzte** und verlangen Barzahlung. Da die Erstattung der Rechnung im kassenüblichen Rahmen nicht garantiert ist, empfiehlt es sich, sich durch eine Auslandszusatzversicherung ohne Selbstbeteiligung gegen sämtliche Risi-

Gesundheitstipps

- Lassen Sie sich von den Passatwinden nicht verleiten, die Intensität der Sonne zu unterschätzen. Wählen Sie vor allem an den ersten Urlaubstagen eine bewährte **Sonnenschutzcreme** und meiden Sie die Mittagshitze. Die Wasseroberfläche reflektiert die UV-Strahlen wie ein Spiegel und verstärkt ihre Wirkung.
- Tragen Sie keine normale Brille am Strand, sondern nur **Sonnenbrillen;** die Gläser haben die Wirkung einer Lupe und können Verbrennungen hervorrufen!
- Muten Sie Ihrem Körper an heißen Tagen **keine eiskalten Getränke** zu!
- Das **Leitungswasser** auf El Hierro ist nicht von bester Qualität und sollte nur zum Waschen, Kochen und Zähneputzen benutzt werden. Für Kaffee und Tee nur Wasser aus gekauften Flaschen bzw. 5- oder 8-Liter-Kanistern verwenden: *agua mineral con gas* (Wasser mit Kohlensäure) oder *sin gas* (ohne Kohlensäure).
- Achten Sie bei **Durchfallerkrankungen** auf eine ausreichende Flüssigkeitszufuhr! Abgepackte Glukose-Elektrolyt-Mischungen sind im Handel erhältlich und gehören in jede Reiseapotheke.

ken abzusichern (⇨Versicherungen). **Ärzte** *(médicos)* und **Zahnärzte** *(odontólogos)* gibt es in der Hauptstadt Valverde sowie in La Frontera im Golftal.

Medikamente

Apotheken *(farmacias)* sind durch ein grünes Kreuz auf weißem Grund gekennzeichnet und öffnen zu den normalen Geschäftszeiten. Medikamente sind in der Regel etwas preiswerter als in Deutschland. Viele sind ohne Rezept, allerdings oft unter anderem Namen erhältlich. Feiertags- und Nachtdienst *(farmacia de guardia)* sind an der Eingangstür der Apotheken angezeigt.

Nachtleben

Nachtschwärmer fahren nicht nach El Hierro. Ein bescheidenes Nightlife gibt es bestenfalls in Valverde, dem einzigen Ort mit Disco, sowie zur sommerlichen Fiesta-Zeit in La Restinga, El Pinar und Tigaday.

Notfälle

Der Notruf **112** ist eine **Zentrale für alle Notfälle** – Polizei, Arzt und Feuerwehr. Anrufe werden auch auf Deutsch beantwortet, der Anschluss ist rund um die Uhr besetzt. Für Diebstahlsanzeigen ist die **Guardia Civil** zuständig, deren Rufnummern im Kurzinfo der einzelnen Orte zu finden sind.

Weitere wichtige Rufnummern:
- **Deutsche Rettungsflugwacht Stuttgart:** 0049-711-701070
- **Fernsprechauskunft national:** 1003
- **Fernsprechauskunft international:** 025
- **Sperrung der Kreditkarte:** ⇨„Geldfragen“

016eh Foto: do

Öffnungszeiten

- **Banken:** meist Mo–Fr 9–14, Sa 9–13 Uhr
- **Post:** meist Mo–Fr 9–14, Sa 9.30–13 Uhr
- **Behörden/Fundbüro:** Mo–Fr 9–14 Uhr
- **Geschäfte:** Supermärkte meist 9–20 Uhr, kleinere Läden Mo–Fr 9–13 und 17–20 Uhr, Sa 9–13 Uhr
- **Kirchen:** meist nur während der Messe geöffnet

Post

Briefmarken *(sellos)* bekommt man beim Postamt *(correos)* und in Tabakläden *(estancos)*. Bitte beachten, dass die Post nur vormittags geöffnet ist! Die „Laufzeit“ von Briefen beträgt meist fünf bis acht Tage, in der Weihnachtszeit zwei bis acht Wochen.

Man kann beim Postamt auch Briefe erhalten. **Postlagernde Sendungen** (Zusatz: „lista de correos“, Nachname in Druckbuchstaben) werden auf der Post von Valverde in der Regel vier Wochen aufbewahrt. Beim Abholen den Ausweis nicht vergessen!

Routenvorschläge

In der folgenden Übersicht werden vier landschaftlich reizvolle **Autorouten** vorgestellt. Als Ausgangspunkte wurden Valverde und El Pinar gewählt, doch kann man sich selbstverständlich auch von anderen Orten der Insel „zuschalten“. Von der Hauptstadt Valverde führt Tour 1 zum Parador an der Ostküste, Tour 2 quer durch den feuchten „irischen“ Norden. Mit Tour 3 geht es von El Pinar zu den Highlights im südlichen Bergland, mit Tour 4 ins fruchtbare Golftal. Die Beschreibung der angesteuerten Orte findet sich in den Ortsbeschreibungen. Zur besseren Orientierung wurden die attraktivsten von ihnen **fett** markiert.

Aufgrund des geringen Autoaufkommens sind sämtliche Touren **auch für Radfahrer geeignet.** Allerdings bedarf es einer guten Kondition, um die teilweise starken Höhenunterschiede zu bewältigen. Wem bestimmte Strecken zu steil erscheinen, sei empfohlen, bei der Taxizentrale der Hauptstadt (⇨Kurzinfo Valverde) *un taxi grande* (ein Großraumtaxi) zu bestellen.

Tour 1

Auf Stichstraße zum Parador im Osten:

Von der Hauptstadt geht es in weiten Kehren über grüne Hänge zum Hafen Puerto de la Estaca hinab. Von dort führt die Straße längs der Küste und an kleinen Stränden vorbei zum „Felszirkus“ von Las Playas: Am Ende der Straße erwartet Besucher das staatliche Parador-Hotel mit einer Café-Terrasse unmittelbar am Meer.

00 km Valverde
07 km Puerto de la Estaca
10 km Timijiraque
18 km **Las Playas**
36 km Valverde

Tour 2

Quer durch den Norden:

Herrlich baden kann man in den Naturschwimmbecken von La Caleta und Tamaduste, bei absolut ruhiger See auch in Charco Manso und Pozo de las Calcosas. Über sattgrüne, sanft geneigte Hänge kommt man zum Mirador de la Peña und genießt einen fantastischen Ausblick auf das Golftal. Über eine Hochebene erreicht man San Andrés, das meist von Wolken verhüllte Viehzentrum der Insel. Südlich des Ortes folgen weitere spektakuläre Aussichtspunkte.

Hinweis für Radler: Wer sich steile Ab- und Aufstiege ersparen will, verzichtet auf die Abstecher zu den Küstenorten und hält von Valverde direkt auf Mocanal zu. Alternativ empfiehlt sich für Mountainbiker der Weg über Hoyo del Barrio und Betenama (⇨Wanderung 3).

00 km Valverde
09 km La Caleta
13 km Tamaduste
26 km Echedo
29 km Charco Manso
37 km Pozo de las Calcosas
43 km Mocanal
47 km Guarozca
48 km Mirador de la Peña (642 m)
51 km Las Montañetas
55 km San Andrés
58 km Isora
60 km Mirador de Isora
70 km Mirador de las Playas
76 km El Pinar

Tour 3

Südliches Bergland:

Auf dieser Rundtour geht es von El Pinar nordwärts zur Höhenstraße, von der man an zwei *miradores* einen herrlichen Ausblick ins Golftal genießt. Die Kreuzung an der Raya de la Llanía ist

017eh Foto: gs

ein idealer Startpunkt für Wanderungen durch den Lorbeerwald. Lohnenswert sind Abstecher zur Quelle Fuente Cruz de los Reyes und auf den Malpaso, den mit 1502 Metern höchsten Berg der Insel. Anschließend fährt man durch duftenden Kiefernwald und vorbei an einem großen Picknickplatz nach El Pinar zurück.

Tour 3 ist für einigermaßen sportliche Radfahrer kein Problem – die Höhenunterschiede halten sich in Grenzen. Geländefahrern sei ein Abstecher empfohlen, der den Anschluss an Tour 4 ermöglicht: Ab Cruz de los Reyes im zentralen Kammgebirge führen Pisten westwärts bis zum „Ende der Welt" am Kap de Orchilla.

La Caleta

600eh Foto: gs

00 km El Pinar (Las Casas & Taibique)
12,5 km Mirador de Jinama
19 km Raya de la Llanía
22 km Fuente Cruz de los Reyes
23,5 km Malpaso
33,5 km Hoya del Morcillo
38 km El Pinar

Tour 4

Über den Leuchtturm Orchilla ins Golftal:

Vom südlichen Ferien- und Fischerort La Restinga geht es zum Kiefernwald von El Pinar hinauf, wobei sich unterwegs ein Badeabstecher zur Cala de Tacorón anbietet. Viele Radler werden sich diesen Abschnitt ersparen und starten die Tour erst im 800 Meter hoch gelegenen El Pinar. Von dort gelangt man über den einsamen Hang von El Julán zur Hochebene La Dehesa mit Wallfahrtskapelle und windgepeitschten Wacholderbäumen, einem grandiosen Aussichtspunkt und dem legendären Leuchtturm „am Ende der Welt". An der Playa del Verodal bietet sich eine Badepause an, bevor man über den Kurort Pozo de la Salud und das Museumsdorf Guinea zum nördlichsten Ort des Golftals vorstößt.

00 km La Restinga
09 km Cala de Tacorón
22 km El Pinar
33 km El Julán
44 km Ermita de Nuestra Señora de los Reyes
48 km El Sabinar
50 km Mirador de Bascos
54 Ermita de Nuestra Señora de los Reyes
61,5 km Faro de Orchilla
73 km Playa del Verodal
79 km Pozo de la Salud
82 km Sabinosa
92 km Tigaday
96 km Guinea
100 km Las Puntas

Sicherheit

Endlich mal ein Urlaubsziel, wo man keine Angst vor Dieben zu haben braucht! Jeder kennt jeden auf der Insel, die Kriminalitätsrate ist verschwindend gering. Die meisten schließen ihr Haus nicht ab, und selbst das Auto lassen sie offen stehen, nicht selten mit dem Schlüssel im Zündschloss.

Sollte man aber doch einmal – vielleicht während eines großen Fests, wenn viele „Auswärtige" auf die Insel kommen – Opfer einer Diebstahls werden, ist unbedingt einiges zu beachten. Zum einen muss man, um spätere Ansprüche bei der Versicherung geltend machen zu können, ein **Polizeiprotokoll** anfertigen lassen. Wurde der Personalausweis gestohlen, wird ein Ersatzausweis erst dann vom Konsul (⇨Diplomatische Vertretungen) ausgestellt, wenn diesem die Anzeige- und Verlustbestätigung der örtlichen Polizeibehörde vorliegen, dazu zwei Passfotos und möglichst auch eine Kopie des gestohlenen Ausweises!

Sport und Erholung

El Hierro ist vor allem etwas für **Naturliebhaber und Wanderer.** Jahrhundertealte Wege führen vom zentralen Kamm hinab zu den Küsten, verbinden abgelegene Bergdörfer mit der Hauptstadt. Nicht ganz so rosig sind die Aussichten für Radfahrer: Um die einsamen Landschaften der Insel genießen zu können, sind oft beachtliche Höhenunterschiede zu bewältigen. Zum ausgiebigen Baden eignet sich El Hierro wenig, **Taucher** dagegen dürfen frohlocken: Vor allem im Süden gibt es Gebiete, wo sich ihnen in strömungsarmen Gewässern die Vielfalt der kanarischen Unterwasserwelt eröffnet.

Wandern

Alles Wichtige zum Wandern findet sich im Kapitel „Wandern auf El Hierro" am Ende des Buches.

Rad fahren

Radfahrer finden auf El Hierro gut asphaltierte Straßen, die sie fast für sich allein haben und die durch abwechslungsreiche Landschaften führen (⇨Routenvorschläge). Zwar geht es über weite Strecken steil bergan, doch gibt es auch ebene Strecken; sie führen über La Dehesa und die Meseta de Nisdafe sowie quer durch das Golftal. In öffentlichen Inselbussen kann der Drahtesel in der Regel gar nicht, in Großraum-Taxis nur gegen Aufpreis mitgenommen werden.

Wer das eigene Fahrrad mitnehmen will, lese bitte die Hinweise zum Sondergepäck im Kapitel Praktische Reisetipps A–Z, Stichwort „Anreise". Das mitgebrachte Rad sollte über eine bergtaugliche Gangschaltung und breite Bereifung verfügen, ein Mountainbike ist besser als ein Renn- oder Tourenrad. Unverzichtbar sind wichtige Ersatzteile wie Schlauch, Mantel, Flick- und Werkzeug, dazu Sturzhelm und Radhandschuhe und für die feuchten Passatwolken ein Regenschutz! Für den Fall der Fälle gibt es in der Hauptstadt eine Radwerkstatt (⇨Kurzinfo Valverde). Wer sich den

019eh Foto: gs

Transport des eigenen Rades ersparen will, mietet ein Bike vor Ort. Die hierfür beste Adresse ist die Agentur Sanjora in Valverde, die auch geführte Touren anbietet (⇨Valverde). Außerdem können Räder z.B. in Isora und Pozo de la Salud gemietet werden.

Die Insel ist ein ideales Radrevier

Tennis

Besucher finden auf der Insel bislang nur einen einzigen Tennisplatz. Er ist angeschlossen ans Apartmenthaus La Brujita in Las Toscas (Golftal).

Klettern & Höhlentrekking

Wer gern klettert, schließt sich am besten einer geführten Tour an: Die Agentur Sanjora (⇨Valverde) organisiert Kletterpartien für Anfänger und Halbfortgeschrittene zu den Barrancos de Tiñor südlich der Hauptstadt sowie zu den unterirdischen Lavastollen im Süden und Westen der Insel.

Drachenfliegen

Flugbegeisterte Herreños haben sich im Club Parapente Guelillas zusammengeschlossen. Wer Spanisch spricht, kann sich dort (⇨Mocanal) über die besten Flugplätze informieren und an den Touren teilnehmen. Die Exkursionen sind nicht kommerziell, sondern haben rein privaten Charakter; die Ausrüstung muss man selbst mitbringen. Einmal im Jahr findet ein überregionales Treffen statt, bei dem sich Drachenflieger aus ganz Europa von der Abbruchkante El Golfos in die Lüfte schwingen.

Wer testen möchte, ob ihm das Fliegen gefällt, bucht einen Tandem-Drachenflug bei der Agentur Sanjora (⇨Valverde): Zusammen mit einem Profi startet man vom zentralen Kammgebirge und gleitet mindestens 30 Minuten durch die Luft, bevor man im Golftal sanft auf dem Boden landet.

Baden

El Hierro ist keine Badeinsel, lange, helle Sandstrände gibt es hier nicht. Das heißt freilich nicht, dass man auf Badefreuden verzichten muss. Im Kapitel „Urlaubsziel El Hierro" wird ein halbes Dutzend **Lavastrände** vorgestellt, die sich am Ausgang von Schluchten gebildet haben. Wer gern schnorchelt, sollte Taucherbrille und Flossen mitbringen, denn bereits in unmittelbarer Küstennähe tummeln sich farbenprächtige Fische. Bitte aber nie weit hinausschwimmen und die Vorsichtsmaßnahmen studieren! Sicherer badet es sich in einem

Risiken beim Baden

- Wegen möglicher **Strudel und Strömungen** sollte man äußerst vorsichtig sein. Selbst wenn das Wasser spiegelglatt ist – die Herreños sprechen vom *mar muerto,* dem „toten Meer" – kann man bereits in Ufernähe von einer Unterströmung erfasst und blitzschnell weggezogen werden. Am sichersten badet man in den Naturschwimmbecken von La Caleta und Tamaduste, La Maceta und Cala de Tacorón.
- Bei **Ebbe,** d.h. in der Phase des ablaufenden Wassers, ist die Sogwirkung stärker, das Baden deshalb gefährlicher. Wird man dennoch einmal vom Sog erfasst, sollte man ihm 100 bis 200 Meter nachgeben und – sobald er an Stärke verliert – versuchen, seitlich aus ihm herauszuschwimmen.
- Im Frühjahr kann an einigen Tagen eine blaue Qualle, die **Portugiesische Galeere,** an den Strand gespült werden. Der Körper darf mit ihr nicht in Berührung kommen: Ihre Nesselfäden verursachen Verbrennungen, manchmal auch Lähmungserscheinungen.

der vielen schönen **Naturschwimmbecken,** die durch Lavazungen vom offenen Meer abgetrennt und geschützt sind. Der einzige offiziell anerkannte **FKK-Strand** der Insel befindet sich an der Bahía de Naos westlich von La Restinga.

- **Buchtipp:** „Praxis: Sicherheit im und auf dem Meer", Reise Know-How Verlag, Bielefeld

Bootstouren

Organisierte Bootstouren gibt es nicht, doch kann man sich bei den Fischern von La Restinga erkundigen, ob man – gegen Bares versteht sich – morgens mit hinausfahren oder sich nach einer Wanderung von einer bestimmten Stelle abholen lassen kann. Allerdings sollte man seefest sein, denn die Boote verfügen nicht über Stabilisatoren, die die Schiffe „schaukelfest" machen.

Alternativ bietet sich ab La Restinga bzw. Las Playecillas die Teilnahme an einer Tauchexkursion (mit oder ohne Tauchgang) an. Fast alle Spots werden mit dem Boot angefahren – die Fahrt zu dem am weitesten entfernten Tauchplatz, den Roques de Salmor, beinhaltet sogar eine komplette Inselumrundung.

Tauchen

El Hierro bietet die spektakulärsten Tauchgründe der Kanaren. Vielerorts sind die Felsen mit junger Lava überzogen, die in bizarren Strömen, Stollen und Grotten erstarrt ist. Dabei fallen die Klippen oft so abrupt ab, dass man bis zu 100 Meter tief tauchen kann – und dies unweit der Küste, bei klarstem Wasser und vortrefflicher Sicht! Bestes Tauchrevier ist das im Süden gelegene „Meer der Stille" (Mar de Calmas), wo die Strömungen nur schwach ausgeprägt sind.

Bereits mehrere Tauchschulen haben sich im Küstenort La Restinga etabliert. Voraussetzung für die Teilnahme an geführten Tauchgängen und Kursen ist in der Regel ein ärztliches Attest, das mindestens noch sechs Monate gültig ist. Die Tauschschulen verleihen Schnorchel, Maske und Flossen, auf Wunsch auch komplette Ausrüstung mit Anzug, Lampe und Sauerstoffflasche. Die nächste Dekompressionskammer befindet sich auf Teneriffa.

● **Buchtipp:** „Praxis: Tauchen in kalten Gewässern", Reise Know-How Verlag, Bielefeld

020eh Foto: gs

Top Dive Spots:

● **Bajón de la Restinga:** Der beliebteste Spot El Hierros, dessen Position durch Bojen angezeigt wird, liegt 300 Meter vor der Küste am Ostrand des maritimen Naturschutzgebiets. Von La Restinga erreicht man ihn mit Boot in etwa fünf Minuten. Unmittelbar unter der Meeresoberfläche liegt ein doppelgipfliger Hügel, der bis zu 100 Meter abfällt: An seiner Westseite entdeckt man mit schwarzen Korallen bedeckte Felsbrocken, in einem seichten Tal zwischen den Gipfeln tummeln sich Moränen – meist in Begleitung von Garnelen der Marke Lady Scarlatte. An der der Strömung ausgesetzten Felsflanke sieht man größere Fische wie Tun und Zackenbarsch, im Sommer auch Mantas und (harmlose) Hammerhaie.

● **Punta de la Restinga:** In 40 Meter Tiefe (knapp östlich von La Restinga) entdeckt man einen mit schwarzen Korallen bewachsenen Torbogen, weiter draußen eine Steilstufe mit vielen Rochen und gelben Zackenbarschen.

● **Baja Rivera:** Nur fünf Meter unter dem Meeresspiegel stößt man auf einen großen, zum Sandgrund 40 Meter abfallenden Felsbrocken. Das kristallklare Wasser sorgt dafür, dass man im höhlendurchlöcherten Fels viele Moränen sichten kann.

● **Roques de Tacorón:** Bei leichter Brandung steigt man an der Badebucht Cala de Tacorón ins Wasser. Nur wenige Meter entfernt steht ein unterseeischer Bogen, den Papageienfische, rötliche *salemas* und grünblau gestreifte *pejeverdes* umschwirren. Weiter draußen verstecken sich in etwa 30 Meter Tiefe stachelige Kugelfische in sandigem Grund.

● **Punta de las Cañas:** Am Nordrand der Schutzzone tummeln sich in einer parallel zur Küste verlaufenden Untiefe zahlreiche Kugelfische sowie die aus der Familie der Haie stammenden *solrayos* (wörtl. „Sonnenstrahlen").

● **Faro de Orchilla:** Am Fuß des Leuchtturms, der einst das Ende der Welt markierte, fällt eine sandige Ebene abrupt ins Meer ab und bietet tropischen Fischen günstigen Lebensraum.

● **El Desierto:** Am Nordwestrand des Naturschutzgebiets, 50 Meter vor der Küste, bricht ein weiteres Plateau abrupt ab. An seinem Fuße, in knapp 40 Meter Tiefe, erstreckt sich eine dunkle Sandwüste *(desierto)*, die zuweilen von Meeresschildkröten aufgesucht wird. Auch kleinere Wale wurden hier schon gesichtet.

Vorsicht beim Tauchen und Fliegen

Zwischen dem letzten Tauchgang und dem Abflug sollten mindestens 24 Stunden verstreichen; bei leichteren Krankheiten (z.B. Erkältung, Durchfall) sollte man sogar 72 Stunden vor dem Rückflug nicht mehr tauchen. Aufgrund des verringerten Luftdrucks werden in großer Flughöhe die noch im Blutkreislauf befindlichen Stickstoffbläschen nur verlangsamt abgebaut, wodurch das Blut den lebensnotwendigen Sauerstoff dem Organismus nur unzureichend zuführen kann.

- **Roques de Salmor:** Ein Sprung hinauf in den Nordwesten der Insel, der nur für erfahrene Taucher interessant ist: Im unterseeischen Abgrund vor dem Roque Chico (Baja de la Palometa) entdeckt man Schwämme, Kraken und Moränen. Von den Atembläschen der Taucher neugierig gemacht, nähern sich große Zackenbarsche. Obligatorisch ist der Besuch einer Höhle mit spektakulären Lichteffekten.

Angeln

Fast überall kann man seine Rute ins Wasser werfen. Hobbyangler benötigen allerdings eine von der Landwirtschaftsbehörde in Valverde ausgestellte Lizenz *(permiso de pesca)* – das Touristenbüro informiert über die aktuellen Öffnungszeiten. Die Lizenz ist sehr preiswert (ca. 20 €) und gilt mehrere Jahre für den gesamten Archipel. Es empfiehlt sich, die eigene Ausrüstung mitzubringen, denn vorerst gibt es nur einen Souvenirshop im Fischerort La Restinga, der einfache Ruten und Haken verkauft.

Wellenreiten

Nur wenige Surfer haben bisher den Weg nach El Hierro gefunden. Einheimische Wellenreiter sieht man vor allem im Golftal an der Lavaküste etwas südlich des Küstendorfs Pozo de la Salud.

Segeln

Die Kanarischen Inseln sind wegen der vorherrschenden Passatwinde ein beliebtes Segelrevier. Boote bis zu max. 5 Meter Tiefgang und 20 Meter Länge können in Puerto de la Estaca und in La Restinga anlegen.

Telefonieren

Die **Vorwahl** für El Hierro von Deutschland, Österreich und der Schweiz lautet 0034 für Spanien, dann folgt die neunstellige Nummer des Anschlussinhabers. Bei Gesprächen von Spanien ins Ausland wählt man 0049 für Deutschland, 0043 für Österreich und 0041 für die Schweiz, danach die Ortsvorwahl ohne Anfangsnull und die Rufnummer des Teilnehmers. Für **R-Gespräche** wählt man 900990049; man ist dann mit dem Fernamt in Deutschland verbunden, das ein Gespräch mit dem gewünschten Teilnehmer auf dessen Kosten vermittelt.

Man telefoniert am besten mit **Telefonkarten** *(tarjetas telefónicas),* erhältlich auf der Post und in Tabakläden. Gespräche von 22 bis 6 Uhr sind günstiger. Die nationale **Fernsprechauskunft** ist unter der Nummer 1003, die internationale unter 025 zu erreichen.

Wichtige Rufnummern

Der Notruf **112** ist die **Zentrale für alle Notfälle.** Unter dem Stichwort „Notfälle" stehen weitere wichtige Rufnummern. Die Telefonnummern für

083eh Foto: gs

Polizei, Krankenhaus, Gesundheitszentren und Ärzte finden sich im Kurzinfo des jeweiligen Ortes in den Ortsbeschreibungen.

Unterkunft

Große Hotelkästen und Apartmentanlagen, wie man sie von Teneriffa kennt, gibt es auf El Hierro nicht. Insgesamt existieren 1000 Gästebetten auf der Insel, die meisten davon verteilen sich auf kleine Hotels und Pensionen, familiär geführte Apartments und restaurierte Landhäuser *(casas rurales)*. Die Unterkünfte sind über die gesamte Insel verstreut, besonders viele findet man in der Hauptstadt Valverde, im Golftal und in La Restinga. Schwerpunkte des ländlichen Tourismus sind der Inselnorden und das Dorf El Pinar.

Die meisten El-Hierro-Reisenden buchen ihren Urlaub nicht pauschal, sondern individuell. Das hat den Vorteil, die Unterkunft je nach Wetterlage, Lust und Laune wechseln zu können. Es gibt Individualunterkünfte sowohl am Meer als auch im Inselinnern. Das Angebot reicht von kleinen Hotels und Pensionen bis zu preiswerten Apartments und einem Campingplatz im Kiefernwald. In den Ortsbeschreibungen werden alle Wohnmöglichkeiten detailliert vorgestellt.

Da die Unterkünfte in den Weihnachts- und Osterferien gut belegt sind, empfiehlt es sich, wenigstens für die ersten Nächte ein Dach über dem Kopf zu reservieren. Ein paar Spanisch-Sprachkenntnisse erweisen sich dabei als nützlich (⇨Anhang). Die Vorwahl für die Insel El Hierro lautet 0034, es folgt die Fax- oder Telefonnummer der gewünschten Unterkunft.

Hotels

Seit einigen Jahren entdeckt man El Hierro auch im Programm bekannter Reiseveranstalter wie TUI und Kreutzer. Zu den wichtigsten Pauschalunter-

021eh Foto: gs

künften gehören der staatliche Parador an der Ostküste, das Kurhotel Pozo de la Salud, die Hotels Ida Inés und El Pinar sowie das winzige Hotel Punta Grande. Es lohnt sich, diese Hotels pauschal zu buchen, denn die vom Veranstalter angebotenen Preise sind durchweg günstiger als jene, die vor Ort verlangt werden. Im Pauschalarrangement sind Flug, Transfer und Reiseleitung enthalten.

Pensionen

Pensionen bieten keine Verpflegung, dafür sind sie preiswerter als Hotels. Ein Vorteil gegenüber Apartments und Landhäusern besteht darin, dass man befreit ist von einer Mindestmietdauer. Eine Rundreise von einem Pensionsort zum nächsten ist auf El Hierro leicht zu realisieren. Beispiel: Valverde – (Timijiraque) – El Pinar – Sabinosa – Las Puntas – Valverde.

Guarazoca – Casa La Asomada

Preiskategorien

Um dem Leser eine Vorstellung zu vermitteln, wie teuer die in diesem Buch vorgestellten Unterkünfte sind, wurden die Landhäuser und Hotels, Pensionen und Apartments in vier Preisklassen unterteilt. Die Preise gelten jeweils für ein **Doppelzimmer ohne Frühstück.** Für ein Einzelzimmer zahlt man in der Regel 70% des Preises für ein Doppelzimmer.

- **Untere Preisklasse** €: bis 30 €
- **Mittlere Preisklasse** €€: 30–60 €
- **Obere Preisklasse** €€€: 60–120 €
- **Luxusklasse** €€€€: über 120 €

Apartments

Apartments sind geräumiger als Hotelzimmer und verfügen über eine Küche, die einem die Freiheit lässt zu entscheiden, ob man essen gehen will oder nicht. Die meisten Apartments findet man im Golftal und in La Restinga.

Landhäuser

In den vergangenen Jahren wurden auf El Hierro zahlreiche Landhäuser in traditionell kanarischem Stil restauriert und zu attraktiven Urlaubsunterkünften umgestaltet. Die meisten von ihnen sind ruhig gelegen, teils eingebettet in die Dorfstruktur, teils auch mitten in der Natur, „abseits der Zivilisation". Genaue Angaben zur Lage finden sich in den Ortsbeschreibungen. Da die meisten **casas rurales** nicht ans öffentliche Busnetz angeschlossen sind, empfiehlt es sich, ein Auto zu mieten. Nur selten leben die Bewohner mit im Haus – in der Regel haben Gäste daher die Finca ganz für sich allein. Einige Häuser sind ideal für nur zwei Personen, in anderen können Familien mit Kindern oder kleine Gruppen einquartiert werden. Oft liegen die Häuser so nahe beieinander, dass sich die Möglichkeit eines Gemeinschafts-

El Hierros einziger offizieller Campingplatz – mitten im Kiefernwald

urlaubs für mehrere Gruppen oder Familien bietet. Die *casas rurales* werden auf Wochenbasis über Agenturen in Deutschland und auf El Hierro vermietet.

Agenturen in Deutschland

Sehr preisgünstige Angebote macht *Karin Pflieger,* die sich schon als Vermittlerin von Häusern auf La Palma einen Namen gemacht hat. Sie hat einige der besten Häuser im Programm, darunter im Norden die wunderbare Casa La Asomada (in Guarazoca), im Süden die einsame Casa El Matel (bei El Pinar) und in der Golfregion das Drachennest und das Weinhaus. Der Preis für zwei Personen liegt bei 350–450 € pro Woche.

- **Karin Pflieger,** Lohkoppelweg 26, 22529 Hamburg, Tel. 040/5604488, Fax 040/5604487, www.turismo-rural.de, turismorural.pflieger@t-online.de

022eh Foto: gs

Weitere Anbieter in Deutschland:

- **Canarias Spezial,** Konrad-Adenauer-Straße 44, 69221 Dossenheim, Tel. 06221-87620, Fax 876220, www.canarias-spezial.com, canarias-spezial@t-online.de
- **Canarias Reisen,** Groß Escherde, Am Thie 3, 31171 Nordstemmen, Tel. 05069-96151, Fax 96152, www.canrei.de

Agenturen auf El Hierro

Die Zentrale des *turismo rural* auf El Hierro befindet sich in Mocanal, allerdings wird für alle Häuser - unabhängig von ihrer Lage und Qualität - der gleiche hohe Preis verlangt. Bei Sanjora in Valverde kann man Apartments in La Restinga und im Golftal mieten, zusätzlich einige *casas rurales*.

- **Turismo Rural Central de Reservas Meridiano Cero,** Calle Barlovento 89, Tesbabo, Tel. 922551824, Fax 922550575, www.ecoturismocanarias.com, meridianocero@cip.es, unregelmäßig geöffnet, meist Mo–Fr 16–19 Uhr
- **Sanjora** (Empresa de Servicios Turísticos), Av. Dacio Darías 65, Valverde, Tel. 922551840, Fax 922551463, www.islaelhierro.com/lasanjora.html, Mo–Fr 9–13, 16–19 Uhr

Camping

„Wildes Zelten" ist nicht erlaubt, wird aber in der Regel - wenigstens für eine Nacht - geduldet. Der **einzige Campingplatz** der Insel befindet sich auf 1000 Meter Höhe in Hoya del Morcillo, mitten im Kiefernwald El Pinar. Er ist ganzjährig geöffnet, doch kann es hier im Winter empfindlich kühl werden. Man kann kostenlos im eigenen Zelt bzw. im Schlafsack übernachten, es gibt Waschräume, Wasserstellen und Grillöfen. Um sich einen Platz zu sichern, muss man aber vor dem geplanten Aufenthalt bei der Umweltbehörde in Valverde eine Genehmigung *(permiso de acampada)* einholen. Dabei ist der Personalausweis vorzulegen, der gewünschte Termin und die Personenzahl anzugeben. Nur in den Oster- und Sommerferien, wenn viele Kanarier von den Nachbarinseln kommen, ist der Platz schon mehrere Wochen im Voraus ausgebucht. Die Genehmigung erhält man (via Fax auch im Voraus) bei:

- **Medio Ambiente,** Calle Trinistas 1, Valverde, Tel. 922550017, Fax 922550271, medioambiente@el-hierro.org, Mo–Fr 8.30–14.30 Uhr

Verkehrsmittel

Bus

Busse *(guaguas)* sind auf El Hierro preiswert. Mit Ausnahme von Fahrrädern werden alle Gepäckstücke umstandslos und kostenfrei befördert. Alle größeren Inselorte sind von Valverde mit öffentlichen Bussen erreichbar, doch Wanderern nützt das wenig. Zu selten verkehren Busse in den bevölkerungsarmen Gebieten – und wenn, dann zur „falschen", an den Bedürfnissen der arbeitenden Bevölkerung ausgerichteten Zeit. Kein Bus fährt in die einsamen Wandergebiete im Südwesten, etwa nach El Julán oder zur Hochebene La Dehesa.

Fahrplan

Was mit dem Bus machbar ist, plane ein jeder für sich mit Hilfe des untenstehenden provisorischen Fahrplans. Details können sich ändern, darum empfiehlt es sich, die Angaben vor Ort zu überprüfen. Mit etwas Glück erhält man bei der Touristeninformation in Valverde einen Ausdruck mit den neuesten Änderungen. Schilder mit aktuellen Abfahrtszeiten waren zuletzt nur an den Busstationen von Valverde und Tigaday (Golftal) aufgestellt.

● **Linie Fährhafen:**
Valverde – Puerto de la Estaca (15 Min.)
30 Minuten vor Ankunft einer Olsen- bzw. Trasmediterránea-Fähre
Puerto de la Estaca – Valverde (15 Min.)
Abfahrt wenige Minuten nach Anlegen der Fähre

● **Linie Flughafen:**
Valverde – El Cabo – **Flughafen/Aeropuerto** (15 Min.)
Mo–Sa 8.15 Uhr
Flughafen/Aeropuerto – El Cabo – **Valverde** (15 Min.)
Mo–Sa nach jeder Landung

● **Linie Nordosten:**
Valverde – Cangrejo – Tamaduste – **La Caleta** (30 Min.)
So 9.00 Uhr
La Caleta – Tamaduste – Cangrejo – **Valverde** (30 Min.)
So 18.00 Uhr (im Winter), 19.00 (im Sommer)

● **Linie Norden:**
Valverde – Mocanal – Tesbabo – Erese – **Guarazoca** (20 Min.)
Mo–Sa 12.00 Uhr
Guarazoca – Erese – Tesbabo – Mocanal – **Valverde** (20 Min.)
Mo–Sa 7.55 Uhr

● **Linie Osten:**
Valverde – Tiñor – La Cuesta – **Isora** (25 Min.)
Mo–Sa 12.00 Uhr
Isora – La Cuesta – Tiñor – **Valverde** (25 Min.)
Mo–Sa 8.00 Uhr

● **Linie Westen/Golftal:**
Valverde – Tiñor – San Andrés – **La Frontera** (1½ Std.)
tgl. 12.00 Uhr*
La Frontera – San Andrés – Tiñor – **Valverde** (1½ Std.)
tgl. 7.00 Uhr**
*Anschlussbusse 13.30 Uhr tgl. nach Tigaday, Mi und Fr nach Las Puntas, Mo, Do und Sa nach Los Llanillos und Sabinosa
**Zubringer ab Sabinosa Mo, Do und Sa 6.30 Uhr, Los Llanillos Mo, Do und Sa 6.50 Uhr, Las Puntas Mi und Fr 6.45 Uhr, Tigaday tgl. 6.50 Uhr

● **Linie Süden:**
La Restinga – El Pinar (Taibique/Las Casas) – San Andrés – **Valverde** (1¼ Std.)
Mo–Sa 7.00 Uhr
Valverde – San Andrés – El Pinar (Las Casas/Taibique) – **La Restinga** (1¼ Std.)
Mo–Sa 12.00 Uhr

Taxi

In allen größeren Ortschaften gibt es eine Haltestelle für Taxis *(parada de taxi)*, wo man auch anrufen kann. Die Rufnummern für die Taxistände sind in den Kurzinfos (Ortsbeschreibungen) angegeben. Am Taxameter ist der Fahrpreis abzulesen. Der Grundpreis liegt bei ca. 2 €, pro gefahrenem Kilometer kommt etwa 1 € dazu (plus Flug- und Fährhafen-, Nacht- und Gepäckzuschlag). Bei längeren Fahrten sollte man sich schon vor Antritt der Fahrt auf einen Festpreis einigen. Nach 23 Uhr ist es schwer, ein Taxi zu bekommen!

Zur Orientierung hier die Preise für die am häufigsten benutzten Strecken (Stand Ende 2002):

- Fährhafen – Valverde 9 €
- Valverde – El Pinar 20 €
- Valverde – La Frontera 30 €
- Valverde – La Restinga 30 €

Flug und Fähre zu den Nachbarinseln

Flug

Der Flughafen mit seiner kleinen Landebahn liegt bei Tamaduste im Nordosten El Hierros. Direktflüge gibt es zur Zeit nur nach **Gran Canaria** und **Teneriffa,** doch nach dem Ankauf der Fluglinie Binter durch ein kanarisches Unternehmen könnte sich das in den nächsten Jahren ändern. Aktuelle Hinweise zu den interinsularen Verbindungen bekommt man online (⇨„Internet") bzw. über die kanarischen Tageszeitungen „La Provincia" und „Canarias 7".

- **Flughafen** *(Aeropuerto),* Tel. 922550878

Fähre

Mit der Fähre kommt man preisgünstig auf die Nachbarinseln. Von **Puerto de la Estaca** im Nordosten El Hierros verkehren zweimal täglich Fähren der Reedereien Fred. Olsen und Trasmediterránea nach Teneriffa. Die Überfahrt nach Los Cristianos dauert vier Stunden. Die aktuellen Abfahrtszeiten und Preise erfährt man online (⇨„Internet") sowie in den Reisebüros vor Ort und in der Hauptstadt Valverde.

- **Fred. Olsen,** Puerto de la Estaca, Tel. 922551424, tgl. ab 8.30 Uhr; im Hafenbüro gibt es Tickets für alle Schiffspassagen zwischen den Inseln.
- **Trasmediterránea,** Calle Doctor Dolkosky 3, Valverde, Tel. 922550129, Mo–Fr 9–13 und 17–19 Uhr, Sa 9–13 Uhr; das Büro im Hafen wird erst eine Stunde vor Eintreffen der Fähre geöffnet.

Versicherungen

Krankenversicherung

Wichtig ist es vor allem, sich um die Krankenversicherung zu kümmern. Mit dem **Auslandskrankenschein E-111** (in doppelter Ausführung) können sich Mitglieder einer gesetzlichen Krankenkasse kostenlos in den Gesundheitszentren und im Krankenhaus behandeln lassen (⇨Medizinische Versorgung).

Eine private **Zusatzversicherung** bietet einen umfangreicheren Schutz, mit ihr ist es möglich, sich bei einem Arzt eigener Wahl behandeln zu lassen. Die „Auslandskrankenversicherungen" sind billig, gelten aber meist nur für maximal zwei Monate. Man kann sie im Reisebüro kurzfristig vor Antritt der Reise abschließen.

Gepäckversicherung

Darüber, ob man eine Reisegepäckversicherung abschließen sollte, gehen die Meinungen auseinander. Stiftung Warentest rät davon ab, denn „Kosten und potentieller Nutzen stehen in keinem vernünftigen Verhältnis". Luxusgegenstände sowie Geld, Schecks und Tickets sind ohnehin nicht mitversichert, alle anderen Gegenstände werden nur zum Zeitwert ersetzt – und auch dies nur, wenn keine „Unachtsamkeit" des Versicherten vorliegt. „Grob fahrlässig" handelt z.B., wer Gegenstände im verschlossenen Auto oder unbeaufsichtigt am Strand liegen lässt; werden sie gestohlen, gibt es keine Entschädigung. Und für Sportgeräte (Surfbretter, Tauchausrüstung etc.) muss gar eine spezielle Sportgeräte-Versicherung abgeschlossen werden.

Bekanntermaßen wird ein Schaden durch beschädigtes oder gestohlenes Gepäck bis zu 10% der Versicherungssumme ohnehin aus der Hausratsversicherung beglichen. Und geht Gepäck bei der Anreise „verloren", sind die Fluggesellschaften gemäß Warschauer Abkommen zur Zahlung einer Entschädigungssumme verpflichtet.

Storno Die **Reiserücktrittsversicherung** übernimmt bis zu 80% des Reisepreises, wenn man aus ernst zu nehmenden Gründen zu Hause bleiben muss.

Haftpflicht Für die Dauer des Urlaubs kann man eine Reisehaftpflichtversicherung abschließen und sich damit gegen Ansprüche schützen, die aus Sach- und Personenschäden herrühren, die man selbst verursacht hat. Keine Versicherung braucht abzuschließen, wer bereits haftpflichtversichert ist.

Kombination Das in Reisebüros angebotene **Versicherungspaket** ist eine Kombination aller hier vorgestellten Versicherungsleistungen (ohne Haftplicht- und auch ohne Unfallversicherung). Der zu entrichtende Preis hängt ab von der Dauer des Urlaubs und den Reisekosten.

Sicherungsschein Bei Bezahlung der Reise erhält man einen so genannten Sicherungsschein. Dies ist eine Bürgschaftserklärung des Deutschen Reisepreis-Versicherungsdienstes, der bei **Konkurs des Veranstalters** die gezahlte Summe in voller Höhe zurückerstattet. Unternehmen, die diesen Service nicht anbieten, sollte man meiden, denn bei Insolvenz wird kein Heller an den Kunden zurückgezahlt.

Zeitungen und Zeitschriften

Deutsche Zeitungen und Zeitschriften treffen auf El Hierro meist mit einem Tag Verspätung ein. Man findet sie am Flughafen sowie in den Zeitungsläden und im Café La Noticia in der Hauptstadt Valverde. Die auf Gran Canaria publizierte deutsche Wochenzeitschrift „Info Canarias" paraphrasiert Artikel aus der kanarischen Presse und enthält Hinweise auf anstehende Kulturereignisse (auch auf El Hierro) sowie die Gezeitentabelle. Die aktuellen Flug- und Fährfahrpläne sind in den kanarischen Tageszeitungen „Canarias 7" und „La Provincia" abgedruckt.

023eh Foto: gs

Der Norden

Überblick

Die dem feuchten Passat zugewandten Hänge sind fast das ganze Jahr über grün, mehrere kleine Vulkankuppen sorgen für ein bewegtes Landschaftsbild. Auf Terrassenfeldern wachsen Wein, Tomaten und Mais, hin und wieder sieht man auch Feigen- und Pfirsichbäume. Jahrhundertelang war der Norden die bevorzugte Wohngegend der Herreños, denn das **feucht-fruchtbare Land** sicherte gute Ernten. So verwundert es nicht, dass just hier die Hauptstadt Valverde entstand. Längs der zehn Kilometer langen Straße, die von Valverde westwärts führt, reihen sich mehrere Dörfer aneinander, die zusammenfassend *Los Barrios* (=Viertel) genannt werden. Im Winter kann es

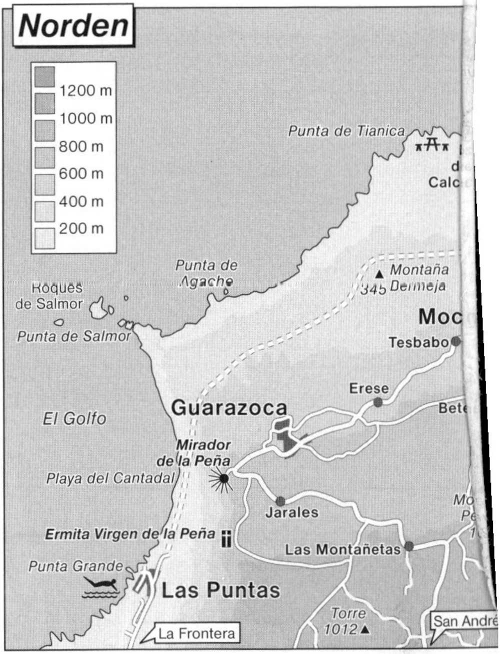

auf einer Höhe von 500 bis 700 Metern empfindlich kühl werden. Steigt man tiefer hinab, wird's wärmer, weshalb sich herreñische Neusiedler in den letzten Jahren vor allem in niedrigeren Lagen niederließen. Viele von ihnen haben verlassene Gehöfte restauriert, die sich mit ihren Natursteinmauern bestens in die Landschaft einfügen. Die schönsten können als *casas rurales* angemietet werden. Die Küste selbst ist schroff und wild: Von der Brandung zernagte **Klippen** wechseln ab mit erstarrten Lavafeldern. Baden kann man bei ruhiger See in vier Naturschwimmbecken.

Eindrucksvoll ist auch die Ostküste, die erst 1981 mit dem Bau des staatlichen Hotels Parador erschlossen wurde. Vom Inselhafen Puerto de la Estaca führt eine in den Fels gesprengte Stich-

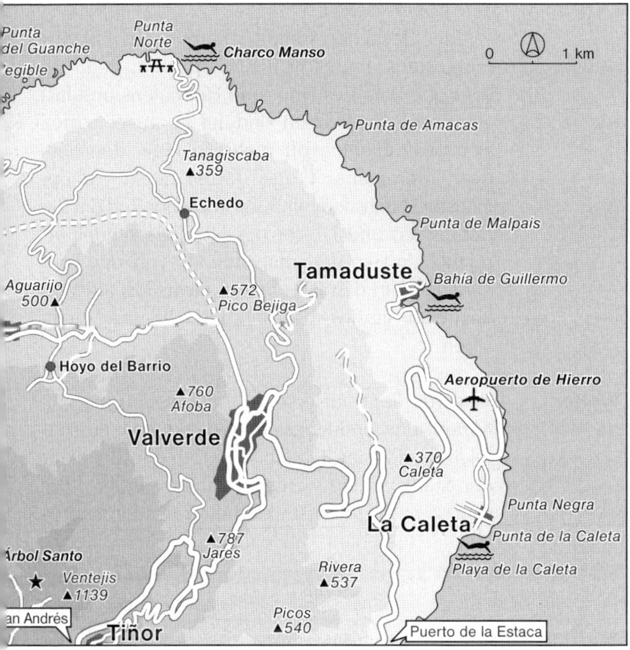

straße zehn Kilometer südwärts bis zur Bucht Las Playas, ein gigantisches, von 1000 Meter hoch aufragenden Steilwänden gesäumtes Halbrund. Hier gibt es mehrere **dunkle Kiessandstrände,** an denen man in die Fluten steigen kann.

Valverde

Hangterrassen und kleine Äcker, niedrige Häuser und mittendrin eine Kirche: Man mag kaum glauben, dass sich dieser Ort, der gerade mal 2000 Einwohner zählt, **Inselhauptstadt** nennen darf. Doch wenn man genauer hinschaut, findet man all die dafür nötigen Institutionen: den Inselrat und eine Vertretung der Regionalregierung, den Justizpalast und das Finanzamt, das Krankenhaus und eine höhere Schule.

Jeder Besucher kommt während des Urlaubs mindestens einmal in die Hauptstadt, denn sie liegt oberhalb des Flug- und Fährhafens und fast alle wichtigen Straßen sind auf sie ausgerichtet. Wanderer bleiben oft mehrere Tage, denn ein paar interessante Wege starten direkt vor der Haustür. Auch sind mit Bus, Auto oder Rad die Badebuchten und Dörfer des Nordens schnell erreicht. Und kommt man abends von der Tour zurück, ist in den Bars immer etwas los, am Wochenende gibt es sogar ein bescheidenes Nachtleben.

Wetter

Valverde liegt auf einer Höhe von 600 bis 700 Metern und befindet sich im direkten Einflussbereich des Passats. Darum kann sich der Charakter der Stadt binnen weniger Minuten ändern. Bei sonnigem Wetter erstrahlen die Fassaden und es

Seite 108/109: Valverde im Sonnenschein

Kurzinfo Valverde

- **Touristeninformation:** Patronato Insular de Turismo, Calle Doctor Quintero 4, 38900 Valverde, Tel. 922550302, Fax 922552907, turismo@el-hierro.org, Mo–Fr 9–14 Uhr, Sa 9–13 Uhr
- **Rathaus:** Ayuntamiento, Calle Pérez Galdós 5, Tel. 922550025
- **Inselregierung:** Cabildo, Calle Doctor Quintero 11, Tel. 922550078
- **Umweltbehörde:** Medio Ambiente, Calle Trinistas 1, Tel. 922550017, Fax 922550271, medioambiente@el-hierro.org
- **Reisebüros:** Viajes Ecotours, Calle Pérez Galdós 2, Tel. 922551532, und Viajes Insular, Calle San Juan 1, Tel. 922550038; Verkauf von Fähr- und Flugtickets
- **Agentur für Aktivsport:** Sanjora, Av. Dacio Darías 65, Tel. 922551840, Fax 922551463, www.islaelhierro.com/lasanjora.html, lasanjora@hotmail.com, Mo–Fr 9–13 und 16–19 Uhr
- **Polizei:** Guardia Civil, Av. Dacio Darías 101, Tel. 922552045
- **Banken:** vor allem entlang der zentralen Calle Doctor Quintero
- **Post:** Correos, Calle General Franco (auch bekannt als Calle de Correos)
- **Krankenhaus:** Hospital Insular, Los Llanos de Santiago, Tel. 922552990, 922554014; neue Klinik am nördlichen Ortsausgang
- **Gesundheitszentrum:** Centro de Salud, Calle de la Constitución 27, Tel. 922550525
- **Zahnarzt:** Clínica Dental Argentina, Av. Dacio Darías 60, Tel. 922555042 (bitte vorher anrufen)
- **Apotheke:** Farmacia, Calle San Francisco s/n, Tel. 922550907
- **Rotes Kreuz:** Cruz Roja, Tel. 922551136
- **Radwerkstatt:** Motoservicio, Av. Dacio Darías 23
- **Autovermietung:** Autos Bamir, Calle Doctor Quintero 27, Tel. 922550183, Fax 922551245, autosbamir@elhierro.tv; freundlich und zuverlässig
- **Tankstelle:** DISA am nördlichen Ortsausgang Richtung Puerto de la Estaca (Calle de la Constitución), SHELL am südlichen Stadtrand Richtung San Andrés (Av. Dacio Darías)
- **Taxi:** Calle San Francisco 1, Tel. 922550729
- **Busbahnhof:** Terminal de guaguas nahe dem Supermarkt Terencio am Südrand der Stadt

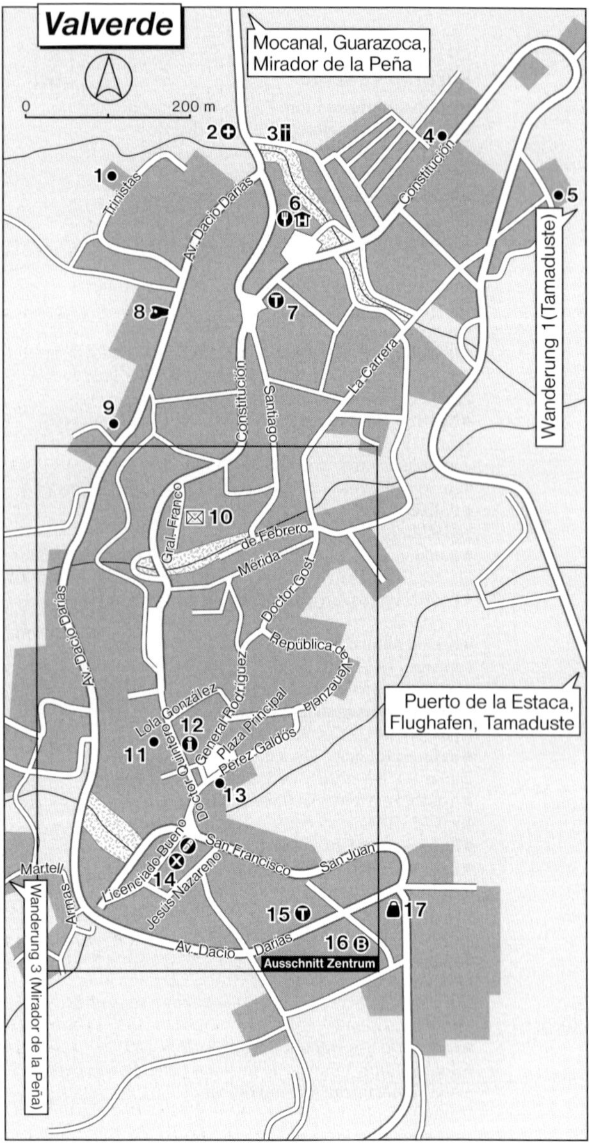
Valverde
0
200 m
Mocanal, Guarazoca, Mirador de la Peña
1
2
3
4
5
6
7
8
9
10
11
12
13
14
15
16
17
Trinistas
Av. Dacio Darias
Constitución
La Carrera
Santiago
Gral. Franco
de Febrero
Mérida
Doctor Gost
República de Venezuela
Rodríguez
Lola González
Doctor Quintero
General Rodríguez
Plaza Principal
Pérez Galdós
Licenciado Bueno
Jesús Nazareno
San Francisco
San Juan
Av. Dacio Darias
Martel/
Armas
Wanderung 1 (Tamaduste)
Puerto de la Estaca, Flughafen, Tamaduste
Wanderung 3 (Mirador de la Peña)
Ausschnitt Zentrum

•	1	Umweltbehörde	✉	10	Post
✚	2	Krankenhaus	•	11	Inselregierung
	3	Ermita de Santiago	ℹ	12	Touristeninformation
•	4	Gesundheitszentrum	•	13	Rathaus
•	5	Kulturzentrum Asabanos		14	Apotheke
	6	San Fleit			Taxi
	7	Tankstelle DISA		15	Tankstelle
	8	Polizei		16	Busbahnhof
•	9	Agentur Sanjora		17	Supermarkt Terencio

herrscht in den Straßen eine aufgeräumte Stimmung. Dann aber ziehen wieder feucht-klamme Schwaden den Hang hinauf und die Straßenzüge werden in Wolken gehüllt. Die Bewohner machen das Beste draus: Sie werfen sich die Wolljacke über und wärmen sich mit einem *roncito* auf – am liebsten gleich in der Bar nebenan.

Orientierung Der Weg nach Valverde führt entweder über den nahen Fährhafen oder den an der Küste gelegenen Flughafen. In weiten Kehren schraubt sich die Straße hinauf, schon von weitem ist die Hauptstadt zu sehen. Eine letzte Kurve, dann geht die Straße in die Calle de la Constitución über, die an der Tankstelle vorbei Richtung Ortsmitte führt und sich in die Einbahnstraße Doctor Quintero verlängert. Zur Linken befindet sich die Touristeninformation, kurz dahinter liegt die zentrale Kreuzung mit der beliebten Bar Los Reyes und dem Taxistand. Geradeaus führt die Gasse Licenciado Bueno steil zur Oberstadt hinauf, links geht es über die Calle San Francisco zum größten Supermarkt der Stadt und zum Busbahnhof.

Ortsname 1405 bedachte der normannische Konquistador *Jean de Béthencourt* die altkanarische Siedlung Amoco mit dem klangvollen Namen Valverde (*valle verde* = grünes Tal). Um ihren christlichen Charakter zu betonen, verlieh er ihr den Titel *Villa de*

Santa María de Valverde, heute meist verkürzt zu *La Villa* (die Stadt). Laut Chronik lag sie auf einer Lichtung im Lorbeerwald und war zum Meer hin geöffnet. Doch der Wald wurde schon in den ersten Jahrzehnten nach der Eroberung gerodet – an seiner Stelle legte man Felder und Weiden an.

Sehenswertes

Die Sehenswürdigkeiten Valverdes kann man bequem im Rahmen eines zweistündigen Rundgangs kennenlernen. Er führt vom Ortskern zur höher gelegenen Avenida Dacio Darías und endet am nördlichen Ortsausgang.

Hauptplatz Neben der Touristeninformation führen Freitreppen zu Valverdes schönstem Platz hinab. **Plaza Principal** wird er genannt, doch sein offizieller Name lautet *Plaza Virrey de Manila*. Mit ihm wird ein Herreño geehrt, der es im spanischen Kolonialreich zum „Vizekönig der Philippinen" gebracht hat. Der Platz besteht aus mehreren großen, von Säulenbalustraden gesäumten Terrassen. Zur Ostseite ist er geöffnet, so dass er wie ein großer Balkon erscheint: Bei gutem Wetter blickt man von hier übers Meer bis zur Nachbarinsel Teneriffa. Ein lebendiges Zentrum ist der Platz freilich nicht; Kinder spielen hier selten und auch die älteren Señores haben ihn nicht zu ihrem Treffpunkt gemacht. Nur zur Fiesta-Zeit blüht er auf, wenn sich unterm aufgespannten Zeltdach Folklore- und Salsa-Ensembles ein Stelldichein geben.

Rathaus Der Platz wird an seiner Südseite vom Rathaus (Ayuntamiento) begrenzt, einem stattlichen, in traditionell-kanarischem Stil errichteten Bau aus den 1930er Jahren. Mit seinen Holzbalkonen und dem dunklen, von Lavastein eingefassten Portal passt er bestens zur schräg gegenüber liegenden Kirche.

- **Ayuntamiento,** Plaza Principal, Mo–Fr 8–14 Uhr

024eh Foto: gs

Norden

Pfarrkirche Schönstes Gebäude der Stadt ist die Iglesia Nuestra Señora de la Concepción, die Ende des 18. Jahrhunderts anstelle einer Vorgängerkirche entstand. Mit ihren drei Schiffen lagert sie breit und behäbig auf der untersten Platzterrasse. Zwischen ihren beiden Portalen erhebt sich ein zierlicher Glockenturm, der einst als Piratenausguck diente. Wurde ein Feind gesichtet, ertönte Glockengeläut, das den Bürgern bedeutete, Zuflucht in der Kirche zu suchen. Mit ihren wuchtig-wehrhaften, fast fensterlosen Mauern bot sie ihnen guten Schutz.

Schmuckstück des durch Säulen gegliederten Innenraums ist die im Mudejar-Stil aufgespannte

Der Kirchplatz – schmuck und gepflegt

Holzdecke. Die von maurischen Architekten beeinflusste Gotik-Variante zeichnet sich durch raffinierte Ornamentik aus. Oft sind die Balken mit Blumenmotiven oder geometrischen Mustern bemalt, wobei an Blattgold nicht gespart wurde. Aus späterer, barocker Zeit stammt die namensgebende „Jungfrau der Empfängnis" am Hauptaltar. Alljährlich am 8. Dezember wird die Skulptur durch die Straßen der Stadt getragen.

●**Iglesia de Nuestra Señora de la Concepción,** Plaza Principal, tgl. 9–19 Uhr, Messe So 11 Uhr

Museum

Das stattliche Gebäude neben der Kirche beherbergt das **Archäologische Museum.** Kern der Sammlung sind über 100 Skelette von Ureinwohnern, die 1998 bei Straßenbauarbeiten in der Begräbnishöhle La Lajura (bei La Restinga) entdeckt wurden. Wie Untersuchungen ergaben, waren dort zwischen 120 und 210 n. Chr. Bimbaches beiderlei Geschlechts und aller Altersstufen beigesetzt worden. Opfertiere waren ihnen beigegeben, die als Proviant für den langen Weg ins Totenreich dienen sollten. Da man in der Höhle auch Samen von Wein und Getreide entdeckte, weiß man, dass die Bimbaches nicht nur – wie zuvor angenommen – als Hirten und Fischer arbeiteten, sondern auch sesshafte Bauern waren.

●**Museo Arqueológico,** Calle Médico Juán Ramón Padrón Pérez s/n

Kunst

Neben der Touristeninformation befindet sich die Tienda de Artesanía mit einem Ausstellungssaal für bekannte **Inselkünstler.** Oft findet man hier Fotoarbeiten, Ölgemälde und Aquarelle sowie Werke der in El Pinar lebenden Bildhauer *Thomas Mehrländer* und *Joke Volta*. Im Raum nebenan kann man Kunsthandwerk erstehen; die auf Pergament gezogenen historischen Landkarten sehen alten Stichen verblüffend ähnlich.

●**Tienda de Artesanía,** Calle Doctor Quintero 2, Mo–Fr 9–14 Uhr, Sa 9–13 Uhr

Kunsthandwerkszentrum

Von der Straßenkreuzung an der Bar Reyes gelangt man über die Calle Licenciado Bueno in die Oberstadt Tesine. Ein traditionelles Anwesen am Hang wurde in ein Kunsthandwerkszentrum verwandelt, in dem man Männern und Frauen beim Töpfern und Weben, Korbflechten und Schnitzen über die Schulter schauen und ihre Produkte auch kaufen kann.

● **Centro de Artesanía,** Calle Armas Martel 1

Grafenhaus

An der Hauptstraße Dacio Darías entdeckt man im Schatten eines Drachenbaums das Grafenhaus. Es handelt sich um einen kleinen, traditionellen Bau mit Holzveranda, ein Schild verkündet stolz *El Conde* (der Graf). Es heißt, hier oben, hoch über der Stadt, habe viele Jahre der Verwalter des Inselgrafen gewohnt; auch der Conde selbst stieg hier ab, wenn er der „vergessenen" Insel einen Besuch abstattete.

● **Casa del Conde,** Av. Dacio Darías s/n, das Haus ist in Privatbesitz und kann zur Zeit nicht besichtigt werden.

Kapelle

Folgt man der Straße nordwärts, gelangt man an Polizei, Gericht und Finanzamt vorbei zum nördlichen Ortsausgang, wo rechter Hand die Ermita de Santiago steht. Die **älteste Kirche El Hierros** ist dem „Maurentöter" *Santiago* geweiht, unter dessen Banner die wichtigsten Schlachten der Reconquista geschlagen wurden. Der Eroberer *Jean de Béthencourt,* der die Kapelle zu Beginn des 15. Jahrhunderts errichten ließ, zollte damit seinem Auftraggeber, dem König von Kastilien, Tribut, der den Kampf gegen die Ungläubigen bis nach El Hierro, ans Ende der damals bekannten Welt, trug. Für die ehrgeizige historische Mission fehlten freilich die Mittel, weshalb die Kirche äußerst bescheiden ausfiel. Auch dem 1718 errichteten Nachfolgebau fehlt es an Glanz. Nichtsdestotrotz wird das Kirchlein von frommen Herreños geschätzt, denn nicht nur Santiago, sondern auch *Isidro,* der Schutzpatron der Bauern, wird hier geehrt: Ihm zuliebe zelebriert man alljährlich am 15. Mai eine Viehmesse und lässt die Tiere vom Pfarrer segnen.

- **Ermita de Santiago,** Calle La Lajita, unregelmäßig geöffnet

Käse-kuchen-fabrik

Auf dem Rückweg zum Ortskern empfiehlt sich ein Abstecher zur Fábrica de Quesadillas. Tagein tagaus stellen die Töchter von *Adrián Gutiérrez* aus Frischkäse und Eiern die besten Kuchen der Insel her. Man kann ein Probierstück kaufen, die Herreños greifen meist gleich zu großen Paketen.

- **Fábrica de Quesadillas,** Calle 22 de Febrero 2, meist Mo–Fr 9–13 und 15–20, Sa 9–13 Uhr

Praktische Tipps

Unterkunft

- **Boomerang** €€, Calle Doctor Gost 1, Tel. 922550200, Fax 922550253. Das einzige Hotel der Hauptstadt liegt unterhalb des Kirchplatzes und bietet 17 Zimmer mit Heizung und spanischem Fernsehen. Für die gebotene Qualität ist es nicht gerade billig. Am schönsten sind die Räume in der oberen Etage, die den Blick über die Stadt hinweg auf die Küste eröffnen. Das Frühstück wird im gepflegten, aber etwas sterilen Restaurant im Untergeschoss eingenommen.
- **Casañas** €€, Calle San Francisco 9, Tel./Fax 922550254. Die Besitzerin der zentral gelegenen Pension ist nicht übermäßig freundlich, doch die 15 Zimmer sind sauber und geräumig, verfügen über Bad und TV. Am schönsten sind die Räume 206 bis 209 mit einer verglasten Veranda und Blick auf den Kirchplatz. Die lauten Zimmer zur Straße sollte man meiden.
- **San Fleit** €, Calle Santiago 24, Tel./Fax 922550857. Pension in einem Neubau am nördlichen Ortsausgang, picobello sauber und von Lorenzo freundlich geführt. Vermietet werden 14 Zimmer mit TV, die teureren haben ein eigenes Bad, die billigeren nur Waschbecken. Die schöneren sind die zum Meer weisenden Räume, die für Einzelreisende gedachten Zimmer sind sehr klein! Frühstücken kann man im Restaurant nebenan.

Essen und Trinken

- **La Taberna de la Villa** €/€€, Calle General Rodríguez 10 / Plaza Principal, Tel. 922551938. Die mit viel Holz und Naturstein eingekleidete „Taverne der Stadt" ist Valverdes schönstes Lokal und liegt an der zentralen Plaza gegenüber von Rathaus und Kirche. Im Erdgeschoss trifft man sich an der Bar, im Café oder in der rustikalen *tasca*, wo zu kanarischem Wein Käse und Schinken serviert werden. Umfassender speisen kann man auf der Galerie im Obergeschoss, wo Señor Alpidio deftige spanisch-kanarische Küche anbietet.

• **El Casino** €€, Calle Jesús Nazareno / Ecke San Francisco, So geschlossen. Das im ersten Stock gelegene Restaurant hat sich der feinen Küche verschrieben. Es gibt *queso empanado con miel* (panierten Käse mit Honig) und mehrere Varianten von *solomillo* (Rinderfilet), wobei jede Beilage extra berechnet wird. Wer weniger Geld ausgeben will, greift zu einem der diversen Spaghetti-Gerichte.

• **Boomerang** €€, Calle Doctor Gost 1, Tel. 922550200, tgl. 8–16 und 20–22 Uhr. Zu den „Spezialitäten" des hoteleigenen Restaurants zählen *gambas al ajillo* (Garnelen in Knoblauch), *gambas revueltas* (Garnelen im Rührei) und *garbanzos compuestos* (Kichererbseneintopf).

• **Zabagú** €, Calle San Francisco 16, Tel. 922550016. Aufgrund günstiger Preise sehr beliebtes Lokal: Die Einheimischen treffen sich an der Bar und bestellen *vino de pata* (Wein vom Fass), dazu venezolanische *arepas* und *empanadas* (gefüllte Teigtaschen). Die Touristen nehmen meist an den weiß gedeckten Tischen Platz und lassen sich von Elisabeth und Emilio das auf einer Tafel angeschriebene *menú del día* (Tagesmenü), vielleicht auch eine Pizza servieren.

• **San Fleit** €, Calle Santiago 24, Tel./Fax 922550857, So geschlossen. Kleines Lokal neben der gleichnamigen Pension mit laufendem Fernseher, karierten Vorhängen und ebensolchen Tischdecken. Die Gerichte sind in einer Vitrine ausgestellt. Spezialität des Hauses ist köstlicher *pulpo encebollado*, pikanter Tintenfisch mit Zwiebeln, Paprika und Peperoni.

• **El Encuentro** €, Calle Los Barriales 4, tgl. ab 6.30 Uhr. Das beliebte Lokal am Nordausgang von Valverde nennt sich „der Treffpunkt". Man nimmt an der Bar oder einem der edel eingedeckten Holztische im hinteren Raum Platz. Tito serviert deftige kanarische Kost.

• **Boutique del Pan** €, Calle Constitución 4, Mo–Sa 9–14 und 17–21 Uhr, So 9–14 Uhr. Bei Amada gibt es nicht nur frisches Brot, sondern auch köstliche *rosquillas* (Küchlein aus Mandeln und Honig), *quesadillas* (herreñischen Käsekuchen) und *lacitos de miel* (mit Honig gefüllte Blätterteigtaschen). Kaffee trinkt man an zwei Bistrotischen.

• **Cafetería Plaza** €, Calle Doctor Quintero / Plaza Principal, Tel. 922550882, tgl. außer Di ab 8 Uhr. Die Cafetería in der dunklen Passage hinter der Touristeninformation ist fast rund um die Uhr geöffnet, doch richtig voll wird sie nur am Freitag und Samstag um Mitternacht, wenn die benachbarte Disco öffnet. Tagsüber läuft der Fernseher und es lärmen die Spielautomaten, dazu gibt es frisch gepressten Orangensaft, Sandwiches und Hamburger.

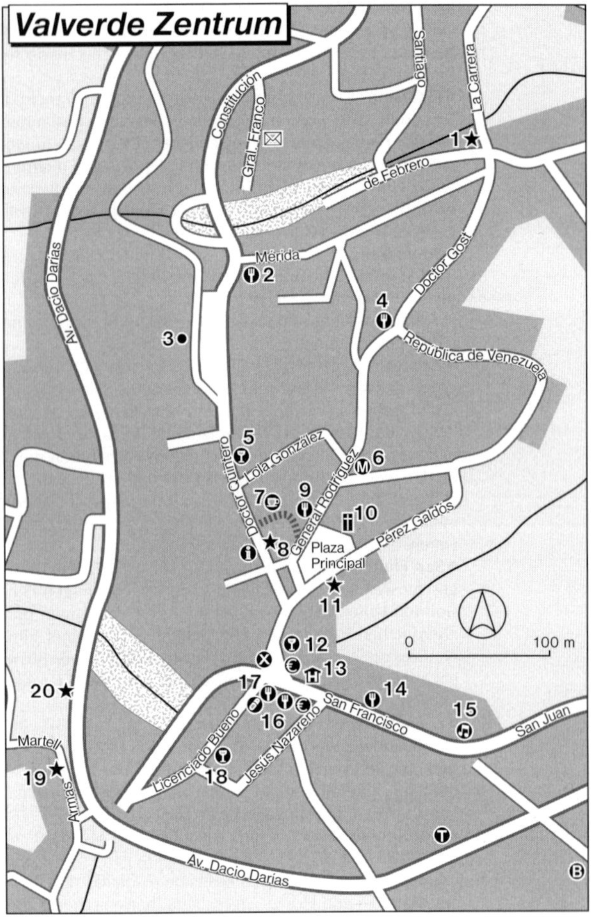

● **Los Reyes** €, Calle Licenciado Bueno 3, Tel. 922551152, tgl. ab 8 Uhr. Das Lokal ist aufgrund seiner zentralen Lage an der wichtigsten Kreuzung der Stadt stets gut besucht. Viele Herreños kommen mindestens einmal am Tag vorbei, trinken einen Kaffee und informieren sich über die neuesten Inselereignisse.

● **La Noticia** €, Calle Licenciado Bueno 11. Auf El Hierro ein Kuriosum: Bei Señor Onésimo trinkt man nicht nur starken

SEHENSWERTES

- ★ 1 Fábrica de Quesadillas
- 6 Museo Arqueológico
- ★ 8 Tienda de Artesanía
- 10 Iglesia de Nuestra Señora de la Concepción
- ★ 11 Ayuntamiento
- ★ 19 Centro de Artesanía
- ★ 20 Casa del Conde

ESSEN UND TRINKEN

- 2 Boutique del Pan
- 4 Boomerang
- 5 Bar La Gruta
- 7 Cafetería Plaza
- 9 La Taberna de la Villa
- 12 Bar Los Reyes
- 14 Zabagú
- 16 Las Vetas
- 17 El Casino
- 18 Bar La Noticia

UNTERKUNFT

- 4 Hotel Boomerang
- 13 Pension Casañas

NACHTLEBEN

- 7 El Cine
- 9 Tasca El Chavalazo
- 15 La Casita

SONSTIGES

- • 3 Autos Bamir

- Touristeninformation
- Post
- Bank
- Apotheke
- Tankstelle
- Taxi
- Busbahnhof

Kaffee, sondern kann sich auch über die Neuigkeiten *(noticias)* in aller Welt informieren. Verkauft werden regionale und nationale Zeitungen, aber auch die Süddeutsche und die FAZ.

●**La Gruta** €, Calle La Constitución 10 / Ecke Lola González, Tel. 922550806, tgl. außer So ab 8 Uhr. Die ehemalige Grotte liegt unterhalb der Hauptstraße. Da die PSOE über der Bar ihr Büro hat, treffen sich hier vor allem die Sozialisten El Hierros zu *arepas, empanadas* (gefüllten Teigtaschen) und *batidos* (Milchshakes).

●**Las Vetas** €, Calle San Francisco 8, Tel. 922550978, tgl. ab 8 Uhr. In dem Lokal mit vier Tischen hängen historische Fotos an der Wand, es gibt leckere *batidos* (Milchshakes mit Ananas, Papaya oder Banane), *perritos calientes* (Hotdogs) und *bocadillos* (belegte Brötchen).

Einkaufen

Valverde ist wahrlich kein Einkaufsparadies, doch man bekommt alles Lebenswichtige, auch kulinarische Spezialitäten, Souvenirs und Lektüre zur Insel.

●**Bücher:** Librería Marga, Calle Licenciado Bueno 6. Mit spanischsprachigen Titeln zu El Hierro, oft sind auch spanisch-deutsche Wörterbücher zu haben.

●**Zeitungen & Zeitschriften:** Deutsche Tagespresse vom Vortag gibt es in der Bar La Noticia (Calle Licenciado Bueno 11).

- **Kunsthandwerk:** Tienda de Artesanía, Calle Doctor Quintero 2. Im hübschen Laden neben der Touristeninformation kann man archaische Keramik erstehen, dazu Schalen aus blank poliertem Maulbeerbaumholz, mit Hohlsaumstickerei verzierte Tücher und Decken sowie historische Landkarten von El Hierro.
- **Fleisch:** Cumbres Herreñas, Calle San Juan 4. Dies ist ein Laden, wie es ihn in Europa kaum noch gibt. Alles ist bei Señora Tina hausgemacht – Salami und Dauerwurst, pikante Würstchen, Schweineschmalz, Kochwurst und Aufstrich. Dazu gibt es selbst gekelterten Weinessig und Hauswein der Marke El Tejal. Kleiner, aber kaum weniger attraktiv ist das Angebot bei La Pernada (Calle Licenciado Bueno 20).
- **Käsekuchen:** Fábrica de Quesadillas, Calle 22 de Febrero 2, meist Mo–Fr 9–13 und 15–20 Uhr, Sa 9–13 Uhr. Lohnenswert ist ein Abstecher zur fast hundertjährigen Käsekuchen-Fabrik.
- **Käse & Honig:** Den berühmten Inselkäse El Herreño und den Honig El Tomillar kann man in jedem Laden erstehen, am preiswertesten direkt beim Produzenten, der Kooperative El Herreño in El Majano (Richtung San Andrés).
- **Brot & Backwaren:** Boutique del Pan, Calle de la Constitución 4, tgl. ab 9 Uhr; Panadería Santiago, Av. Dacio Darías 58, tgl. ab 7 Uhr
- **Bioladen:** Armonía, Av. Dacio Darías 17. Diät- und makrobiotische Kost, Kräuter, Obst und Gemüse, auch Naturkosmetik.
- **Supermarkt:** Terencio, Carretera General 16. An der Straße nach San Andrés befindet sich der größte und zugleich preisgünstigste Supermarkt Valverdes mit viel Auswahl an Käse und Fleisch, Obst und Gemüse.

Kultur

Obwohl Valverde Hauptstadt ist, verfügt es über kein Kino, geschweige denn ein Theater. Filmvorführungen, Konzerte und Aufführungen finden im Centro Cultural Asabanos am nördlichen Ortsausgang statt (Carretera General s/n). Manchmal gibt es auch Veranstaltungen im so genannten Casino (Calle Jesús Nazareno s/n), einer privaten Initiative kulturbeflissener Bürger. Die aktuellen Termine erfährt man bei der Touristeninformation.

Nightlife

Werktags herrscht „tote Hose", das Nachtleben spielt sich einzig Freitag- und Samstagnacht ab. Wie überall auf den Kanaren beginnt es nach Mitternacht. Junge Herreños aus weit entfernten Dörfern trudeln ein, um die Nacht durchzutanzen, erst am frühen Morgen ist die Party vorbei. Ein ähnlicher Ausnahmezustand herrscht während der Fiestas, vor allem beim Karneval. Dann wird die Plaza Principal zum Corso, die angrenzenden Bars sind rappelvoll.

025eh Foto: gs

●**La Casita,** Calle San Francisco 17, Di–Sa ab 22 Uhr. In einem urigen „Häuschen" unterhalb der Hauptstraße versammeln sich vor dem Disco-Gang junge und ältere Herreños.

●**Tasca El Chavalazo,** Calle Doctor Quintero / Plaza Principal, ab 22 Uhr. Unter der Cafetería Plaza, am schönsten Platz Valverdes, gibt es heiße Rhythmen zum Aufwärmen vor einer langen Nacht.

●**El Cine,** Calle Doctor Quintero 6 (Untergeschoss). Zugleich Pub und Disco, am Wochenende nach 24 Uhr brechend voll.

Aktivitäten

●**Wandern:** Von Valverde gelangt man auf einem kurzen, aber abwechslungsreichen *camino real* zur Badebucht Tamaduste (⇨Wanderung 1). Alternativ bietet sich der alte Verbindungsweg von der Hauptstadt in die Dörfer des Nordens an. Zwar verläuft dieser heute weitgehend auf Piste, doch ist er gleichwohl attraktiv, da er eine weite Aussicht über das Küstenvorland bietet (⇨Wanderung 3). Geführte Wanderungen in alle Teile El Hierros bietet die Agentur Sanjora an, die derzeit einzige Anlaufadresse für Aktivitäten in Valverde (⇨Kurzinfo-Kasten). Die Exkursionen sind ganztägig und beinhalten ein Picknick. Die Gruppenstärke beträgt 7–15 Personen, doch auch für zwei Wanderer werden bei entsprechend höherem Preis Ausflüge organisiert.

●**Klettern:** Sanjora organisiert Touren für Anfänger und Fortgeschrittene an den Wänden der Barrancos de Tiñor (südlich Valverde).

● **Rad fahren:** Bei Sanjora, der vorerst einzigen verlässlichen Anlaufstelle für das Leihen von Mountainbikes, gibt es Rabatt ab drei Tagen Mietdauer.
● **Drachenfliegen:** Wer sich in die Lüfte schwingen will, bucht bei Sanjora einen Tandem-Drachenflug. Zusammen mit einem Profi startet man an der Abbruchkante des Golftals und gleitet mindestens 30 Minuten durch die Luft, bevor man sanft auf dem Boden landet.

Feste

● **Februar/März:** *Fiesta de Carnaval.* Zweiwöchiger Ausnahmezustand mit Maskenball und buntem Umzug, der Wahl einer „Königin" und Salsa bis zum Morgengrauen. Wenn am Aschermittwoch, der hier meist auf ein Wochenende fällt, die „Sardine" verbrannt wird, ist der Spaß noch längst nicht vorbei. Der Karneval wandert weiter ins Golftal, nach El Pinar und La Restinga.
● **März/April:** *Semana Santa.* Ostern im Fackelschein, mit Weihrauch und düsterem Trommelwirbel – der Umzug von Valverde beschwört den Geist der Inquisition. Mitglieder geistlicher Bruderschaften ziehen im grauen Mantel durch die Stadt und verbergen ihr Gesicht unter einer spitzhaubigen Kapuze. Auch „Büßer" sind mit von der Partie.
● **15. Mai:** *Fiesta de San Isidro.* In der Isidro-Kapelle am Ortsausgang von Valverde wird für den Schutzpatron der Bauern eine große Viehmesse veranstaltet.
● **Anfang Juni:** *Fiesta de Corpus Cristi.* Fronleichnam wird in Valverde mit einer prachtvollen Prozession begangen. In der Nacht vor der Fiesta herrscht auf den Straßen fröhlicher Trubel.
● **8. Dezember:** *Virgen de la Concepción.* Der Stadtpatronin zuliebe feiert man am Vorabend eine Fiesta mit Feuerwerk und nächtlichem Tanz, bevor man sich am Festtag pünktlich um 12 Uhr zur großen Prozession einfindet. Die Heiligenfigur wird durch die Straßen des Ortes getragen, anschließend treten die besten Folklore-Ensembles der Insel auf.

Puerto de la Estaca

Der **Hafen** Puerto de la Estaca ist El Hierros Nabelschnur zur Welt, denn nur hier können größere Schiffe anlegen, die Passagiere und Waren von anderen Inseln befördern. Wann immer eine Fähre eintrifft, herrscht Hochbetrieb: Taxis, Last- und Mietwagen fahren vor, an den Ticketschaltern der Reedereien bilden sich Warteschlangen. Doch kaum hat das Schiff die Anker gelichtet, erlischt alle Betriebsamkeit und der Ort verfällt in seinen gewohnten Dämmerzustand ...

Außer dem Hafengebäude und der Mole hat Puerto de la Estaca nicht viel zu bieten. Am steilen Hang drängt sich eine Handvoll Häuser, auf einer rötlichen Felsterrasse thront die kleine, zu Fuß erreichbare Ermita de San Telmo, von der sich ein weiter Blick über die Bucht bietet. Einige Unentwegte steigen in die Fluten – allzu gemütlich ist's am Kiesstrand nicht, doch solange das Schiffsaufkommen nicht wächst, bleibt das Wasser relativ sauber.

026eh Foto: gs

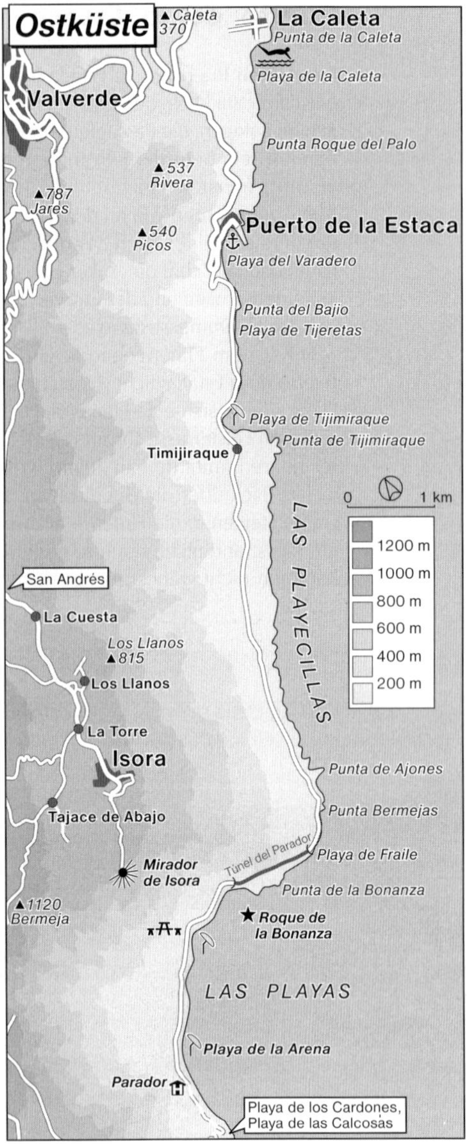
Ostküste
Caleta 370
La Caleta
Punta de la Caleta
Playa de la Caleta
Valverde
Punta Roque del Palo
537 Rivera
787 Jares
540 Picos
Puerto de la Estaca
Playa del Varadero
Punta del Bajio
Playa de Tijeretas
Playa de Tijimiraque
Punta de Tijimiraque
Timijiraque
0 1 km
1200 m
1000 m
800 m
600 m
400 m
200 m
LAS PLAYECILLAS
San Andrés
La Cuesta
Los Llanos
815
Los Llanos
La Torre
Isora
Tajace de Abajo
Punta de Ajones
Punta Bermejas
Túnel del Parador
Playa de Fraile
Mirador de Isora
Punta de la Bonanza
1120 Bermeja
Roque de la Bonanza
LAS PLAYAS
Playa de la Arena
Parador
Playa de los Cardones, Playa de las Calcosas

Anno dazumal

Wie abgeschieden die Insel einst war, kann man der Beschreibung eines französischen Reisenden aus dem 19. Jahrhundert entnehmen. Darin heißt es: „Der Hafen von El Hierro ist nichts weiter als eine von hohen Felsen eingerahmte Bucht. Es gibt kein Haus, nicht einmal eine Hütte, wohin man flüchten könnte, wenn es nötig wäre ..." (*R. Verneau,* 1875). In jener Zeit ankerten die Schiffe noch in gebührender Entfernung von der Felsküste, denn eine Mole gab es nicht. In kleinen Beibooten wurden die Fremden an Land gebracht. Dort freilich war die beschwerliche Reise noch nicht zu Ende – auf steingepflastertem Pfad musste man zur acht Kilometer entfernten Hauptstadt hinauf. 1595 war dem mit 3000 Mann an der Küste gelandeten Seeräuber *Francis Drake* der Anstieg gar so beschwerlich erschienen, dass er auf die Plünderung der Hauptstadt verzichtete.

Erst 1926 wurde eine Verbindungsstraße zur Hauptstadt gebaut. 1960 entstand eine Mole, und seit 1991 gibt es endlich auch regulären Schiffsverkehr nach Teneriffa. Doch noch immer ist bei stark bewegter See das Anlegen im Hafen extrem schwierig, weshalb zuweilen die Fähre samt ihrer Fracht umkehren muss. Das freilich soll sich schon in den kommenden Jahren ändern: Es werden zwei neue Molen gebaut, in deren Schutz zusätzlich ein kleiner Yachthafen entsteht – der letzte, den Segler anlaufen können, bevor sie den „Großen Teich" in Richtung Amerika überqueren.

Essen und Trinken

- **El Muelle** €, Puerto de la Estaca, Tel. 922551515. Kleine Snacks und kühle Drinks für Ankömmlinge, Abreisende und Badegäste.

Verkehr

- Das Büro der Reederei Olsen ist den ganzen Tag über geöffnet, Trasmediterránea bietet Service ab einer Stunde vor Abfahrt der Fähre. Die Wartezeit kann man auf einer überdachten Fläche überbrücken, auf dem dahinter liegenden Parkplatz haben Verleihfirmen ihre Autos platziert. 30 Minuten vor Ankunft der Fähre startet in Valverde ein Bus zum Hafen und fährt nach Anlegen des Schiffes in die Hauptstadt zurück.

Timijiraque

Oberhalb von Puerto de la Estaca geht von der Straße nach Valverde in südlicher Richtung eine Straße nach Las Playas ab, die durch zwei Tunnel führt und nach gut zehn Kilometern am staatlichen Parador-Hotel endet. Sie ist gut ausgebaut, bei Regen und starkem Wind muss allerdings mit Steinschlag gerechnet werden.

Ein erster Halt lohnt nach zwei Kilometern im 100-Seelendorf Timijiraque. Eine schwarze, tief eingeschnittene **Sandbucht** lädt zum Schwimmen ein, angrenzend befindet sich ein Grillplatz mit Schatten spendendem Bambusdach. Einen bescheidenen Aufschwung erlebte der Ort nach dem Bau der Parador-Straße: Einheimische und Ausländer errichteten kleine Ferienhäuser, dank des neuen Tunnels sind sie nach Unwettern nicht mehr von der Außenwelt abgeschnitten. An jedem Wochenende füllen sich die Pension und die beiden Restaurants mit Ausflüglern, bei gutem Wetter quillt der Strand vor Badegästen über.

027eh Foto: gs

Unterkunft

●**Casa Guayana** €, Carretera General 7, Tel. 922551082 bzw. 922550417. Die Pension an der Durchgangsstraße verfügt über 7 einfache Zimmer mit Mini-Waschbecken und zwei Gemeinschaftsbädern. Nur Raum Nr. 6 hat Meerblick – allerdings ist das Fenster so hoch angesetzt, dass man sich auf die Zehenspitzen stellen muss, um es zu sehen. Für Soloreisende stehen preiswerte Einzelzimmer bereit; sind sie belegt, stellt Señora Loli Doppelzimmer zum Einzelzimmerpreis zur Verfügung.

Essen und Trinken

●**Bahía** €€, Carretera General 4, Tel. 922550020, tgl. ab 14.30 Uhr. Das Lokal oberhalb des Strandes ist blau getüncht und mit kleinen Aquarien geschmückt. Es bietet frischen Fisch und von der Felsküste geschabte *lapas* (Napfschnecken). Señor Domingo, der Besitzer, vermietet im 1 km entfernten Weiler Las Barranqueras eine Casita der mittleren Preisklasse mit Meerblick.

●**Casa Guayana** €, Carretera General 7, Tel. 922550417. Schlichtes Lokal an der Durchgangsstraße mit Fernblick aufs Meer. An der Bar gibt's Tapas, am Tisch große Portionen kanarischer Hausmannskost. Der venezolanische Affe, der jahrelang für gute Stimmung sorgte, ist leider von dannen gegangen und ein Nachfolger noch nicht in Sicht ...

Las Playecillas

Südlich von Timijiraque wird die Landschaft schroff und wild. Nun steigt die Insel fast senkrecht aus den Fluten auf, zwischen schwarzer Lavaschlacke wachsen dornige Wolfsmilchgewächse. Aufgelassene, in die Steilflanken geschlagene Terrassenfelder künden von einstiger Landwirtschaft.

Zwar nennt sich der Küstenabschnitt *Las Playecillas* (kleine Strände), doch sollte man davon nicht zu viel erwarten. Nur an wenigen Stellen kann man über Kies ins Wasser steigen, am besten noch an der Siedlung 1,6 Kilometer südlich von Timijiraque, wo eine 500 Meter lange Asphaltpiste zur

Idylle bei Timijiraque

028eh Foto: gs

Küste führt. Dort befindet sich auch eine Tauchbasis, die vor allem Exkursionen längs der Inselostseite anbietet.

Unterkunft

- **Casa Cirilo** €€, Las Playecillas, buchbar über Kreutzer. Massives Natursteinhaus unterhalb der Küstenstraße mit Wohnküche, zwei Schlafzimmern und großer, aussichtsreicher Terrasse.

Aktivitäten

- **Tauchen:** Hierro Sub La Burbuja, Carretera de las Playas 5, Las Playecillas, Tel. 922550482, www.club.idecnet.com/buceo, buceo@idecnet.com. Spanisch geführte Tauchschule unmittelbar am Meer, doch wirkten die Installationen beim letzten Besuch etwas verwahrlost. Der Aktionsradius der Basis reicht von Puerto de la Estaca bis Las Playas, für Fortgeschrittene werden auch das Nordkap und die Roques de Salmor (El Golfo) angeboten. Die Preise für Tauchgänge sind etwas günstiger als die der Konkurrenz im Inselsüden; auch der Verleih von Tauchausrüstung ist möglich. Neben der Tauchbasis und unmittelbar am Meer werden zwei einfache **Apartments** mit Terrasse vermietet (für jeweils 2–3 Personen).

Las Playecillas – im Frühjahr ein Blumenmeer

Las Playas

Am Kap Bonanza beschreibt die Straße eine Rechtskurve und mündet in einen einspurigen **Tunnel,** der das Felsmassiv durchsticht. Hier ist Vorsicht geboten, denn die Ampel, die den Zugang regeln soll, funktioniert oft nicht. Hinter dem Kap eröffnet sich eine grandiose Aussicht: Eine **weite Bucht** bildet ein perfektes Halbrund, das von über 1000 Meter hohen **Steilwänden** eingerahmt ist. Ihr Fels ist von tiefen Rinnen zerfurcht, hier und da krallt sich eine Kiefer ins nackte Gestein.

Las Playas ist das geologische Gegenstück zu der auf der Inselwestseite gelegenen Bucht El Golfo. Zwar ist sie mit ihren vier Kilometern Länge bedeutend kleiner, doch da ihr eine Küstenplattform fehlt, wirkt sie schroffer als jene. Der schmale Landstreifen am Fuß der Steilwand ist mit abgesprengten Felsen und angeschwemmtem Kies übersät. Der aus dem Meer aufragende steinerne Felsbogen ist schon so oft von Fotofans abgelichtet worden, dass er inzwischen neben den Wacholderbäumen von El Sabinar als zweites Wahrzeichen der Insel gilt.

Die Straße führt an einigen Häusern vorbei und endet am staatlichen Hotel **Parador.** Das Gebäude ist im kanarisch-kastilischen Landhausstil erbaut, das Ambiente ist elegant, doch nicht erdrückend. Wer hier Urlaub macht, genießt spektakuläre Natur; unmittelbar vor sich hat er das Meer, im Rücken die gigantische Felsfestung. Und man ist praktisch **von der Außenwelt abgeschnitten:** Allein bis Valverde sind es 18 Kilometer und eine öffentliche Busanbindung gibt es nicht. Die nächsten Dörfer – Isora und Las Casas (El Pinar) – liegen in Luftlinie 800 Meter entfernt, doch erreichbar sind sie nur über steil angelegte, beschwerliche Fußwege (⇨Wanderung 6). Auch südwärts kommt man nicht weit. Wie ein Riegel schieben sich die gewaltigen Klippen vor die nachfolgende Bucht, kein Weg, nicht einmal ein abenteuerlicher

029eh Foto: gs

Roque de la Bonanza – Felstor im Atlantik

Steig kann sie überwinden. So sind es zwar nur acht Kilometer bis La Restinga, doch um dorthin zu gelangen, muss man über Valverde fahren und einen Umweg von 45 Kilometern einplanen!

Strände

Baden kann man in Las Playas an mehreren Orten: Am ruhigsten ist das Meer am **Roque de la Bonanza** (Fels der Meeresstille), der windgeschützten Nordseite der Bucht, wo oft weicher, dunkler Sand angeschwemmt wird. Ein überdachter Picknickplatz bietet Holzbänke und einen rustikalen Grill. Südlich des Paradors liegt der Kiessandstrand **Playa de las Cardones.** Über einen steinigen, 1,3 Kilometer langen Weg, der am Pistenende startet, kommt man zur einsamen **Playa de las Calcosas.** Und ist das Meer zum Baden zu bewegt, steigt man ins Schwimmbecken des Paradors, der für ein paar Euro auch Nicht-Hotelgästen offensteht.

Norden

Unterkunft

- **Parador de El Hierro** €€€€, Carretera General Las Playas 26, Tel. 922558036, Fax 922558086, www.paradores.es, hierro@parador.es. El Hierros nobelste Unterkunft, einsam und grandios am Fuß einer Steilwand, steht unter spanisch-dänischer Leitung. Das Ambiente ist dank des persönlichen Engagements der Besitzer freundlich, fast familiär. Insgesamt gibt es 47 im Landhausstil eingerichtete Zimmer mit Sat-TV, Klimaanlage und Heizung, Balkon und geräumigem Bad. Am schönsten sind die zum Meer gelegenen im ersten Stock, die zur Bergseite weisenden Räume sind nicht jedermanns Geschmack: Über den Parkplatz hinweg schaut man auf die unmittelbar dahinter aufragende Felswand. Zum Haus gehören mehrere Aufenthaltsräume, Terrassencafé und Restaurant, Minigolf, Fitness, Sauna und Dampfbad (im Preis inklusive) sowie ein Pool unmittelbar am Meer. Direkt vor dem Parador liegt ein kleiner Kiesstrand; wer will, kann von der Hotelterrasse direkt ins Wasser steigen.

Essen und Trinken

- **Parador** €€€, Las Playas s/n, Tel. 922558036, tgl. ab 8 Uhr. Im kleinen, fast intimen Saal des Hotels kann man fürstlich speisen. Zu den Spezialitäten des Hauses zählen Hühnerbrühe mit Käse *(caldo de queso herreño),* Weißfisch mit Schnecken *(alfonsiño con burgados)* und Fischbuletten *(quenefas de viejas),* als Dessert gibt es Feigengebäck *(biscuit de higos).* Wer nicht so tief ins Portemonnaie greifen will, nimmt auf der Terrasse überm Meer Platz und bestellt eine Tasse Kaffee.

- **Bohemia** €€, Carretera Las Playas 15, Tel. 922558380, tgl. außer Do ab 10 Uhr. Warum das Lokal diesen Namen trägt, bleibt ein Geheimnis. Vielleicht sollte es besser *Ermita* heißen, denn es liegt neben einer winzigen, San Mariano geweihten Kapelle, in der man für ein paar Münzen ein „Lebenslicht" anzünden kann. Angeboten werden Fleisch und Fisch vom Grill – nicht spektakulär, aber man wird satt.

Aktivitäten

⇨

- **Wandern:** Las Playas ist Endpunkt einer Tour (⇨Wanderung 6), die man leicht auch in umgekehrter Richtung laufen kann: Vom Parador folgt man der Straße zehn Minuten nordwärts, wo links der ausgeschilderte *Camino al Mirador de Isora* startet. In 3,5 Kilometern führt er zum spektakulären Aussichtspunkt hinauf, dabei sind 770 schweißtreibende Höhenmeter zu bewältigen.
- **Tauchen:** Für Gäste des Paradors bietet die Tauchschule aus dem benachbarten Las Playecillas Kurse und Bootsexkursionen an.

Der Parador – Hotel am Ende der Welt

1972 überflog der spanische Tourismusminister die Küsten El Hierros, zeigte mit dem Finger auf die **Bucht Las Playas** und rief voller Begeisterung aus: „Hier soll ein Parador entstehen!" Das war leichter gesagt, als getan: Zwar war das Hotel bereits vier Jahre später fertig, doch weitere fünf Jahre mussten vergehen, bevor die schmale, in den Fels gesprengte Zufahrtstraße für den Verkehr freigegeben wurde. Erstaunlicherweise entwickelte sich ausgerechnet El Hierros Parador zum **Bestseller der staatlichen Kette,** die ihre Unterkünfte bevorzugt in Burgen, Klöstern und Villen ansiedelt. Nach Las Playas kamen Taucher und Wanderfreunde, Liebhaber von Einsamkeit und Stille; auch einige reiche Herreños erwählten das Hotel zum Urlaubsort – denn warum in die Ferne schweifen, wenn das Gute ist so nah?

Doch 1999 geschah, wovor Kritiker schon immer gewarnt hatten. Das Hotel war auf schwere Unwetter nicht vorbereitet und konnte der Wucht der Brandung nicht standhalten. Noch gerade rechtzeitig, bevor die Sturmwellen Fensterscheiben eindrückten und das Haus überfluteten, wurden die Gäste per Hubschrauber evakuiert. In dieser Nacht hätte wohl niemand geglaubt, dass das Hotel schon bald wieder aufgebaut würde und dies in einer Rekordzeit von zwei Jahren! Heute präsentiert sich der Parador schöner als je zuvor – und damit sich keine neue Katastrophe ereignet, wurden zum Meer hin mächtige Stützmauern errichtet.

La Caleta

Südlich des Flughafens und der angrenzenden, durch Stacheldraht abgeschirmten Militärzone liegt der Ort La Caleta („die Bucht") mit schön angelegter **Badelandschaft.** Viele Herreños haben sich auf der flachen Landzunge Ferienhäuschen gebaut, wo sie im Sommer ihren Urlaub verbringen. Während der übrigen Monate geht es hier sehr ruhig zu: Touristen haben dann das aus Lavastein errichtete Meerwasserschwimmbecken fast für sich allein. Sie sonnen sich auf den durch Treppen und kleine Brücken miteinander verbundenen Liegeterrassen, Felsstege greifen ins Meer aus. Auf ein Bad im Atlantik sollte man zumindest im Winter aufgrund der gefährlichen Strömung und oft starken Brandung lieber verzichten.

Felszeichnungen

Wer eine Hinterlassenschaft der Bimbaches in Augenschein nehmen möchte, steigt am Wendeplatz über Stufen zur Küstenterrasse hinab. Dort hält er sich links und erreicht über Stufen und eine kleine Brücke einen Basaltfelsen. In diesen sind buchstabenähnliche, bereits **stark verwitterte Zeichen** geritzt. Bis heute streiten Archäologen darüber, wann sie entstanden sind und ob es sich um altlybische, altägyptische oder punische Schrifttypen handelt.

Unterkunft

- **Ap. Cruz Alta** €€, Calle El Charco 7, Tel. 922550378. Sechs geräumige Apartments in einem Neubau ohne Meerblick, zwei davon mit Mini-Balkon. Sie sind je für max. vier Personen ausgelegt und können über die gleichnamige Autoverleihfirma in Valverde angemietet werden. In La Caleta von der Carretera General am Haus Nr. 19 rechts abbiegen.

Essen und Trinken

- **Yesimir** €, Calle Juangil 16, Tel. 922550432, tgl. 8–20 Uhr. Etwas lustlos serviert der Besitzer Tapas, mittags auch Tellergerichte.
- **Miramar** €, Calle El Charco 11, Tel. 922550618. Deftige Hausmannskost und dazu *vino de la pata*, Wein vom Fass.

Aeropuerto

Zwischen La Caleta und Tamaduste erstreckt sich die „Ebene des Krebses" (Llano del cangrejo). Mit etwas aufgeschüttetem Land bot sie genügend Platz für eine 1000 Meter lange, schnurgerade Piste, auf der seit 1972 kleine Flieger landen und starten können. Nicht sonderlich groß ist auch das rötliche Flughafengebäude mit Abfertigungsschalter, einigen Filialen von Autoverleihfirmen und einem Zeitungsladen. Mehrmals täglich landen Maschinen aus Teneriffa und Gran Canaria - vorausgesetzt, der Wind weht nicht zu heftig.

- **Aeropuerto Nacional de El Hierro,** Tel. 922550725. Mo–Sa startet um 8.15 Uhr ein Bus von Valverde zum Flughafen; nach Ankunft eines Flugzeugs fährt er in die Hauptstadt zurück.

Unterkunft

- **Casa El Cangrejo** €€, Carretera General, buchbar über Karin Pflieger (⇨S. 101). Natursteinhaus oberhalb des Mini-Flughafens - die fünf täglich landenden Propeller-Flugzeuge nimmt man nicht als Störung, sondern eher als Kuriosität wahr. Das Haus steht allein an einem sanft abfallenden Hang und bietet auf 70 Quadratmetern zwei Schlafräume (für max. 4 Pers.), ein gemütliches Wohnzimmer mit offenem Dachstuhl sowie eine Komfortküche. Draußen gibt es eine windgeschützte Terrasse mit Weitblick aufs Meer.

Tamaduste

Nirgendwo auf der Insel kann man schöner baden als in Tamaduste: Der kleine Küstenort zwei Kilometer nördlich des Flughafens erstreckt sich rings um eine malerische, **tief eingeschnittene Felsbucht.** Weit vorpreschende Lavaarme schützen sie vor der Gewalt des Meeres, bei Flut strömt frisches Atlantikwasser nach. Rings um die Bucht, die von den Herreños *ría* (Fjord) genannt wird, verläuft ein attraktiver Spazierweg. Treppen führen ins kristallklare Wasser, auch an ein Sprungbrett wurde gedacht. Malerisch ist der Blick hinüber zum

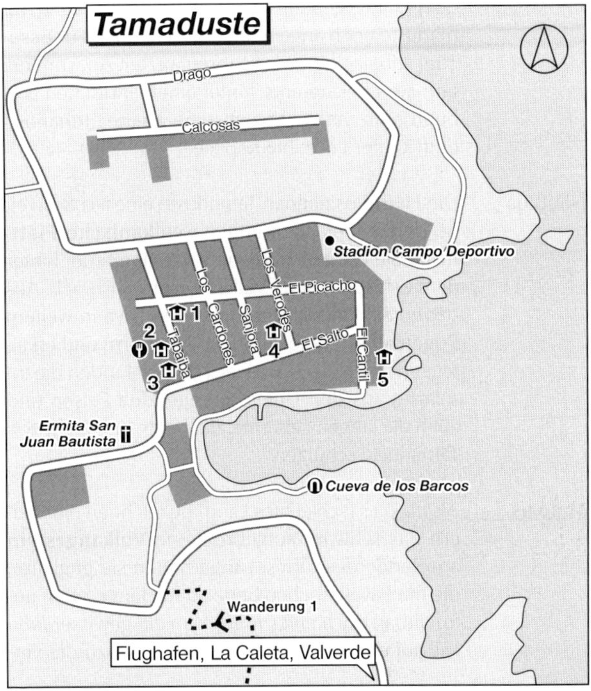

Unterkunft

- 1 Ap. Boomerang II
- 2 Ap. Tamaduste
- 3 Casita Jardín
- 4 Verodes
- 5 Ap. Boomerang I

ESSEN UND TRINKEN

- 2 Rest. Tamaduste

Felsüberhang, in dessen Schutz Fischer ihre Boote aufgebockt haben.

Die weißen Häuser von Tamaduste sind eine improvisierte Mischung aus Alt und Neu und verteilen sich über schachbrettartig angelegte Straßen. Asphaltpisten greifen in die Lavalandschaft aus und zeigen an, dass hier wahrscheinlich schon bald kräftig gebaut wird. Bislang freilich wirkt Tamaduste noch angenehm überschaubar: Für Besucher gibt es eine Reihe preiswerter Apartments und zwei Restaurants, hinter einem Indischen Lorbeerbaum versteckt sich eine kleine, Johannes dem Täufer geweihte Kapelle.

Isla Baja

Die Herreños nennen Tamaduste eine *Isla Baja*, eine dem Meer abgerungene **vulkanische Plattform.** Sie entstand, als vor 3000 Jahren der hinter dem Ort aufragende Vulkan Tesoro ausbrach. Aus seinen Schlünden ergoss sich die Lava in weitem Bogen, überflutete die Küstenplattform und erkaltete erst im Meer. Zu jener Zeit entstanden die inselartig aus den Fluten aufragenden Felsen und auch die langen Felsarme, die heute die Bucht von Tamaduste schützen.

Malpaís

Als *malpaís* (schlechtes Land) bezeichnen die Bauern das schwarz aufgebrochene **Vulkangestein** am Rande des Ortes. Lange hatten sie geglaubt, die mit Lavakörnchen bedeckten Hänge seien unfruchtbar, doch eines Tages kam ein gewisser *John Hill* auf die Insel und zeigte ihnen, wozu die ver-

030eh Foto: gs

achteten Lavakörner doch taugten. Er grub trichterförmige Mulden in die Asche, auf dass die eingesetzten **Weinreben** leichter den Weg zur verschütteten Muttererde finden würden. Hill wusste, dass die porösen, walnussgroßen Lavakörner die Eigenschaft besaßen, Nachttau zu binden, den sie im Laufe des nächsten Tages an die Pflanze weitergaben. Dadurch, dass sich das schwarze Gestein tagsüber enorm erwärmte, abends aber rasch abkühlte, wurde die Feuchtigkeitsbildung intensiviert. Schon bald konnten sich die Herreños großer Weinernten erfreuen, das sonnige Klima sorgte in Verbindung mit dem gespeicherten Nachttau für konstantes Wachstum der Pflanzen. Noch heute ist der britische „Entwicklungshelfer" nicht vergessen: Auf Inselkarten ist die Gegend zwischen Tamaduste und Flughafen als *Juan Gil* verzeichnet, hispaniserte Form von *John Hill.*

Unterkunft

- **Ap. Boomerang I** €€, Calle El Cantil 2, Tel. 922550200. Dreistöckiges, modernes Haus direkt am Meer. Die meisten der 12 kleinen Apartments bieten Balkon und direkten Atlantikblick, alle verfügen über spanisches Fernsehen.
- **Ap. Boomerang II** €€, Calle Tabaiba 6, Tel. 922550200. Der boomerangförmige Bau liegt an einer vorerst wenig befahrenen Straße, 250 m von der Küste entfernt. Die Apartments sind ähnlich ausgestattet wie in Boomerang I, doch etwas größer. Bis zu vier Personen können hier wohnen.
- **Ap. Verodes** €€, Calle Verodes 1, Tel. 922550159, Fax 922551205, rosario.padronmorales@gobiernodecanarias.org. Vier Apartments mit einem bzw. zwei Schlafzimmern in einem Neubau. Sie sind geräumig und mit hellen Holzmöbeln freundlich eingerichtet, verfügen über Wohnküche inkl. Waschmaschine und spanisches Fernsehen.
- **Ap. Casita Jardín** €€, Calle Tabaiba 1, Tel. 922551295. Señor Espinosa, der frühere Honorarkonsul Deutschlands auf El Hierro, vermietet vier funktionale Studios bzw. Apartments, die oberen mit Blick auf die Felswände von Tamaduste.
- **Ap. Tamaduste** €, Calle Tabaiba 2, Tel. 922550177. Der Besitzer der gleichnamigen Bar vermietet vier einfache Apartments ohne Meerblick.

Die fast geschlossene Bucht von Tamaduste

Essen und Trinken

- **Tamaduste** €, Calle Tabaiba 2, Tel. 922550177, tgl. ab 8.30 Uhr. Eine kleine Terrasse ohne Ausblick, fünf Tische, die im großen Raum etwas verloren wirken und dazu ein stets laufender Fernseher: Die Herreños stört's nicht, sie mögen die *Casa del Señor Pujol*, wie sie das Lokal nennen; hier, sagen sie, gibt es gute *chocos* (kleine Tintenfische) und eine reich bestückte *sopa de marisco* (Meeresfrüchtesuppe).

Aktivitäten

- **Wandern:** Tamaduste ist Endpunkt einer Tour (⇨Wanderung 1), die von Valverde über Wein- und Lavafelder bergab zur Küste führt.

Echedo

Dank viel Sonne und ganzjährig milder Temperaturen hat sich das knapp 400 Meter hoch gelegene Winzerdorf in den letzten Jahren zu einem beliebten Wohnort entwickelt. Rückkehrer aus Venezuela haben verfallene Anwesen aufgekauft und restauriert, auch entstanden einige neue, villenartige Häuser. Im Dorfzentrum befindet sich die winzige Plaza mit einer Kapelle für San Lorenzo, gleich daneben das Restaurant *La Higuera de la Abuela*. An der nördlich gelegenen Gabelung zweigt eine Straße nach Gualisancho ab, das „Unterviertel" von Echedo, geradeaus geht es über einsame, nur von Tabaiba und Wolfsmilchpflanzen bewachsene Hänge zur vier Kilometer entfernten Badebucht Charco Manso.

Charco Manso

Lavazungen, die im Meer erstarrt sind, prägen den **Nordzipfel El Hierros.** Die starke Meeresbrandung hat die von Höhlen zersiebten Klippen zum Einsturz gebracht und stößt nun im Wellentakt Wasser durch die aufgebrochenen Lücken. Dieses schießt wie eine Fontäne empor – eine brodelnde Hexenküche, die nie zur Ruhe kommt. Mittendrin befindet sich die **fjordähnliche Bucht** Charco Manso, die sich nur bei absolut ruhiger See zum Schwimmen eignet. Über Eisenleitern steigt man

031eh Foto: do

ins Meer, auf Lavasteinterrassen kann man sonnenbaden. Wie an vielen Badeorten der Insel gibt es auch hier einen schattenspendenden Unterstand mit Holztischen und eine nie versiegende Wasserstelle.

Spaziert man die Küste entlang, entdeckt man mehrere flache, mit einer weißen Kruste überzogene Felsbecken: Sie werden **Las Salinas** genannt, weil hier bis vor gar nicht langer Zeit Salz *(sal)* gewonnen wurde. Noch heute kann man beobachten, wie bei Ebbe das eingeflossene Meerwasser in den Becken verdunstet und auskristallisiertes Salz zurückbleibt.

Unterkunft

- **Finca Leonor** €€, Gualisancho, Tel. 922550526, buchbar über Jahn-Reisen. Das aus dunklem Naturstein erbaute, 90 Quadratmeter große Haus verfügt über einen Wohnraum und zwei Schlafzimmer, Küche und Bad sowie einen Obstgarten. Anfahrt: Von der Kapelle 100 Meter in Rich-

Charco Manso: Felsbogen, von der Brandung geformt

tung Küste und hinter dem Haus Nr. 16 (La Hacienda) rechts abbiegen; die Finca befindet sich 600 Meter zur Linken. Die freundlichen Besitzer Florindita und Francisco Padrón wohnen im Ortskern (Calle Los Valles 2).

• **Casa El Lucero** €€, Gualisancho, buchbar über Jahn-Reisen. Hell verputztes Häuschen mit weitem Blick aufs Meer, gemütliches Wohnzimmer mit Sat-TV und CD-Player, zwei Schlafräume für max. 4 Personen, Küche, Bad und Terrasse. Anfahrt: Hinter dem Haus La Hacienda (Nr. 16) rechts ab und der Straße 1,1 km nach rechts folgen, dann links auf Asphaltpiste 200 m hinab. Sabina, die deutsche Besitzerin, wohnt im Ortszentrum gegenüber dem Restaurant La Higuera de la Abuela (Calle Taján Escaba 12, Klingel: *segundo derecho*).

Essen und Trinken

• **La Higuera de la Abuela** €€, Calle Taján Escaba, Tel. 922551026, Di geschlossen. „Feigenbaum der Großmutter" nennt sich das traditionsreiche Lokal nach einem mächtigen Exemplar, das einst im Garten stand. Heute sitzt man im Innenhof unter Arkaden und lässt sich von Señora Loli deftige Hausmannskost servieren. Lecker schmecken auch *cordero Herreño* (Lamm in Wein-Thymian-Soße), *solomillo en salsa de manzana* (Schweinefilet in Apfelsoße) oder *conejo en salsa de almendra* (Kaninchen in Mandelsoße). Wer Fisch bevorzugt, greift zu *caracoles* (Schnecken) oder *taquitos de rape* (Seeteufelstückchen). Ein beliebter Nachtisch ist *merengón* aus Eiern und Zucker.

Aktivitäten

• **Wandern:** Von Echedo führt eine kurze Tour hinab zur Badebucht Charco Manso (⇨Wanderung 2).

Pozo de las Calcosas

Die beliebte Sommerfrische der Herreños liegt direkt an der Küste, fünf Kilometer unterhalb von Mocanal. Ihren Namen verdankt sie den in dieser Gegend wachsenden *calcosas* (Mondampfer). Alte und neue Landhäuser scharen sich um die kleine Ermita de San Lorenzo, außerdem gibt es zwei Fischrestaurants. Läuft man ein paar Schritte weiter zum Parkplatz an der Abbruchkante des Küstenplateaus, hat man einen grandiosen Ausblick: Wie mit dem Beil abgeschlagen fallen die Klippen 100 Meter in die Tiefe und bilden eine kleine, halbkreisförmige Bucht. Mit Wucht werfen sich

032eh Foto: gs

Norden

weiß schäumende Wellenstaffeln gegen den Fels; die Brandung ist so laut, dass man sie noch oben im Dorf hören kann.

Vom Parkplatz führt ein zehnminütiger, in den Fels geschlagener Treppenweg abwärts. Die Bucht ist durch eine schwarze, weit vorpreschende Lavazunge geteilt: Rechts erstreckt sich ein mit abgesplitterten Felstrümmern übersäter „Strand", links kann man in **zwei Naturschwimmbecken** baden, die sich bei Flut mit Frischwasser füllen. Auf dem schmalen Landstrich am Fuße der Steilwand drängen sich graue, strohgedeckte Steinkaten, die im Sommer als Grill- und Picknickplatz dienen. Dauerhaft wohnen mag hier keiner mehr, seit 1973 eine Familie durch Steinschlag unter den Trümmern ihres Hauses begraben wurde.

Naturschwimmbecken bei bewegter See

Unterkunft

●**Casa Carlos / Las Calcosas** €€, Calle El Letime, Tel. 922551153. Über dem gleichnamigen Lokal befinden sich zwei komfortable Apartments mit grandiosem Blick auf die Küste und das wilde Meer. Beide sind geräumig, picobello sauber und mit hellen Holzmöbeln eingerichtet. Das größere besteht aus einer Wohnküche (inkl. Backofen), großem Bad und drei Schlafzimmern für max. sechs Personen; kommt man zu zweit, wird Rabatt gewährt. Das kleinere Apartment bietet zwei Personen Platz.

●**Casa Calcosa** €€, buchbar über Kreutzer. Hell getünchtes Häuschen mit zwei Schlafzimmern für max. vier Pers.

●**Casa La Soñada** €€, Camino Garcicel 2, buchbar über Olimar. Das „erträumte Haus" liegt nahe der Kreuzung Echedo – Pozo de las Calcosas – Mocanal an einem unverbauten Hang, aber schon weit vom Meer entfernt. Es ist ganz aus Naturstein erbaut und bietet Weitblick auf den Atlantik. Mit zwei Schlafzimmern, Küche und Terrasse hat es Platz für max. vier Personen.

Essen und Trinken

●**Mesón La Barca** €€, Calle Tancajote 17, Tel. 922551816, So-Abend und Mo geschl. Wenn man den Ort betritt, ist dies das erste Lokal: In mehreren verwinkelten Räumen werden Fisch und Meeresfrüchte serviert und es gibt guten Salat; Tomaten kommen gar geschält auf den Tisch. Ohne Speisekarte bleibt der Endpreis ungewiss, doch die vielen Herreños, die sich am Wochenende hier einfinden, scheinen Fernando, dem Wirt, zu vertrauen.

●**Casa Carlos / Las Calcosas** €/€€, Calle El Letime, Tel. 922551153. In diesem Lokal führt die junge Julia das Regiment. Der kleine Raum ist mit Vulkanstein verkleidet und bietet einen fantastischen Blick auf die Steilküste und das Meer. Sitzt man an der Bar, kann man zusehen, wie in großen Töpfen das Mittagessen brutzelt: *sopa de pescado* (Fischsuppe), *lapas* (Napfschnecken), *camarones* (Mini-Garnelen) und *peto* (einheimischer Fisch).

●**Kiosco Tancajote** €, Calle Tancajote s/n, unregelmäßig geöffnet. Die urige Bretterbude ist eine gute Alternative, wenn man nur etwas trinken möchte.

Holzschnitzer Señor Juan Fernández

Mocanal

Mocanal heißt übersetzt „Wald von Mocán-Bäumen": Der Name erinnert daran, dass sich früher der Lorbeerwald vom zentralen Hochplateau bis fast zur Nordküste erstreckte. Der Baum, so ein Chronist, war äußerst beliebt: „Die Blätter würzten manch eine Suppe und sein Stamm diente als Brennstoff – allerdings haben ihm die Holzfäller so arg zugesetzt, dass er fast ausgestorben ist." (Viera y Clavijo) Nach der Rodung des Waldes wurden auf dem fruchtbaren Boden Obstgärten und Gemüsefelder angelegt, die bis heute das Bild des Ortes prägen.

033eh Foto: do

Orientierung

Mocanal erstreckt sich knapp zwei Kilometer längs der Hauptstraße. Orientierung zu gewinnen ist nicht leicht, denn zu Mocanal gehören mehrere Weiler, die nahtlos ineinander übergehen. Oberhalb der Durchgangsstraße liegen Hoyo del Barrio, Betenama und Casas del Monte, westwärts schließt sich Tesbabo an, das mit dem Nachbardorf Erese fast verschmolzen ist.

Einen traditionellen Ortskern sucht man vergebens, das Zentrum ist dort, wo sich an der Carretera General ein paar Bars und Läden befinden. Attraktiver ist die unterhalb verlaufende alte Dorfstraße, wo sich weiß getünchte Häuser aneinanderreihen. Nahe der Stelle, wo die alte und die neue Straße zusammenfließen, steht die stattliche, strahlend helle **Ermita de San Pedro** mit ihrem seitlich angebauten Glockenturm. Meist ist sie verschlossen, nur am Sonntagmorgen, zu Hochzeiten und Begräbnissen wird sie geöffnet. Der zugehörige Platz hängt wie ein Balkon über dem Hang, eröffnet über grüne Fluren einen weiten Blick bis zum Meer.

Turismo Rural

Die Vielzahl der Ortsteile täuscht darüber hinweg, dass in Mocanal gerade einmal 600 Menschen leben. Viele sind in den letzten Jahrzehnten auf die großen Nachbarinseln oder nach Übersee emigriert, weil sie glaubten, dort leichter Geld verdienen zu können. Heute setzt man alle Hoffnung in den Turismo Rural, mit dessen Hilfe den Bauern ein lukratives Zubrot verschafft und die Landflucht gestoppt werden soll. Mit Unterstützung der Inselregierung und der EU wurde in einem aufwändig restaurierten Gutshaus die Zentrale für ländlichen Tourismus (Central de Reservas Meridiano Cero) eingerichtet, die zahlreiche Unterkünfte im Norden El Hierros vermittelt.

- **Turismo Rural – Central de Reservas Meridiano Cero,** Calle Barlovento 89, Tesbabo, Tel. 922551824, Fax 922550575, www.ecoturismocanarias.com, meridianocero @cip.es, meist Mo–Fr 16–19 Uhr

Unterkunft

- **Casa Doña Lola** €€, Calle San Pedro 48, Mocanal, Tel. 922551013, auch buchbar über Karin Pflieger (⇨S. 101). Schönes, stilvolles Haus mitten im Ort für maximal vier Personen. Vom Wohnzimmer mit großem Ess- bzw. Arbeitstisch bietet sich durchs Panoramafenster ein herrlicher Blick auf die Nordküste. Der Besitzer, Señor Venancio Acosta, vermietet noch weitere Häuser auf der Insel.
- **Casa las Guindas & Casa Adelfas** €€, Tesbabo 1, buchbar über Meridiano Cero (s.o.). Dunkle Natursteinhäuser aus dem 19. Jahrhundert unterhalb der Hauptstraße. Las Guindas ist geeignet für zwei Personen, in der benachbarten Casa Adelfas befinden sich zwei Apartments für je 2–4 Personen. Der Besitzer, Señor Modesto Jiménez, unterrichtet in Valverde und wohnt gleich nebenan.
- **Casa Javier** €€, Calle Artenga 12, Betenama, Tel. 922550119, auch buchbar über Meridiano Cero (s.o.). Einzeln stehendes Natursteinhäuschen aus dem 19. Jahrhundert, erreichbar über die bei der Ermita de San Pedro landeinwärts abzweigende Straße. Es verfügt über eine Wohnküche (mit Holzkohleofen), von der man über eine Holzleiter ins halboffene, oben gelegene Schlafzimmer gelangt. Rings um das Haus wachsen prächtige Feigenbäume.
- **Casa Tía Lucila** €€, Calle Tesenaita 14, Erese, Tel. 922551488, buchbar über Meridiano Cero (s.o.). Robustes Natursteinhaus mit Veranda direkt unterhalb der Carretera General (Betonzufahrt gegenüber Haus 21), angrenzend ein Wein- und Gemüsegarten.

Essen und Trinken

- **La Penúltima** €, Calle Barlovento 29, Mocanal, Tel. 922551754, tgl. außer So 7–24 Uhr. „Die vorletzte Bar" ist von frühmorgens bis spätabends gut besucht, denn José serviert großzügige Portionen leckerer Tapas, darunter marinierte Calamares und Tintenfisch, zu denen herreñischer Landwein getrunken wird.
- **El Parlamento** €, Calle San Pedro 7, Mocanal, Tel. 922551049, tgl. ab 10 Uhr. Auch nicht schlecht: Nach ein paar Gläschen Wein wird palavert „wie im Parlament". Statt dem Konterfei des Präsidenten hängt an der Wand das Bild eines zahnlosen Bäuerleins, das sich prächtig zu amüsieren scheint. Das Lokal liegt im unteren Ortsteil Richtung Pozo de las Calcosas.

Einkaufen

- **Lebensmittel:** Viveres, Calle Barlovento 41, Mocanal. Der kleine Supermarkt an der Durchgangsstraße hält alles bereit, was man zum Leben braucht.
- **Kunsthandwerk:** Casa de Artesanía en Madera, Calle Barlovento 17, Mocanal. Verkauft werden aus Maulbeerbaum geschnitzte Gebrauchsgegenstände. Leider ist das Haus fast immer verschlossen, auch aufs Klingelzeichen wird nur selten reagiert.

Aktivitäten

⇨

- **Wandern:** Oberhalb von Mocanal verläuft der traditionelle Verbindungsweg von Valverde durch die Dörfer des Nordens zum Mirador de la Peña (⇨Wanderung 3). Anschluss an diese Route erhält man über die Straße Calle Hoyo del Barrio.
- **Drachenfliegen:** Club Parapente Guelillas, Supermercado Mocanal, Tel. 922550896. Wer bereits Flugerfahrung hat, kann sich bei Oscar *(El parapentista)* nach anstehenden Exkursionen erkundigen. Oscar García leitet den örtlichen Supermarkt und ist aktives Mitglied des Drachenfliegerclubs von El Hierro. Liebhaber dieses Sports treffen sich, um gemeinsam Spaß zu haben, und sind offen für „Auswärtige". Meist fahren sie am Wochenende zur Abbruchkante der Golfo-Wand und stürzen sich von dort in die Tiefe.

Guarazoca

Das langgestreckte Bauerndorf Guarazoca ist ein idealer Ort für Turismo Rural, verfügt es doch über hervorragende Unterkünfte, ein gutes Restaurant und einen Tante-Emma-Laden. Auf alten Königswegen lässt sich die malerische Umgebung erkunden. Gleich am Ortsrand befinden sich der spektakuläre Mirador de la Peña und eine in den Fels eingelassene Marienkapelle.

Das ursprüngliche Dorfzentrum, ein kleiner, kreuzgeschmückter Platz, liegt unterhalb der Durchgangsstraße und ist über die steile Calle La Asomada erreichbar. Von dort schaut man auf grüne, von Steinmauern durchzogene Hänge hinab, die von sanft geschwungenen Vulkankegeln begrenzt werden. Der mittlere von ihnen heißt Montaña de los Muertos (Berg der Toten): An seinen Flanken haben Archäologen in den 1970er Jahren eine große **altkanarische Begräbnishöhle** geborgen, deren Funde bald ausgestellt werden sollen. Im Berg der Toten, so erzählen die alten Männer des Ortes, „wurde auch Guarazoca beigesetzt, jene Bimbache-Prinzessin, die aus Liebe zu einem Eroberer ihr Volk verriet: Sie gab ihm das Geheimnis der Inselquellen preis und erleichterte den Eindringlingen damit die Conquista."

El Refugio – Herberge für glückliche Esel

Auf den Kanarischen Inseln ist es nicht leicht, sich für den **Schutz von Tieren** zu engagieren. Eine Mauer mit der Aufschrift „El Refugio de los Burros Felices" provoziert noch immer viele Herreños. „Glückliche Esel" – warum sollten denn *bestias* (Viecher) glücklich sein? Sind nicht Esel dazu da, um zu arbeiten, Lasten zu tragen und den Pflug zu ziehen? Der Gedanke, dass sie auch Gefühle haben könnten, erscheint den Einheimischen als verrückte Idee von *guiris* (so nennen die Kanarier salopp ausländische Besucher).

Carina und *Philipp Townsend* gründeten 1999 eine „Eselherberge", nachdem sie jahrelang hatten mitansehen müssen, wie lieblos Kanarier mit den Tieren umgingen, wie sie die Esel schlugen, um deren vermeintliche Sturheit zu brechen und ihnen oft artgerechte Nahrung verweigerten. „6000 Jahre lang," klagt Carina, „war der Esel für den Menschen ein Nutztier, hat ihm die Arbeit erleichtert. Und was ist der Dank? Kaum hat er ausgedient, zerrt ihn der Besitzer in ein einsames Tal und lässt ihn elendig verhungern." Und sie fügt hinzu: „Das Tier ist kein Prestigeobjekt mehr, sondern ein Symbol für archaische, zurückgebliebene Landwirtschaft. Das millionenstarke Heer spanischer Esel ist binnen weniger Jahrzehnte auf einige Tausend geschrumpft, statt der Tiere besitzen die Bauern nun Jeeps, Mäh- und Dreschmaschinen."

Wer heute die Herberge besucht, kommt ins Staunen. Da scharen sich Esel in einem picobello sauberen Stall um einen Trog oder traben satt ins Freie hinaus. Jeder Esel hat einen Namen: *Platero, Paloma* und *Plácido, Negrito, Ramón* und *Pauline,* insgesamt mögen es zwei Dutzend sein. Nicht alle kommen von El Hierro, einige wurden von den Townsends mühsam von anderen Inseln geholt – per Schiff und (das verblüffte die Herreños am meisten) auf eigene Kosten. Doch erst als anerkannte Zeitungen über die Arbeit der Tierschützer positiv berichteten und bekannt wurde, dass kranke, „abgenutzte" Esel schon nach wenigen Monaten „Intensivstation" wieder gesund und wie verwandelt waren, setzte sich bei einigen Herreños die Einsicht durch, dass man von *guiris* vielleicht auch etwas lernen kann. Inzwischen kommt es vor, dass Einheimische selber bei den Townsends anrufen, sobald ein „Eselproblem" auftritt – sie können sicher sein, dass Carina und Philipp zu jeder Tages- und Nachtzeit als Helfer bereitstehen ... Wer die Tierfreunde bei ihrer Arbeit unterstützen möchte, kann spenden oder eine Esel-Patenschaft übernehmen. Infos bei:

- **Carina Townsend,** Apartado 49, E-38900 Valverde, El Hierro, Tel. 922551511, Fax 922551324, www.burrosfelices.com.

Eselherberge

Am westlichen Ortsausgang befindet sich der *Refugio de los Burros Felices*, die einzige „Eselherberge" der Kanaren. Das deutsch-britische Paar *Carina* und *Philipp Townsend* pflegt Tiere, die von den Canarios „ausgesondert" wurden. Fast zwei Dutzend gerettete Tiere kann man in der Herberge besuchen und streicheln; im Gespräch mit den Besitzern erfährt man viele interessante Details über die Vierbeiner.

- **El Refugio – Los Burros Felices,** Guarazoca, Carretera General, Mi, Fr, So 11–16 Uhr, sonst nach telefonischer Vereinbarung, Eintritt frei

Unterkunft

- **Casa Asomada** €€€, Camino Cruz Bremeja 10, Tel. 922216153, buchbar über Karin Pflieger (⇨ S. 101). Eine der schönsten *casas rurales* von El Hierro: Wie eine kleine Festung „hängt" das Natursteinhaus an einem steil abfallenden Hang, unter ihm liegen Wiesen und Vulkane – weit reicht die Sicht aufs Meer, kein Haus verstellt den Blick! Die Casa verfügt über einen behaglichen Salon mit Dielen und offenem Dachstuhl aus Edelholz, eleganten Landhausmöbeln, Sat-TV (inkl. aller Kultursender), CD-Anlage, Video und sogar Heizung. Über eine Holztreppe steigt man ins Erdgeschoss hinab, wo sich das Schlafzimmer und ein bequemes Bad befinden. Die große Küche ist in einem Anbau untergebracht, wo es sich am massiven Holztisch gut essen lässt. Freilich kann man auch draußen auf einer der beiden Terrassen Platz nehmen und den Blick ins Grüne genießen. Da die Anfahrt etwas kompliziert ist, wird sie hier ausführlich beschrieben: In Erese biegt man hinter Haus 23 rechts in eine schwer einsehbare Asphaltstraße ein (Calle Cruz al Barranco, Name nicht ausgeschildert); nach 900 Metern, am Haus 6, beschreibt diese einen scharfen Linksknick und führt am Dorfplatz mit mehreren kleinen Kreuzen vorbei. 100 Meter weiter geht es links steil hoch und sogleich rechts in eine Betonpiste (links führt die Calle La Asomada steil zur Carretera General hinauf). Nach 300 Metern ist die Casa Asomada erreicht.
- **Los Burros Felices** €€, Carretera General s/n, Tel. 922551511, Fax 922551324, www.burrosfelices.com. Ideale Adresse für Tierfreunde: drei Unterkünfte, angeschlossen an die deutsch-britische Eselfarm. Zur Wahl stehen die kleine *La Casita*, ein gemütliches, aus Holz erbautes Studio mit gusseisernem Ofen, die größere *Cottage Cyprés* und die *Casa Platero*. Letztere verfügt über Wohnküche und Kamin, Salon, zwei Schlafzimmer, Komfortbad und große Terrasse. Anfahrt: vom Dorfplatz Guarazocas 600 Meter in Richtung Mirador de la Peña.

Essen und Trinken

●**La Pasada** €/€€, Guarazoca 4, Tel. 922551861, tgl. ab 10 Uhr. Bauern und Schäfer treffen sich an der Bartheke auf ein Gläschen Wein, hinten im Speisesaal kehren Ausflügler zum feinen Essen ein. Spezialität des Hauses ist mit Garnelen gefüllte El-Hierro-Ananas. Durch Panoramafenster bietet sich ein toller Blick über den Barranco Pasada aufs Meer.

Aktivitäten

●**Wandern:** Eine Kurztour führt durch Guarazoca zum „Berg der Toten", wo in den 1970er Jahren eine Begräbnishöhle der Bimbaches entdeckt wurde (⇨Wanderung 4). Nur etwa einen Kilometer weiter westlich liegt der Mirador de la Peña, wo weitere Touren starten (siehe dort).

●**Ringkampf:** Lucha Canaria, ein Ringkampf schwergewichtiger Kolosse, lockt zahlreiche Besucher in die über dem Ort thronende moderne Arena. Bitte auf Plakate achten.

Feste

●**Erster Maisonntag:** *Fiesta del Dulce Nombre de María.* Zwar wird die Felsmadonna in der Ermita Virgen de la Peña unweit des Ortes geehrt, doch lässt man es sich in Guarazoca nicht nehmen, den „süßen Namen Mariä" mitzufeiern.

Mirador de la Peña

500 Meter westlich von Guarazoca liegt gegenüber dem Friedhof die Zufahrt zu einem in den Fels geschlagenen Aussichtspunkt. Kein Geringerer als *César Manrique*, der Künstler, dem die Insel Lanzarote ihren Ruhm verdankt, schuf hier eine **Traumburg zwischen Himmel und Meer.**

Wenn man sich dem Ort vom Parkplatz her nähert, sieht man zunächst nichts als ein aus Lavastein errichtetes Giebelhaus. Über eine hölzerne Freitreppe steigt man in einen höhlenartigen Saal hinab, der ein Raumerlebnis ungewöhnlicher Art vermittelt. Von der Decke hängen meterlange Farne, die Wände sind rund geschwungen und weiß gekalkt. Fast automatisch werden die Schritte zu den riesigen Panoramafenstern gelenkt, die einen grandiosen Blick eröffnen: Über zerborstene, chaotisch aufgeworfene Felsen schaut man ins

700 Meter tiefer gelegene Golftal, das sich zu einem gigantischen Halbrund öffnet. An seinem Nordwestzipfel ragen die Roques de Salmor aus den Fluten, als seien sie von einer Laune der Natur in den Atlantik geworfen worden.

• **Mirador de la Peña,** Carretera de Guarazoca 40, Di–So ab 11 Uhr, So-Abend geschl.

Essen und Trinken

• **Restaurante Escuela** €€, Carretera de Guarazoca 40, Tel. 922550300, www.hecansa.org, Di–Fr 11–21.30 Uhr, So 11–16 Uhr. El Hierros ungewöhnlichstes Restaurant fasziniert mit atemberaubendem Ausblick, eleganter Einrichtung und fantasievoll abgewandelter herreñischer Küche. Da gibt es *carpaccio de peto y buey* (Fisch- und Rinderfilet-Carpaccio), *queso frito al cilantro* (gebratenen Ziegenkäse mit Koriander), *ropa vieja de pescado* (deftige Kichererbsen mit Fisch) oder *solomillo en salsa de higo* (Schweinefilet in Feigensoße). Süßschnäbel greifen zum hausgemachten Kuchen oder zu *mousse de moras*, köstlichem Brombeermousse. Die Weinliste ist nicht lang, außer Viña Frontera, der „Hausmarke" El Hierros, gibt es Tropfen aus Teneriffa und einigen Regionen vom spanischen Festland (Rioja, Duero). Das Restaurant untersteht der kanarischen Hotelfachschule, die junge Herreños in die Kunst des Kochens und Kellnerns einführt – da mögen sich zuweilen kleine Fehler einschleichen, wofür sich die Direktion vorbeugend entschuldigt.

034eh Foto: gs

Aktivitäten

- **Wandern:** Der Mirador de la Peña ist Endpunkt des Weges durch die Dörfer des Nordens (⇨Wanderung 3). Zugleich starten hier zwei weitere Touren: Ein gemütlicher Spaziergang führt zum „Berg der Toten" (⇨Wanderung 4), ein schwieriger, spektakulärer Weg krallt sich in kühnen Kehren in die Steilwand des Golfo und endet in El Matorral (⇨Wanderung 14-A).

Einkaufen

- **Kunsthandwerk:** Artesanía & Sueños, Carretera Jarales 1, Tel. 922551642. Im kleinen Laden an der Straße nach San Andrés verkauft Jorge alias Jörk Tiedemann viele hübsche kleine Sachen, z.B. hölzerne Eierschränkchen, Zangen zum Ernten von Kaktusfrüchten, wollene Umhänge der Hirten, gewebte Taschen, Holzmörser, Flaschen und vieles mehr.

Ermita Virgen de la Peña

Der Ausflug zur **Kapelle der Felsjungfrau** gehört zum touristischen Pflichtprogramm. Vom Mirador folgt man der Straße in Richtung San Andrés und biegt nach 200 Metern rechts in eine ausgeschilderte Zementpiste ein. Nach weiteren 700 Metern sieht man die Kapelle: Die nur zum Festtag sichtbare Jungfrau verbirgt sich in einer teilweise zugemauerten Felsnische. Nebenan befindet sich eine Höhle mit Sitzbank und Wasserstelle – ein großartiger Platz für eine Rast überm Abgrund!

Früher startete der Weg zur Küste unmittelbar neben der Höhle. Doch nachdem er durch Steinschlag verschüttet wurde, hat man den Einstieg nach Süden verlegt: Man folgt der Piste 100 Meter auf den Kamm, wo ein Schild den Beginn des Wanderwegs („Camino de la Peña 3,7 km") anzeigt. Von einer Aussichtsterrasse kann man sich

Von der Natur inspirierte Architektur – César Manrique

Auf seiner Heimatinsel Lanzarote kämpfte César Manrique (1919– 92) gegen Baulöwen und Spekulanten. Um des Profits willen, so verkündete er zum Missfallen der Tourismusbranche, würden einmalige Landschaften für immer zerstört. „Traurig und deprimierend ist es, auf die Kanaren zu kommen und dort auf eine Architektur zu stoßen, die in keiner Weise dem Klima und der Natur entspricht." Leidenschaftlich setzte er sich dafür ein, das Besondere der Inseln zu bewahren und eine Architektur zu entwickeln, die durch möglichst minimalen Eingriff die natürliche Schönheit eines Ortes akzentuiert. So verwandelte er einen verlassenen Steinbruch in einen Kaktusgarten, eine vermüllte Grotte in ein Auditorium und eine ehemalige Artilleriestation in eine Steinfestung hoch über dem Meer. Er selbst lebte jahrelang in fünf Lavablasen, die heute als Kulturstiftung und Kunstgalerie dienen. Der **Mirador de la Peña** auf El Hierro ist eines seiner letzten Werke (1989) – geschaffen in einer Zeit, als er auf Lanzarote bereits als Nörgler verunglimpft wurde, der das reibungslose touristische Geschäft störe.

einen Überblick über den „Königsweg" verschaffen: In kühnen Serpentinen schraubt er sich ins Tal hinunter, steingepflastert und mauerngesäumt (⇨Wanderung 14-A).

Feste

- **Dritter Oktobersonntag:** *Fiesta de la Virgen de la Peña.* Von der Ermita wird die Felsjungfrau auf abenteurlichem Weg ins Tal getragen.

Malerische Ruinen und restaurierte Landhäuser

Las Montañetas

„Lugar de interés turístico" heißt es vielversprechend auf einem Holzschild an der Straße. Doch nach etwas Besonderem zu suchen wäre vergeblich: Man sieht nur Steinhäuser mit eingestürztem Dach und gähnenden Fenstern, dazu verwilderte Vorgärten. Freilich ist die Natur zu auftrumpfend auf dem Vormarsch, als dass man angesichts der Ruinen in Melancholie verfallen könnte. Überall blüht und wuchert es, auf saftig grünen Feldern stehen Kühe und kauen Gras. Nichts deutet darauf hin, dass der Ort El Hierros erste Hauptstadt war, auch das einstige Rathaus, die zweigeschossige Casa Blanca, ist nur eine Ruine. Tatsächlich war Las Montañetas bis ins 18. Jahrhundert hinein der Hauptort des Nordens; erst als die Nordstraße gebaut wurde, gewannen die tiefer gelegenen, klimatisch begünstigten Dörfer Guarazoca und Mocanal an Attraktivität.

Unterkunft

● **Finca El Dezpizte** €€, Las Montañetas 2, Tel. 922550455. Das kompakte, ganz aus Naturstein erbaute „Hexenhäuschen" wurde von der Inselregierung zum schönsten aller Landhäuser gekürt. Über den Wohnraum mit Kamin ge-

C35eh Foto: do

langt man auf die offene Galerie mit den Betten; die Küche ist vom Innenhof zugänglich, wo Grill und Backofen stehen. Im Garten findet man noch einen alten Brunnen aus dem 19. Jahrhundert, drumherum hat Señor Manolo, der Besitzer des Hauses, Kräuter und Blumen gepflanzt. Ein entscheidender Nachteil soll aber nicht verschwiegen werden: Das Haus liegt direkt an der Durchgangsstraße von Guarazoca nach San Andrés – vorerst wenig befahren, doch das Verkehrsaufkommen steigt mit jedem Jahr.

- **Casa M. Garrido** €€, Las Montañetas, Tel. und Fax 922550455. Kleines, weiß ummauertes Landhaus für max. zwei Personen mit Gemüsegarten.
- **Casa Francisca Méndez** €€, Las Montañetas, Tel./Fax 922550071. Einstöckige Bauernkate aus massivem, weiß gekalktem Naturstein. Schlafzimmer für zwei Personen, Wohnraum mit Heizung und Terrasse mit Grill.
- **Casa Tomasa** €€, Las Montañetas, Tel. 922550930. Altes, denkmalgeschütztes Landhaus mit Garten für 2–3 Pers.
- Weitere Landhäuser sind buchbar über Meridiano Cero (⇨S. 102).

Jedem Toten ein Kreuz

Aktivitäten

●**Wandern:** Die Variante von ⇨Wanderung 5 beschreibt, wie man von Las Montañetas auf direktem Weg zum Árbol Santo, dem „heiligen Baum", gelangt (1:30 Std.). Wer die lange Tour bevorzugt, klinkt sich in die Hauptwanderung ein: von Las Montañetas über San Andrés zum Árbol Santo und zurück zum Ausgangspunkt (3:15 Std.).

Piedras vivas – die lebenden Steine

Unzählige **Steinmauern** durchziehen die Insel. Sie begrenzen Viehweiden und Gärten, dienen als Stütze für Terrassenfelder und Weinhänge. Generationen von Herreños haben an ihnen gebaut, Stein um Stein aufgeschichtet. Am schwierigsten war es, die nach Unwettern entstandenen Lücken zu schließen. Dabei kam es darauf an, den genau passenden Stein zu finden, der dem Ganzen Halt gab. *Pedro*, der letzte aus der Zunft der Mauerbauer, hat ein inniges Verhältnis zu seinen Steinen: „Jeder Stein hier auf der Insel hat nicht nur einen Namen, sondern auch ein Gesicht. Und das muss ins Innere der Mauer schauen." Und er ist davon überzeugt, dass jeder Stein große Ohren hat: „Er hört alles, was sich auf der Insel zuträgt und teilt es dem Wanderer mit."

082eh Foto: gs

Das
waldreiche
Bergland

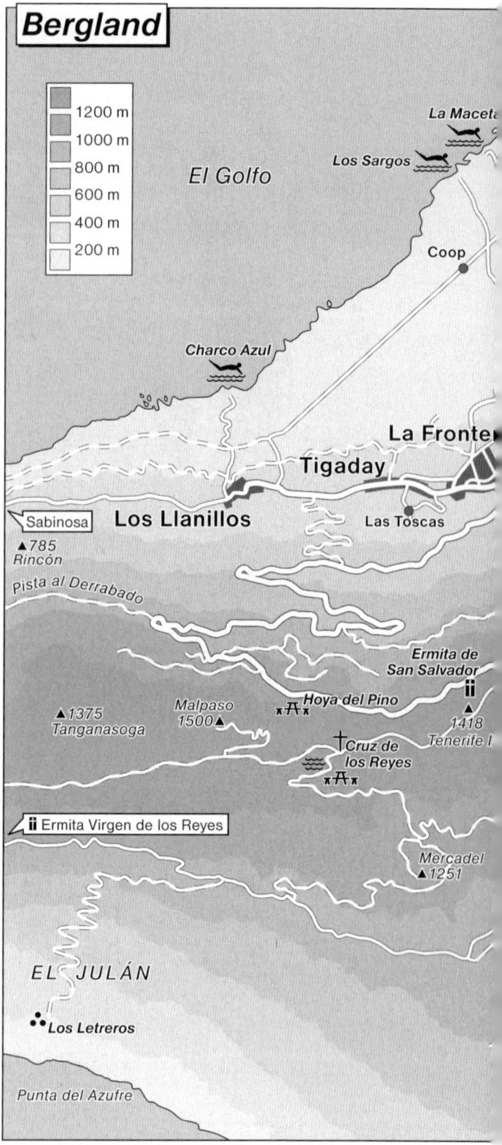
Bergland
1200 m
1000 m
800 m
600 m
400 m
200 m
El Golfo
La Maceta
Los Sargos
Coop
Charco Azul
La Fronte
Tigaday
Sabinosa
Los Llanillos
Las Toscas
▲785
Rincón
Pista al Derrabado
Ermita de
San Salvador
Malpaso
1500▲
Hoya del Pino
▲1375
Tanganasoga
1418
Tenerife
Cruz de
los Reyes
Ermita Virgen de los Reyes
Mercadel
▲1251
EL JULÁN
Los Letreros
Punta del Azufre

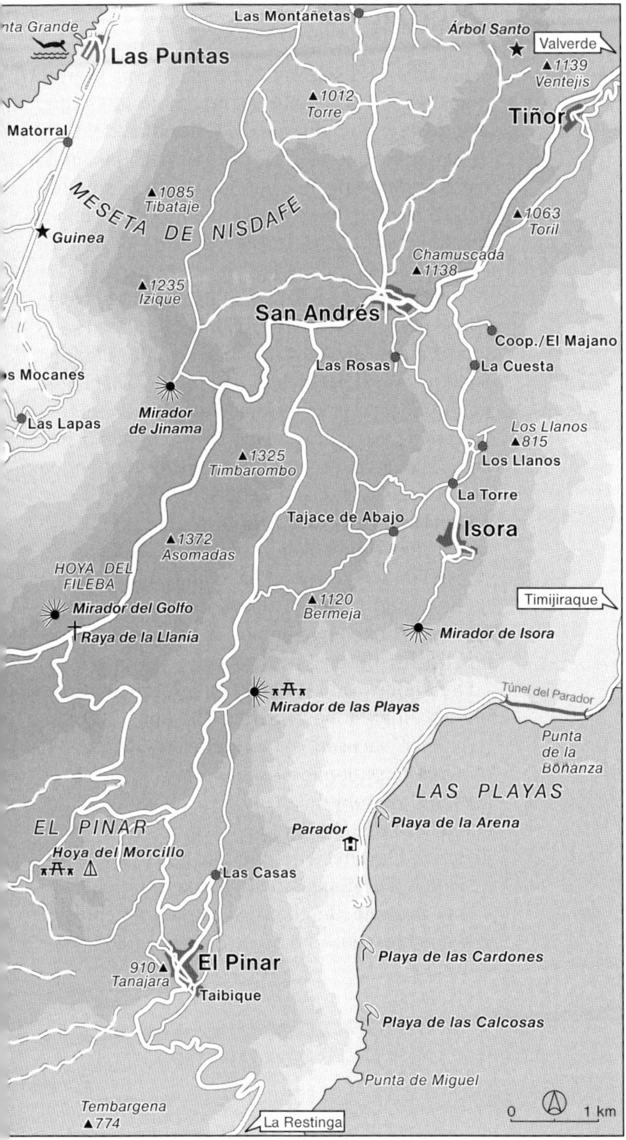
Las Montañetas
Árbol Santo
Valverde
...nta Grande
Las Puntas
▲1139 Ventejis
▲1012 Torre
Tiñor
Matorral
MESETA DE NISDAFE
▲1085 Tibataje
▲1063 Toril
Guinea
Chamuscada ▲1138
▲1235 Izique
San Andrés
Coop./El Majano
Las Rosas
La Cuesta
...s Mocanes
Mirador de Jinama
Las Lapas
Los Llanos ▲815
Los Llanos
▲1325 Timbarombo
La Torre
Tajace de Abajo
Isora
▲1372 Asomadas
HOYA DEL FILEBA
Timijiraque
▲1120 Bermeja
Mirador del Golfo
Raya de la Llanía
Mirador de Isora
Túnel del Parador
Mirador de las Playas
Punta de la Bonanza
LAS PLAYAS
Playa de la Arena
EL PINAR
Parador
Hoya del Morcillo
Las Casas
Playa de las Cardones
910▲ Tanajara
El Pinar
Taibique
Playa de las Calcosas
Punta de Miguel
0 1 km
Tembargena ▲774
La Restinga

Bergland

Überblick

„Die Küste ist schwer zugänglich und schroff, doch die alles überragende Inselmitte schön und angenehm": So notierten die Chronisten der Conquista zu Beginn des 15. Jahrhunderts. Bis heute hat sich daran nichts geändert, wobei von Nord nach Süd drei Landschaftsformationen zu unterscheiden sind: die Meseta de Nisdafe, der zentrale Gebirgskamm und der Kiefernwald El Pinar.

Die **Meseta de Nisdafe** ist eine leicht gewellte Ebene in über 1000 Metern Höhe. Auf ihren saftigen Weiden grasen Kühe und Schafe, niedrige Steinmauern durchziehen das Terrain. Manch einen erinnert das scheckige Mosaik aus grünem Gras und Steingrau an Irland oder Schottland, einzig die kleinen, aus der Ebene sich erhebenden Vulkankegel stören den Vergleich.

Der **Höhenzug der Cumbre** schiebt sich zwischen die Abbruchkante der Bucht El Golfo im Westen und die von Las Playas im Osten. Er ist mit Lorbeerwald bedeckt, dazwischen ragen Schlacke- und Ascheberge empor, so der mit 1502 Metern höchste Inselgipfel Malpaso.

Der **Kiefernwald El Pinar** liegt südlich der Cumbre auf einer Höhe zwischen 700 und 1000 Metern. Hier wachsen jahrhundertealte Baumriesen mit weit ausladenden Kronen, das Unterholz ist licht und besteht meist nur aus schütteren Sträuchern. Größter Ort der Region ist das gleichnamige große Dorf mit einer Vielzahl guter Unterkünfte: Hotels, Pensionen und Landhäuser.

Das zentrale Bergland ist **verkehrstechnisch gut erschlossen.** Eine breite Straße verbindet die

Seite 160/161: Blick vom Mirador de Jinama auf Cumbre und Golftal

Hauptstadt mit dem Dorf San Andrés, kurz dahinter gabelt sie sich. Südwärts führt sie nach El Pinar, westwärts entlang der Cumbre nach La Frontera im Golftal. Die Südroute verläuft über mehrere spektakuläre Aussichtspunkte, an der Westroute liegen Picknickplätze und Quellen, Krater und Kapellen.

Tiñor

Das Dorf unterhalb der Durchgangsstraße Valverde – San Andrés ist heute fast verwaist. Rings um die Plaza mit obligatorischer Kapelle drängen sich weiß gekalkte Häuser mit ziegelrotem Dach, schmale Gassen führen hinaus auf Kartoffel- und Gemüsefelder. Nur am Wochenende füllen sich einige Häuser, wenn Herreños aus anderen Inselteilen zum Ort ihrer Vorfahren zurückkehren, um die Früchte zu ernten. Aufgrund des rau-feuchten Klimas mag kaum noch jemand in Tiñor wohnen. So ist zu befürchten, dass das Dorf bald das gleiche Schicksal ereilen wird wie das benachbarte La Albarrada – in dem Weiler aus dem 19. Jahrhundert erinnern nur noch Ruinen an einstiges Leben.

San Andrés

Glück muss man haben, will man diesen auf 1100 Metern Höhe liegenden Ort im Sonnenschein erleben. Fast immer ist er in **dichte Passatwolken** gehüllt, die für satte, feuchte Wiesen sorgen. Seinen Namen verdankt er dem Schutzpatron aller Tiere; ihm zu Ehren wird am ersten Junisonntag ein großer Viehmarkt abgehalten. Alles, was vier Beine hat, wird auf den großen Kirchplatz getrieben und unter den Augen des Heiligen vom Pfarrer gesegnet. Die schönsten Tiere werden prämiert, alsdann wechseln sie ihren Besitzer. Es wird

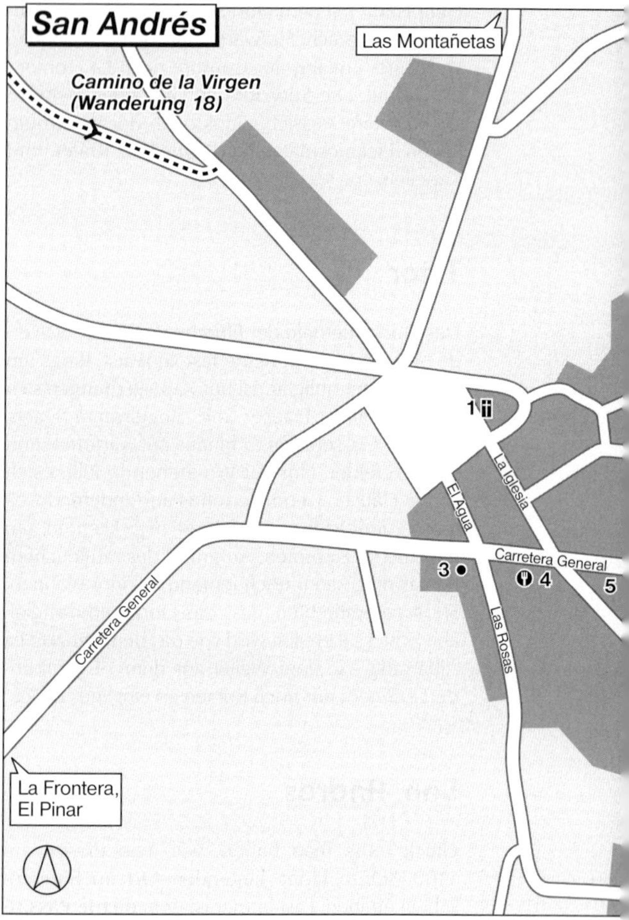

gefeilscht und getauscht, was das Zeug hält, wobei selbstverständlich der herreñische Wein in Strömen fließt. Zum Abschluss steigt ein großes Pferderennen, bei dem vollblütige Araber gegeneinander antreten.

Zwar gibt es in San Andrés Übernachtungsmöglichkeiten in restaurierten Landhäusern, doch er-

leben die meisten Besucher den Ort nur als Durchgangsstation von Valverde gen Süden. In den Lokalen kosten sie den vorzüglichen Käse und staunen über die an der Theke versammelten einheimischen Männer: Mit ihren fellgefütterten Mützen und dicken Wolljacken muten sie fast sibirisch an.

Unterkunft

●**Casa El Tesón I & II** €€, Calle Esquina Campo s/n, buchbar über Karin Pflieger (⇨S. 101). Beste Wahl in San Andrés: zwei nebeneinander stehende, ganz aus Naturstein erbaute Häuschen, die man einzeln oder auch zusammenhängend mieten kann. Das eine ist 80 m^2 groß und gut für zwei bis vier, das andere 48 m^2 und ideal für zwei Personen. Sie stehen mitten im Dorf, doch dank des großen Gartens hat man das Gefühl, auf dem Lande zu sein. Hier wachsen Orangen- und Zitronen-, Apfel- und Feigenbäume. Besitzerin ist eine junge Lehrerin, der auch der Bioladen von Valverde gehört. In Tesón I & II blieben die originalen Holzdielen und -decken erhalten, Antiquitäten sorgen fürs nostalgische Flair. Beide Häuser verfügen über Sat-TV, eine Waschmaschine und – für kühle Tage – einen Holzofen. Anfahrt: Von der Hauptstadt kommend wählt man am Ortseingang, gegenüber vom Einkaufsladen, die linke der beiden dort abgehenden Asphaltpisten; die gesuchten Häuser liegen 100 m zur Linken.

●**Casa Antonio** €€, Calle La Cancela 10, buchbar über Meridiano Cero (⇨S. 102). Restauriertes, hundertjähriges Haus in einer ruhigen Seitenstraße. Im Erdgeschoss befinden sich das Bad sowie ein Doppel- und ein Einzelzimmer mit schmiedeeisernen Betten, im Obergeschoss die große Wohnküche mit Holzöfchen, Musikanlage und Waschmaschine. Anfahrt: Von Valverde kommend vor dem Centro Socio-Cultural links in die Calle Las Rosas einbiegen und an der Gabelung nach 300 m links halten; das Haus liegt 100 m zur Linken.

●**Casa Gilberto** €€, Calle El Rincón 6, Tel. 922559249. Señor Gilberto Padrón vermietet im Ortszentrum ein schmuckes gelbes Haus für max. vier Personen. Mit Schlaf- und Wohnraum sowie kleinem Garten.

Essen und Trinken

●**Mesón San Andrés** €€, Calle Jarara 9, Tel. 922551415, tgl. außer Di ab 10 Uhr. *Carne a la brasa* ist Trumpf – Cristino steht hinter der Theke am Feuer und bereitet üppige Portionen frischen Fleisches zu: Schweins- und Rinderkotelett, Rippchen und Beefsteak, Hühnchen und Kaninchen. Am Wochenende füllen sich die neun großen Holztische rasch, es wird geschmaust und gezecht.

●**Casa Goyo** €€, Calle Jarara 11, Tel. 922551263, tgl. außer Mo ab 9 Uhr. In mehreren kleinen, von einem gusseisernen Öfchen erwärmten Räumen werden Lasagne und gefüllte Hühnerbrust *(pechuga de pollo rellena)*, am liebsten aber frisches Grillfleisch serviert. Am Wochenende, wenn Gäste zur Gitarre greifen, beginnt selbst der etwas mufflige Besitzer aufzublühen.

●**La Igualdad** €/€€, Calle Jarara 7, tgl. ab 6.30 Uhr. Im „Casino" des Ortes, dem Altherrenclub *Igualdad* (Gleichheit), treffen sich die Männer auf ein Gläschen Wein. In der Bar lärmen Spielautomaten; gemütlicher sitzt man im Speiseraum nebenan, wo man *rancho* und *potaje*, aber auch Ziegen- und Kaninchenfleisch bekommt.

Aktivitäten

- **Wandern:** San Andrés ist Startpunkt einer Rundtour um den „Heiligen Baum" mit einem Abstecher zum Geisterdorf La Albarrada (⇨Wanderung 5). Der Camino de la Virgen (⇨Wanderung 18) führt an San Andrés vorbei nach Valverde.

Feste

- **Dritter Maisonntag:** *Fiesta de Nuestra Señora de la Caridad*. Die Figur der „Jungfrau der Barmherzigkeit" wird von ihrer Kapelle am Mirador de Jinama nach San Andrés getragen, unterwegs geben Tänzer Kostproben ihres Könnens.
- **Erster Junisonntag:** *Apañada*. Viehmarkt mit viel Folklore und großem Festschmaus, Pferderennen, Sportwettkämpfen und Kunsthandwerksmarkt.
- **30. November:** *Fiesta de San Andrés.* Der Schutzpatron wird mit einer Prozession geehrt.

Árbol Santo – wasserspeiender Baum

Er ist das **Wahrzeichen El Hierros,** schmückt das Wappen von Insel und Hauptstadt. Stets hat der Baum, aus dessen Blättern Wasser tropft, die Fantasie der Menschen beflügelt. Er ward gepriesen als „Wunder der Natur" und ein „Geschenk Gottes". Historisch verbürgt ist, dass er die Insulaner so manches Mal vor dem Verdursten errettet hat, weshalb er schon von den Ureinwohnern als *Garoé* und von den Spaniern als *Árbol Santo* (heiliger Baum) verehrt wurde. Es heißt, er habe **täglich mehrere Fässer Wasser** zu je 480 Liter produziert.

Als erster hat 1590 der italienische Baumeister *Leonardo Torriani* das „Wunder" erkärt: „In Wirklichkeit handelt es sich beim Heiligen Baum um nichts anderes als einen unverwüstlichen *til* (ocotea foetens, Lorbeerbaum), den man auf den drei westlichen Inseln in großer Menge findet ... Er liebt die Berge, ist hart, knotig und duftend. Sein Laub ist geädert und ähnlich dem des Lorbeerbaums, seine Frucht ist halb Birne, halb Eichel. Er hat verschlungene Zweige, entlaubt sich nie und wächst zu großer Höhe." Und Torriani fuhr fort: „Der Stamm ist so dick, dass ihn kaum vier Männer umarmen können. Die Rinde ist von einem Moos bedeckt, das überall dort gedeiht, wo große Feuchtigkeit herrscht ... Das Wunder, Wasser zu tröpfeln, besteht aus nichts anderem, als dass bei Ostwind viele Wolken zum Baum emporsteigen, der sie mit seinen vielen Zweigen festhält. Alsdann saugen sich die Blätter mit Wolkenfeuchtigkeit voll, so als bestünden sie aus Watte. Sie verwandeln den Nebeldunst in dicke, zu Boden fallende Tropfen ..."

1610 hat ein Sturm den Árbol Santo zerstört – eine Plakette im Boden erinnert daran. An seiner Stelle wurde **1957 ein neuer Baum gepflanzt:** wieder ein *til,* der inzwischen eine Größe von zehn Metern erreicht hat.

038eh Foto: do

El Majano

Auf dem Weg nach Isora empfiehlt sich nach 400 Metern ein Abstecher nach El Majano, wo eine der beiden großen landwirtschaftlichen Inselkooperativen besucht werden kann (die andere befindet sich im Golftal). Seit der Gründung in

Der neue „heilige" Baum

den 1980er Jahren haben sich ihr 680 Bauern angeschlossen. Gemeinsam fühlen sie sich stark: Nur so rentieren sich die modernen Verarbeitungsanlagen und lassen sich die Produkte erfolgreich vermarkten. In großen Zweckbauten befinden sich die **Inselmetzgerei** und die **Imkerei;** am riesigen Schriftzug „Herreño" erkennt man die Central Quesería, die **Inselkäserei.** Wer Lust hat, kann dort günstig Frischmilch und Käse aller Reifegrade kaufen.

Einkaufen

- **Cooperativa El Majano** (Venta de Queso), El Majano (1 km nördlich von San Andrés), Mo–Fr 9–14 Uhr, Sa 9–13 Uhr

El Herreño – eine geräucherte Delikatesse

Emiliano Fernández führt durch die Käserei, in der Frauen weiße Laibe vom Band nehmen und in Windeseile eintüten. „Ein echter Herreño", erklärt er, „besteht aus der Milch von Kuh, Schaf und Ziege." Und er fährt fort: „Diese Tiere garantieren die optimale Ausnutzung unserer Weidegründe. Die Ziegen weiden an den Steilwänden, die Schafe an den Nordhängen und die Kühe auf den Hochebenen Nisdafe und Dehesa." Am beliebtesten ist *queso semitierno*, ein halbreifer Käse, von dem täglich 2200 Kilogramm produziert und auf dem gesamten Archipel verkauft werden. Seine Insel, so verkündet Emiliano stolz, ist eine der wenigen Regionen Spaniens, in denen Käse geräuchert angeboten wird. „Das hat sich im Laufe der Zeit so ergeben. Früher wurde der Käse in den Bauernkaten hergestellt. Er wurde in Leinentücher gewickelt und zum Trocknen über die Feuerstelle gehängt. Heute läuft alles etwas industrieller ab: Es gibt Räuchertunnel und für den besonderen Beigeschmack sorgt das Brennmaterial aus trockenen Kaktussprossen, Mandelschalen und Feigenbaumholz."

Nur zwei Stunden muss der Käse im Räuchertunnel bleiben, dann ist er reif für den Verzehr; gekühlt hält er sich viele Wochen. In der Fabrik wird natürlich auch Käse anderer Reifegrade hergestellt, so der Frischkäse *tierno*, der reife *semicurado* und der steinharte, würzige *curado*. Neuerdings ist ebenfalls Öko-Käse im Angebot, der aus Milch von Tieren hergestellt wird, die sich nur von frischem Gras sowie Bio-Mehl ernähren.

Isora

Isora ist ein ca. 850 Meter hoch gelegenes Dorf mit wenigen Einwohnern, doch erstaunlich vielen Ortsteilen. Allein vier reihen sich längs der Straße aneinander: La Cuesta (der Kamm), Los Llanos (die Ebenen), La Torre (der Turm) und Iglesia (die Kirche). Zu jedem Ortsteil gehört ein eigener Platz, der wie ein Balkon am Hang klebt. Weiter oberhalb, in luftiger Höhe, liegt Tajace (ein Name aus altkanarischer Zeit) mit einer Reihe guter Unterkünfte.

In Isora geht alles seinen beschaulichen Gang. Im Kulturhaus sieht man ein paar Männer beim Karten- und Dominospiel, herrenlose Hunde lau-

040eh Foto: gs

fen die Straße ab. So ruhig war es nicht immer in dem Dorf, das früher mit der Fuente de Asofa die größte Quelle der Insel besaß. An den verflossenen Wohlstand erinnern noch eine Reihe stattlicher Natursteinhäuser und weiß getünchte Gehöfte mit Weinlauben.

Mirador de Isora

Folgt man der Straße vom Ortskern südwärts, gelangt man am Friedhof nach 1,5 Kilometern zu einem grandiosen **Aussichtspunkt.** Über gestaffelte Terrassen hat man einen atemberaubenden Blick auf die 1000 Meter tiefer gelegene Bucht von Las Playas. Winzig klein wirkt das Felstor des Roque Bonanza und auch der Parador gleicht von hier einem Bauklötzchen aus dem Spielzeugkasten. Der gesamte Mirador (samt Wasch- und Toilettenhäuschen) ist aus Naturstein errichtet und fügt sich so gut in die Umgebung ein, dass er von unten nicht erkennbar ist. Längs der Steilwand schraubt sich der *Camino a las Playas* (⇨Wanderung 6) in die Tiefe hinab. Er diente den Bewohnern lange Zeit als schnellste Verbindung zur Küste, wo sie Brunnen anzapften und Ziegen weideten.

Unterkunft

• **Casa Marco & Inés** €, Calle Tajace / Camino de la Atalaya s/n, Tajace, Tel. 922551536. Eine kleine Höhle, die einst als Ziegenstall gedient hat, wurde in ein uriges Apartment verwandelt. Es verfügt über einen kleinen Aufenthaltsraum und eine Kitchenette, ein Bad im Patio und eine kleine windgeschützte Terrasse. Man schläft in einem halb gemauerten, halb hölzernen Hochbett unter einer gerundeten, weiß gekachelten Decke. Über grüne Hänge gleitet der Blick aufs Meer. Mark und Inge, die freundlichen Besitzer, wohnen gleich nebenan und sorgen dafür, dass es den Gästen an nichts fehlt; auch Räder können ausgeliehen werden. Anfahrt: von der Straße im Ortsteil La Torre der Calle La Fátima hinauf folgen (Wegweiser: Tajace / El Pinar); nach 700 m links in eine Zementpiste einbiegen, das Haus befindet sich nach 100 m zur Linken. Wer sich verfährt, fragt Einheimische nach *el gran moral*, dem „großen Maulbeerbaum".

039eh Foto: do

●**Casa Abuela Estebana** €€, Calle Tajace / Camino de la Atalaya s/n, Tajace, auch buchbar über Karin Pflieger (⇨S. 101). An einem unverbauten Hang mit weitem Meerblick vermietet Señor Venancio Acosta das „Haus der Großmutter Estebana": ein renoviertes Natursteinhaus mit 90 m² Wohnfläche gleich neben der Casa Marco & Inés (Anfahrt siehe dort). Es ist im Landhausstil geschmackvoll eingerichtet und verfügt über Holzböden und einen offenen Dachstuhl. Im Erdgeschoss befinden sich das Wohnzimmer mit Kitchenette sowie ein attraktives Bad, im Obergeschoss der Schlafraum für 2–3 Personen mit den typischen Fenstersitzbänken.

●**Casa Herminio Castañeda** €€, Calle Tompérez 5, Iglesia, Tel./Fax 922246339. Señor Herminio vermietet mehrere Ferienhäuschen im Ortsteil Iglesia, darunter drei Apartments am Hang unterhalb der Durchgangsstraße. Anfahrt:

gegenüber der Bar Isora der Straße hinab folgen und am kreuzgeschmückten Plateau links in die Calle Tompérez einbiegen.

Essen und Trinken

- **El Pueblo** €, Calle Ferinto 34. Im Ortszentrum nahe Kirche und Plaza liegt diese unscheinbare Bar, in der man zuweilen auch etwas zu essen bekommt.
- **Isora** €, Calle Ferinto 60, Tel. 922551719, tgl. ab 9 Uhr. Lokal am südlichen Ortsausgang Richtung Mirador (gegenüber der Bushaltestelle). Am Wochenende werden *parrilladas* (Grillplatten) aufgetischt, werktags begnügt man sich mit Tapas an der Bar.

Blick auf Isora

Aktivitäten

- **Wandern:** Am Mirador de Isora startet der spektakuläre und aussichtsreiche Abstieg längs der Steilwand zur Bucht von Las Playas (⇨Wanderung 6).
- **Rad fahren:** Fun Biking, Calle La Ladera 3, Tel. 606337669. Der Schweizer Peter Husy vermietet in den Wintermonaten Mountainbikes – er ist nicht immer anzutreffen, doch einen Versuch ist's wert!

Mirador de las Playas

Auf halbem Weg zwischen Isora und El Pinar lohnt ein Abstecher zum Mirador de las Playas. Mächtige alte Kiefern säumen einen runden Platz, der – diesmal von Westen aus – einen schönen Blick in die Bucht von Las Playas eröffnet. Die Bäume sorgen dafür, dass die Dramatik der über 1000 Meter hohen Steilwände etwas gemildert wird: In ihrem Schatten nimmt man auf Steinbänken Platz und genießt die leichte Brise im Nadelwald. Da es Wasserstellen und Toiletten gibt, wird der Mirador am Wochenende gern von Einheimischen als Picknickplatz benutzt.

El Pinar (Las Casas & Taibique)

Kurzinfo El Pinar

- **Stadtamt:** Oficina Municipal, Taibique, Tel. 922558085
- **Gesundheitszentrum:** Centro de Salud, Calle Traviesa del Pino 17 / Ecke Manuelvas, Taibique, Tel. 922558076
- **Apotheke:** Farmacia, Calle Manuelvas 2, Taibique, Tel. 922558301
- **Tankstelle:** Gasolinera Cepsa, Calle Traviesa del Pino 29, Taibique, So nur bis 14 Uhr
- **Bank/Geldautomat:** Calle Traviesa del Pino 57
- **Taxi:** Plaza Taibique, Tel. 922558022
- **Bus:** Der neue Busbahnhof *(terminal de guaguas)* befindet sich am südlichen Ortsausgang von Taibique.

Der Ort liegt in 800 Metern Höhe am Rande eines Kiefernwalds, dem er auch seinen Namen verdankt. Es gibt eine Reihe guter, auch preiswerter Unterkünfte; unmittelbar vor der Haustür starten herrliche Wanderwege. Zeitweise wird die Gegend vom Passat erfasst, doch meist ist es hier trocken und trotz der Höhenlage relativ mild.

El Pinar besteht im Wesentlichen aus zwei Ortsteilen: Während **Las Casas** mit seinen alten Häusern und blühenden Vorgärten eher ländlich anmutet, wirkt das einen Kilometer südlich gelegene **Taibique** fast schon urban: Dort befinden sich die meisten Läden und der beliebte Platz El Mentidero, das Gesundheitszentrum und die Apotheke, Tankstelle und Bank. Das moderne Stadtamt wurde in der Calle Padrón Machín zwischen beiden Vierteln platziert. Außerdem befinden sich dort das aufwändig gestaltete Kulturzentrum, Schule und Post, Sportplatz und Ringkampfarena.

Landwirtschaft

Mit 1500 Einwohnern ist El Pinar der drittgrößte Ort der Insel, weshalb die Piñeros seit Jahrzehnten darum kämpfen, als eigenständige Gemeinde anerkannt zu werden. Der Wohlstand von El Pinar verdankt sich nicht nur der Emsigkeit seiner Bewohner, sondern auch der privilegierten Lage. Die Nähe zu den Weidegründen der Dehesa ermöglicht Schaf- und Ziegenzucht, auf den unterhalb gelegenen Feldern wachsen Gemüse, Mandeln und Wein. Köstliche Feigen gibt es gleich in drei Varianten: nussig, weiß und schwarz.

Das Einzige, womit die Piñeros nicht sonderlich gut ausgestattet sind, ist Wasser. Doch schon früh zeigte sich die Erfindungsgabe der Bewohner. Sie bauten nicht nur Zisternen, sondern nutzten auch die mächtigen Kiefern am Dorfrand: Die dicksten Äste der Bäume höhlten sie aus und spekulierten darauf, dass sich in ihnen all jenes Wasser sammeln würde, das von den Kiefernnadeln aus den Passatwolken „angezapft" wird. Und sie hatten Er-

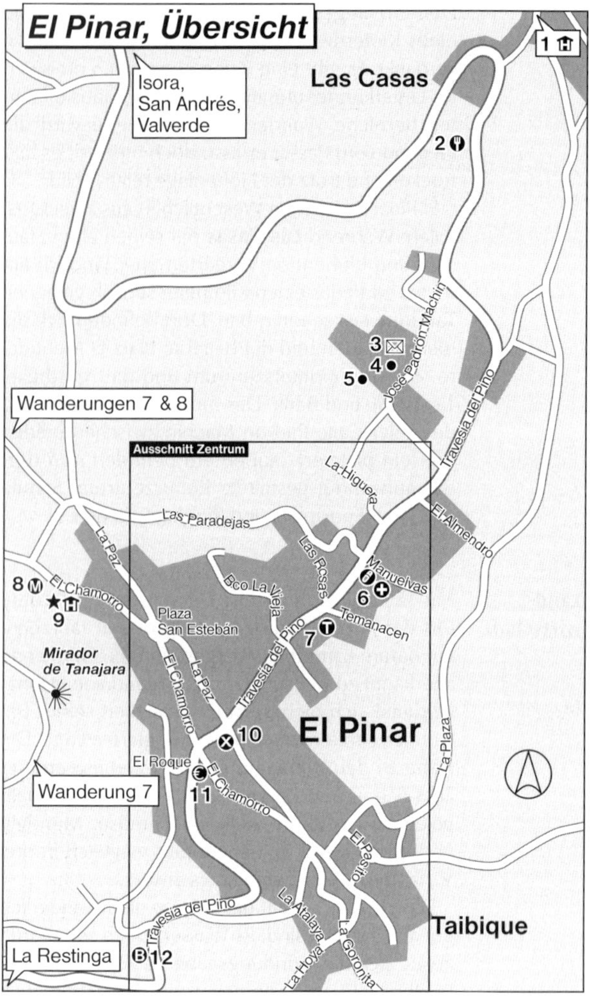

folg: Das Wasser war „kühl wie Schnee und klar wie Kristall", schwärmte der Publizist *José Padrón Machín,* „bis zu 100 Liter täglich" entnahm man einem einzigen Ast.

UNTERKUNFT			SONSTIGES		
	1	Pensión El Casino Antiguo	✉	3	Post
	9	Casa Caracol	•	4	Stadtamt
			•	5	Kulturzentrum
ESSEN UND TRINKEN				6	Gesundheitszentrum, Apotheke
	2	La Sabina		7	Tankstelle
				8	Museo Panchillo
			★	9	Taller de Cerámica Caracol
				10	Taxi
				11	Bank
				12	Busbahnhof

Sozialistische Tradition

Seit vielen Jahrzehnten gilt El Pinar als „rotes Dorf". 1925 gründete hier José Padrón Machín die Sozialistische Inselpartei und machte die Verteilung von Reichtum zum wichtigsten Diskussionsthema jener Zeit. In der franquistischen Diktatur (1939–1975) war es freilich mit derlei Debatten vorbei. Padrón Machín musste sich in den Höhlen von El Julán verstecken, später saß er im Gefängnis ein. Nach dem Tod Francos wurde er rehabilitiert und gilt heute als größter Sohn der Stadt. Stolz ist man auch auf Eligio Hernández Gutiérrez, der während der sozialistischen Regierungszeit Generalstaatsanwalt von Spanien war. Bei Demonstrationen, z.B. gegen die geplante Radaranlage auf dem Malpaso, zieht das Dorf geschlossen durch die Straßen; stehen Fernsehinterviews an, sind es stets die politisierten Piñeros, die um ihre Meinung gebeten werden.

Sehenswertes

Kirche

Vom Hauptplatz Taibiques geht es über steile Gassen zur 1719 erbauten Kirche hinab. Ihr freistehender Glockenturm diente in Zeiten der Piraterie als schnell zu besteigender Wachposten. Vor der Kir-

041eh Foto: gs

che steht ein modernes, abstraktes Denkmal mit der Aufschrift „La Paz" (Frieden).

● **Iglesia de San Antonio Abad,** Calle La Plaza / Ecke La Paz, unregelmäßig geöffnet

Mirador

Im Ortsbild weitaus präsenter als die Kirche ist die **Montaña de Tanajara,** ein perfekt geformter Vulkankegel (911 m) hoch über Taibique. Auf seinem Gipfel wurden nicht nur Sendemasten, sondern auch eine rustikale **Aussichtsplattform** errichtet. Im Winter kann man oft beobachten, wie sich über El Pinar Wolkenfetzen in gespenstischer Schnelligkeit zu Bänken ballen und den Ort buchstäblich einhüllen.

Blick vom Mirador de Tanajara auf Taibique

Kunst und Kunsthandwerk

Reiseschriftsteller früherer Jahrhunderte loben die handgewebten Stoffe, die warmen Wollumhänge und die weichen, aus Ziegenleder gefertigten Schuhe aus El Pinar. Heute sind es nicht nur Herreños, sondern auch Zugereiste, die die Tradition des kanarischen Kunsthandwerks fortführen.

Web- und Flechtkunst

Neben der Tankstelle im Zentrum von Taibique entdeckt man die Webstätte von Señora *Lola,* ein paar Straßen weiter bietet Señor *Andrés Chaves* handgeflochtene Körbe aus Weide und Zuckerrohr an. Wenn sie Lust auf Besuch haben, öffnen sie ihre Türen.

- **La Artesana de Lana,** Calle Travesía del Pino 37
- **Andrés Chaves,** Calle Las Toscas 1

Keramik

Im oberen Ortsteil von Taibique, dem Viertel Busano (manchmal auch *Gusano* genannt), unterhält die seit 1982 auf der Insel ansässige *Brigitte Hoyer* eine Werkstatt: Am liebsten formt sie Repliken der *Tara,* einer prähispanischen, grancanarischen Fruchtbarkeitsfigur; doch da die bizarren Skulpturen schwer verkäuflich sind, töpfert sie auch Gebrauchskeramik und Souvenirs mit der Aufschrift „El Hierro".

- **Taller de Cerámica Caracol,** Calle Chamorro 55, Zugang zum Laden über den Garten

Ethno-Museum

Neben der Keramik-Werkstatt von Frau Hoyer befindet sich ein kleines Museum. Señor *Francisco Machín* alias *Panchillo* stellt all das aus, was auf dem Lande einst wichtig war und teilweise noch heute verwendet wird: handgewebte Hirtenmäntel, Ledertaschen für den Wegproviant, geflochtene Körbe und geschnitztes Geschirr, dazu Werkzeuge für Haus und Feld.

- **Museo Panchillo,** Calle Chamorro 57, unregelmäßig geöffnet

Kunstatelier

Wem der Sinn eher nach Kunst als nach Kunsthandwerk steht, besucht *Thomas Mehrländer* und *Joke Volta* in ihrem Atelier nahe der Kirche, im unteren Teil von Taibique. Aus Kiefernholz schnitzen sie expressive **Skulpturen,** wobei Thomas das harte Kernholz bearbeitet und Joke die weiche Rinde (⇨Exkurs).

- **Thomas Mehrländer & Joke Volta,** Calle La Goronita 1–2

Holz und Rinde – Kunst aus dem Wald

Vielleicht begegnet man ihm im Kiefernwald von El Pinar: **Thomas Mehrländer** schwingt seine Axt und kerbt sie kraftvoll ins harte Kernholz der Kiefer. „Ich benutze das Holz, das bei Forstarbeiten anfällt", versichert der gebürtige Schweinfurter. „Will es niemand haben, darf ich es mir holen." Die Bäume, die er bearbeitet, sind bis zu zwei Meter dick. Manche sind wahre Greise, mehrere hundert Jahre alt. Der liegende Stamm gibt Thomas die Idee zum Werk – frei nach dem Ausspruch *Michelangelos,* die Skulptur sei bereits im Material enthalten, der Künstler habe nur noch die Aufgabe, sie herauszumodellieren. Aus verkrüppelten Kiefern schnitzt Thomas Geister und Gnome, aus dem aalglatten Stamm zaubert er ein Liebespaar.

Die fertige Skulptur wird per Kran auf einen Landrover gehievt und zur Küste gefahren, wo sie mehrere Wochen im Meerwasser „badet". Dadurch wird sie nicht nur konserviert, sondern erhält auch eine runzelige Textur, die zur Handschrift des Künstlers wunderbar passt. Seine Werke sind über mehrere Orte verstreut: Man sieht sie im Kulturzentrum von El Pinar, im Hafen von La Restinga sowie in Thomas' Atelier in Taibique. Dort arbeitet auch **Joke Volta,** eine seit 1992 auf El Hierro ansässige Holländerin. Während sich ihr Freund auf das harte Kernholz der Kiefer stürzt, hat sich Joke auf die Rinde spezialisiert. Diese ist nicht nur leicht und problemlos zu transportieren, sondern erlaubt auch einen feineren Zuschnitt der Skulptur. So entstehen kleine, ausdrucksstarke Köpfe, tanzende Göttinnen und Traumgestalten – haltbar gemacht durch Wachs und Benzin.

Praktische Tipps

Unterkunft

In Las Casas:

●**Pensión El Casino Antiguo** €, Calle Dolores 1, Tel. 922558041, andreapension@terra.es. Andrea, die seit über 20 Jahren auf der Insel lebt, hat das ehemalige Festhaus in eine Pension verwandelt. Wo sich einst der Tanzsaal befand, gibt es heute drei geräumige Zimmer. Sie sind hell getüncht und ausgestattet mit Heizung und massiven Holzbetten (gute Matratzen!); am schönsten ist das „Sonnen-

042eh Foto: gs

Skulptur aus dem Kernholz der Kiefer (Riesenkopf von Thomas Mehrländer)

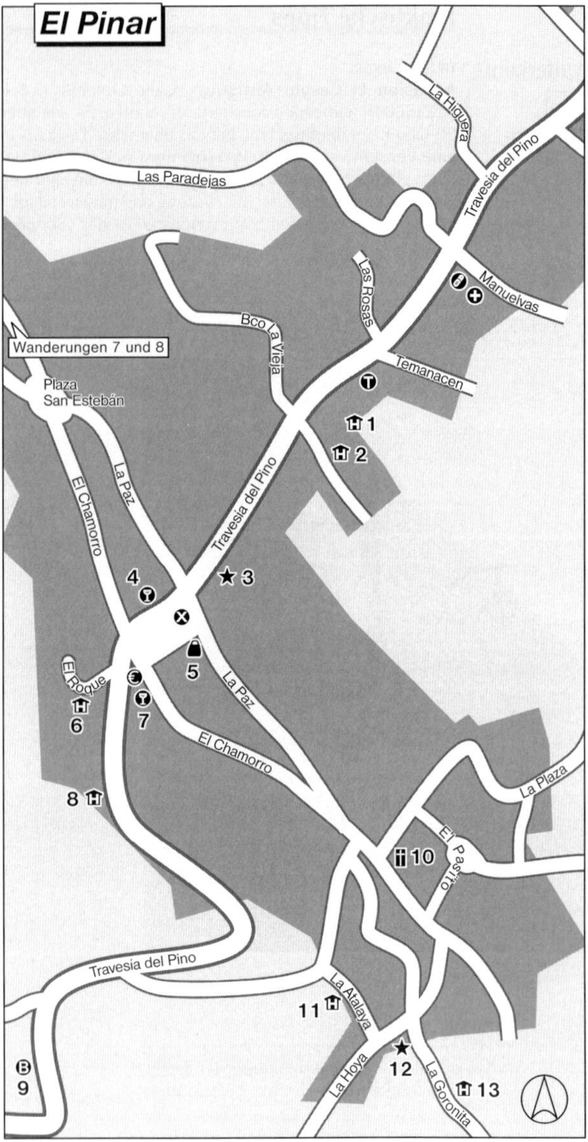
El Pinar
La Higuera
Travesía del Pino
Las Paradejas
Manuelvas
Las Rosas
Bco La Vieja
Wanderungen 7 und 8
Temanacen
Plaza San Estebán
1
2
El Chamorro
La Paz
Travesía del Pino
4
3
5
El Roque
6
7
La Paz
El Chamorro
La Plaza
8
El Pasito
10
Travesía del Pino
La Atalaya
11
9
12
La Hoya
La Goronita
13

SEHENSWERTES			ESSEN UND TRINKEN		
★	3	La Artesana de Lana		4	Bar El Mentidero
	10	Iglesia de San Antonio Abad		7	Bar Chachi
★	12	Kunstatelier		8	El Tapería
UNTERKUNFT			**SONSTIGES**		
	1	Casa La Era		5	Supermarkt Terencio
	2	Casas Pajero Nicolás		9	Busbahnhof
	6	Casa El Roque			Gesundheitszentrum
	8	Hotel Pinar			Apotheke
	11	Casa Los Abuelos			Tankstelle
	13	Casa Antón			Bank
					Taxi

zimmer" (Nr. 1). Die Gäste teilen sich einen Aufenthaltsraum mit Bibliothek, Musikanlage und Teeküche, dazu ein rustikales Bad (Toilette und Dusche getrennt). Früher befand sich direkt neben dem Casino die Dorfbäckerei; Andrea hat diese Tradition wiederbelebt und versorgt nun alle Piñeros mit Vollkornbrot. Der Ofen von anno dazumal steht noch im Hof – wer will, kann um 4 Uhr morgens aufstehen und sich als Bäcker versuchen. Manchmal wird auch die höhlenartige Dorfbar geöffnet und es erklingt – vom antiquarischen Plattenspieler – Musik der 1960er bis 90er Jahre. Ab zwei Tagen Aufenthalt wird's billiger, bei längerem Aufenthalt kann über den Preis verhandelt werden.

In Taibique:

● **Hotel Pinar** €€, Calla Traviesa del Pino 64, Tel. 922558008, Fax 922550259, auch buchbar über Kreutzer. Das freundlich-familiäre Hotel an der Durchgangsstraße verfügt über 13 kleine, aber bequeme Zimmer mit Bad; am schönsten sind die vier Räume mit Balkon zur Straße, wobei jene im zweiten Stock (Nr. 21 und 22) den besten Blick auf den Ort bieten. Die nach hinten, zum Luftschacht gelegenen Zimmer sind etwas dunkel. Das Frühstück wird im Restaurant nebenan eingenommen, auf Wunsch gibt es frische, noch brutwarme Eier; auch Halbpension ist möglich. Der Besitzer, Señor Louis, vermietet ebenfalls Apartments in Restinga (Ap. Arenas Blancas).

● **Casa Caracol** €€, Calle El Chamorro 55, Tel./Fax 922558143, caracol_hoyer@yahoo.es. Die Töpferin Brigitte Hoyer vermietet an der Südflanke der Montaña Tanajara vier Apartments. Im Erdgeschoss gibt es zwei gemauerte Wohnungen mit je eigener Terrasse, einfach und gemütlich, im Holzhaus darüber zwei weitere, etwas kleinere

Apartments mit eigenem Balkon und noch besserem Blick über El Pinar. Die Eigentümerin wohnt gleich nebenan.

- **Casa Los Abuelos** €€, Calle La Atalaya 4, Mobiltel. 686919162, auch buchbar über Kreutzer. Hübsches altes Anwesen unterhalb der Durchgangsstraße. Señora Margarita, genannt *Gari*, hat im „Haus der Großeltern" zwei schmucke Apartments eingerichtet: Das größere bietet vier, das kleinere drei Personen Platz. Im gemeinsam genutzten Garten befindet sich ein Grill. Aus der hauseigenen Bodega erhalten die Gäste Biowein.
- **Casa El Roque** €€, Calle El Roque / Ecke Tanajara 1, Tel. 928200920. Das hundertjährige Landhaus im Ortszentrum, etwas abseits der Hauptstraße an der Südflanke des Tanajara, wurde aufwändig restauriert. Eingangs- und Wohnraum, die Küche und zwei Schlafzimmer sind behaglich mit Landhausmöbeln eingerichtet. Hinter dem Haus befindet sich ein großer, ummauerter Hof - windgeschützt, aber ohne Ausblick.
- **Casa Antón** €€, Calle Goronita 9, Tel. 922558165, auch buchbar über Kreutzer. Das Natursteinhaus am Südrand des Ortes ist mit mexikanischen Holzmöbeln gemütlich eingerichtet. Unten befinden sich Wohnraum, Küche und Bad, oben das große Schlafzimmer mit origineller Fensterfront - stehend schaut man über Wiesenhänge aufs Meer. Zum Haus gehören Terrasse, Garten und Grill. Nebenan befindet sich die Casa Maríal, die vorerst vom Besitzer selbst genutzt wird. Señora Ángeles, die sich um die Vermietung kümmert, wohnt nebenan (Calle Goronita 5).
- **Casa Las Monteras** €€, Carretera General a Restinga s/n, Tel. 922558165. Ein kleines Haus für zwei Personen 1 km unterhalb von Taibique an der Straße nach Restinga mit Blick über die Lavahänge des Südens bis zum Meer. Vermietet wird es im Auftrag der Besitzer von der freundlichen Señora Ángeles (s.o., Calle Goronita 5).
- **Casa La Era** €€, Calle Barranco La Vieja, buchbar über Kreutzer. Das Landhäuschen im Ortszentrum liegt knapp unterhalb der Hauptstraße und bietet drei Personen Platz. Die Wohnküche und die beiden Schlafzimmer sind rustikal eingerichtet; Pluspunkt des Hauses ist die große Terrasse, dazu Garten, Grill und alter Dreschplatz.
- **Casas Pajero Nicolás** €€, Calle Barranco La Vieja, buchbar über Jahn. Gleich neben Casa La Era: zwei freundlich eingerichtete Landhäuser für je 2–3 Personen mit Terrasse und kleinem Garten.
- **Casas Gavilán** €€, Camino La Mata 5, Tel. 922558395 oder 922558234. Der Dorfarzt José Carlos Galiván vermietet drei einzeln stehende Natursteinhäuser (am größten *La Cueva)* am oberen Dorfrand von Taibique, fast schon am Kiefernwald. Sie bieten Weitblick aufs Meer, sind geräumig und komfortabel (Waschmaschine, Radio, Fernseher).

Etwas außerhalb:

●**Finca El Matel** €€, Hoya del Gallego / El Pinar, Tel. 922551480, buchbar über Karin Pflieger (⇨S. 101). Dieses Haus für 2–4 Personen liegt auf 900 Metern Höhe in einem der schönsten Winkel von El Hierro. Es ist ideal für alle, die wildromantische Natur und völlige Abgeschiedenheit lieben: ringsum nur Natur, Vogelgezwitscher und Grillenzirpen! Die hundertjährige Finca schmiegt sich an die Flanke eines Berghangs und bietet Ausblick auf eine anmutig gewellte Landschaft mit Weinreben sowie Mandel- und Feigenbäumen. Etwas unterhalb ziehen die Passatwolken vorbei, im Hintergrund das Meer, deutlich erkennbar die Trennlinie zwischen wildem Atlantik und ruhigem *Mar de Calmas*. Das Haus, ein burgartiges Gehöft aus Naturstein, diente der Familie einst als Wohnort während der Sommerernte. Mit seiner Zisterne, den Waschtrögen und der Weinpresse ist es fast museumsreif. Die Inneneinrichtung ist einfach-rustikal; außer einer großen Wohnküche gibt es zwei Schlafzimmer (eines davon im „Turm") und zwei Bäder, dazu mehrere Terrassen. Solarenergie sorgt für Licht, alle anderen häuslichen Einrichtungen laufen über Gas. Señor Antonio, der Besitzer, versorgt die Gäste mit selbst gekeltertem Wein; in einer 300 m entfernten *cabaña* (Hütte) können Gäste mit Reiterfahrung zwei Vollblutaraber trainieren. Anfahrt: Aufgrund der Holperpiste im letzten Teilstück ist ein hoch angesetztes Fahrzeug oder Jeep ratsam. Vom Picknickplatz Hoya del Morcillo geht es auf einer Straße westwärts in Richtung Ermita de los Reyes; nach 1,5 km links in die holprige Piste abbiegen, dort nach 300 m links einschwenken; die ausgeschilderte Finca befindet sich 1 km weiter zur Linken.

Essen und Trinken

●**La Sabina** €/€€, Carretera General de las Casas 20, Las Casas, Tel. 922558058, tgl. außer Do ab 10 Uhr. Von außen gesichtslos, von innen mit rohen Kiefernholzstämmen gemütlich eingerichtet. Außer den obligatorischen Eintöpfen serviert José Antonio frisches Ziegen- und Zickleinfleisch, dazu Herreño-Wein vom Fass. Auch wer nur auf eine Schinken- oder Käse-Tapa vorbeikommt, ist willkommen.

●**El Tapería** €/€€, Calle Traviesa del Pino 64, Taibique, Tel. 922558008, tgl. außer Sa ab 9 Uhr. Neben dem Hotel Pinar bereiten Luis und Lorena deftige Hausmannskost zu: *rancho canario* (Eintopf mit Nudeln), *ropa vieja* (Kichererbsengericht), *filetes de atún* (Tunfischsteaks) und Bio-Fleisch. Gemütlicher als der dunkle Speisesaal ist der mit Korbstühlen ausgestattete Barraum.

●**El Mentidero** €, Calle Traviesa del Pino 50, Taibique, ab 6 Uhr. Gegenüber der Plaza befindet sich die älteste Inselbar, seit jeher beliebte „Klatsch- und Tratschecke" *(mentidero)*. Bei einem Bier oder einem Gläschen *vino de la pa-*

043eh Foto: gs

ta besprechen die Männer des Dorfs alle wichtigen Tagesereignisse, widmen sich stundenlang dem Karten- und Dominospiel. In der Vitrine stehen leckere Tapas, darunter Fisch mit Süßkartoffeln, Käse, Tintenfisch und *tortilla,* natürlich auch *higos*, die köstlichen Feigen der Insel.

- **Chachi** €, Calle Traviesa del Pino 61, tgl. außer Mi ab 9 Uhr. Beliebte Bar mit einem bescheidenen Angebot an Tapas. Oft gibt es hier *arepas* (gefüllte Teigtaschen), *albóndigas* (Hackfleischbällchen), *bocadillos* (belegte Brötchen) und *perros calientes* (Hot Dogs).

Einkaufen

- **Supermarkt:** Terencio, Calle La Paz 27, Taibique. Nicht nur Vollkornbrot aus der Dorfbäckerei bekommt man hier, sondern auch die köstlichen Marmeladen der Marke *La Reserva*, die von einem im Ort wohnenden französisch-britischen Paar hergestellt werden. Die frisch verarbeiteten Früchte stammen ausschließlich von der Insel, darunter Kirschen und Orangen, Papayas, Mangos und Ananas.

Vor den Toren des Dorfs: Jeden Abend werden die Schafe gemolken

• Markt: Mercado, Plaza de San Estebán, Taibique. Einmal in der Woche, meist montags, werden auf dem winzigen Platz im oberen Teil des Ortes Obst und Gemüse angeboten; donnerstags fährt der Wagen der Fischereikooperative durch El Pinar und verkauft frische Meeresfrüchte.

• Fleischwaren: Carnicería El Pinar, Carretera General de Las Casas 20, Las Casas. Die einzige Ökometzgerei der Kanaren wird engagiert von Señora Nancy geführt. Die hauseigenen Kühe und Schafe grasen auf den Weiden der Meseta Nisdafe und der Dehesa, zum Fressen bekommen sie Kraut und Gras, kein Gramm Mehl! Die Preise liegen nur unwesentlich über denen konventioneller Metzgereien, „weil wir sonst nichts verkaufen könnten" (O-Ton Nancy).

• Schreibwaren: Librería, Calle Traviesa del Pino 48. Falls jemanden während des Urlaubs die Schreib- oder Mallust packt, findet er in dem Laden gegenüber vom Platz alles Nötige.

Kultur

• Im **Kulturzentrum** (Calle Padrón Machín s/n) finden zuweilen Konzerte, Vorträge und Ausstellungen statt.

Nightlife

• La Tea, Carretera General 16 (Las Casas) ab 20 Uhr. In dem kleinen Pub trifft sich die Dorfjugend gern auf ein Bier. Wenn mal einheimische Bands wie *Maneras de vivir* auftreten, darf auch das Tanzbein geschwungen werden.

Feste

• 17. Januar: *Fiesta de San Antonio Abad.* Das Fest zu Ehren des Schutzpatrons von Taibique ist geprägt von der Vorfreude auf die Mandelblüte.

• 3. Mai: *Día de la Cruz.* Ein großes Kreuz *(cruz)* wird mit bunten Seidenbändern geschmückt und in einer festlichen Prozession durch den Ort getragen.

• 12. September: *Fiesta de Nuestra Señora de la Paz.* Wenn die Hirten von der Sommerweide zurückkehren, wird die Schutzpatronin mit Folklore, Gesang und Ringkampf geehrt. Im Kulturzentrum gibt es Ausstellungen und Konzerte.

Aktivitäten

• Wandern: In El Pinar starten gleich mehrere schöne Touren: Eine kleine Runde führt durch ein Tal mit Feigen- und Mandelbäumen (⇨Wanderung 7), eine größere durch Kiefernwald zum aussichtsreichen Gipfel des Mercadel (⇨Wanderung 8). Der Picknickplatz Hoya del Morcillo und die romantische Quelle Fuente Cruz de los Reyes sind Stationen auf dem Weg zum höchsten Inselgipfel (⇨Wanderung 9). Leicht zu erreichen sind auch die Startpunkte zu den Touren 10, 12, 13 und 17.

Hoya del Morcillo

Mitten im Kiefernwald, von majestätischen Bäumen gesäumt, liegt der **Picknick- und Campingplatz** Hoya del Morcillo. Wind rauscht durch die Kronen und vermischt sich mit dem unsteten Klopfen des *picapinos* (wörtl. Kanarenpicker) zu einer leisen Melodie. Die Nadeln der Bäume glänzen im Sonnenlicht, es riecht intensiv nach Harz.

In Hoya del Morcillo haben sich die Herreños all das geschaffen, was sie für einen gelungenen Ausflug benötigen: Holztische und -bänke, aus Lavastein gemauerte Grillöfen, Wasserstellen und Waschhäuschen. Es gibt ein Fußballfeld, eine Boule-Bahn, eine amphitheaterähnliche Ringkampfarena und für Kinder einen Abenteuerspielplatz mit knorrigen Holzskulpturen. Mit Pflöcken sind im Lavagrus die Konturen El Hierros abgesteckt, kleine Tafeln zeigen an, wo sich die wichtigsten Orte befinden.

Werktags ist Hoya del Morcillo fast menschenleer, nur Señor Damián, der Wächter und gute Geist des Ortes, sitzt in seinem rustikalen Info-Häuschen und gibt geduldig Auskunft über alle Wege im **Kiefernwald.** Doch zum Wochenende füllt sich der Platz mit Ausflüglern. Dann trifft man sich hier zum ausgiebigen Familienpicknick, zu Geburtstags- und Hochzeitsfeiern, manchmal auch zu einem Konzert oder einer politischen Kundgebung. Dabei fließt Herreño-Wein aus fünf Liter großen Plastikkaraffen und der Geruch von gegrilltem Fleisch lässt das Wasser im Mund zusammenlaufen ...

Anfahrt

- Kommt man von El Pinar, passiert man zunächst die Zufahrt zur *zona de acampada*, an einem auf dem Kopf stehenden Baum leicht zu erkennen. 300 m weiter befindet sich die zweite, zum Picknickplatz weisende Zufahrt.

Unterkunft

- **Zona de acampada,** Hoya del Morcillo, ganzjährig geöffnet. Auf dem bisher einzigen **Campingplatz** der Insel kann man im eigenen Zelt bzw. im Schlafsack kostenlos auf weichem Nadelstreu übernachten. Es gibt rustikale Waschräume, Duschen und Toiletten, dazu Grillöfen und Wasserstellen. Allerdings ist es nötig, sich schon vor dem geplanten Aufenthalt eine Genehmigung bei der Umweltbehörde in Valverde zu besorgen (Medio Ambiente, Calle Trinistas 1, Tel. 922550017, Fax 922550271, medioambiente@elhierro.org, Mo–Fr 8.30–14.30 Uhr). Das Erlaubnispapier ist anschließend Damián Quintero, dem Wächter im Info-Häuschen, auszuhändigen. Dieses befindet sich auf dem Gelände des Picknickplatzes und ist täglich von 10 bis 18 Uhr geöffnet.

Aktivitäten

- **Wandern:** Hoya del Morcillo ist Startpunkt der Tour auf den höchsten Inselgipfel (⇨Wanderung 9) und zugleich eine Station bei der großen Runde durch den Kiefernwald (⇨Wanderung 8).

Mirador de Jinama

Knapp drei Kilometer südwestlich von San Andrés zweigt die Zufahrt zum Mirador de Jinama ab. Nach 500 Metern erreicht man eine T-Gabelung mit Parkplatz: Zur Linken befindet sich unmittelbar an der Abbruchkante zum Golftal ein **überdachter Aussichtsplatz** (1230 m). Nebenan steht die Ermita de la Caridad, die „Kapelle zu Ehren der Barmherzigen Jungfrau". Sie ist nur am dritten Maisonntag geöffnet, wenn die Marienfigur in einer feierlichen Prozession nach San Andrés getragen wird.

Für alle Motorisierten lohnt ein **Abstecher über die Meseta de Nisdafe:** Die an der T-Gabelung nordwärts abgehende Asphaltpiste führt an fruchtbaren Weiden vorbei und mündet nach vier Kilometern bei Las Montañetas in die Nordstraße.

Aktivitäten

- **Wandern:** Am Mirador de Jinama endet der grandiose Aufstieg von La Frontera (⇨Wanderung 11). Langstreckenwanderer laufen von hier aus weiter zur Ermita Virgen de la Peña (⇨Wanderung 13), wo der Abstieg ins Golftal beginnt (⇨Wanderung 14-A): eine fast geschlossene Runde, die zu den schönsten, aber auch schwierigsten Touren El Hierros zählt. Wer sich mit einer kleinen Runde bescheiden will, startet am Mirador de Jinama zu einem Bummel auf der Hochebene Meseta de Nisdafe (⇨Wanderung 12).

Hoya de Fileba

El Hierros **größter Inselkrater** ist von der Höhenstraße leicht erreichbar. Vom Schild „Hoya de Fileba" geht man 100 Meter in Richtung La Frontera, verlässt am Beginn der Leitplanke die Straße und hält rechts auf einen Kiefernhain zu, wo ein Weg zum *Bailadero de las Brujas*, dem „Hexentanzplatz", hinaufführt. Nach wenigen Minuten steht man am Rande des Kraters: Er ist sehr weit und fast 100 Meter tief, nur an wenigen Stellen haben es Pflanzen geschafft, im Lavagrus Wurzeln zu schlagen. Glaubt man älteren Herreños, so haben sich hier früher die Hexen getroffen, um sich in Vollmondnächten ekstatisch auszutoben. Während der alle fünf Jahre stattfindenden Inselprozession tun es ihnen die *bailerines* gleich und geben am Kraterrand ein wildes Spektakel zum Besten.

044eh Foto: do

Raya de la Llanía

Die Straßengabelung Raya de la Llanía liegt in 1340 Metern Höhe und markiert die „Grenze" *(raya)*, an der bei der großen Inselprozession die Tänzer von El Pinar das Zepter an die von La Frontera abgeben. Eine hübsch angelegte **Quelle** bietet Erfrischung, selbst für durstige Vögel wurden Tröge aufgestellt.

Aktivitäten

- **Wandern:** Eine herrliche, anderthalbstündige Rundtour startet gegenüber der Wasserstelle und führt geradewegs in den Lorbeerwald (⇨Wanderung 10). Neben der Wasserstelle beginnt der Aufstieg zum Mirador del Golfo (auch *Mirador de Llanía* genannt): Durch einen Wald von Gagelbäumen erreicht man in zehn Minuten die mit dunkler Lavaasche bedeckte Abbruchkante des Kamms, wo ein Balkon eine weite Aussicht übers Golftal gewährt.

Cruz de los Reyes

Über die von Raya de la Llanía zum *Santuario de la Virgen de los Reyes* ausgeschilderte Asphaltpiste gelangt man in 3,2 Kilometern zum Cruz de los Reyes, dem **„Kreuz der Könige"** (1360 m). Auf der aschenen Ebene knapp unterhalb des höchsten Inselgipfels wurde ein Altar errichtet, an dem während der großen Inselprozession eine Messe zelebriert wird. Bei dem sich anschließenden Riesenpicknick wird das Beste aufgetischt, was die Herreños zu bieten haben (⇨Feste und Folklore).

Folgt man der kurz vorm Cruz de los Reyes südwärts abzweigenden Asphaltpiste, erreicht man nach 200 Metern die Fuente del Cruz de los Reyes, die wohl **romantischste Inselquelle.** An brunnenartigen Zisternen vorbei steigt man zur Wasserstelle hinab, die so dicht von den Kronen der Gagelbäume überdacht ist, dass kein Lichtstrahl auf den Boden durchdringt. Begierig schöpft man das Wasser aus einer moosbewachsenen Wand – ein verblichenes Holzschild mahnt die Besucher, mit dem kostbaren Nass, „das knapp ist und allen gehört", sparsam umzugehen.

Aktivitäten

- **Wandern:** Cruz de los Reyes ist Zwischenziel der Tour auf den 1502 Meter hohen Malpaso mit Panoramablick über die Insel (⇨Wanderung 9). Hin und zurück benötigt man eine Stunde.

Ermita de San Salvador

1,6 Kilometer westlich von Raya de la Llanía stößt man auf eine große Parkausbuchtung, von der ein breiter Weg in zehn Minuten steil zur Ermita de San Salvador hinaufführt. Die **Kapelle** ist in eine Höhle eingelassen, der Vorhof wurde ummauert und von Steinbänken gesäumt. Durch einen Sehschlitz in der massiven Kapellentür erhascht man einen Blick in den dunklen Innenraum, wo die Fi-

045eh Foto: gs

gur des Heiligen auf einer Sänfte ruht. Nur einmal im Jahr, am ersten Augustsonntag, wird sie zur Straße hinabgetragen, wo nach einer Messe die Fiesta steigt: Unter dem Klang von Trommeln und Kastagnetten wird gezecht und geschmaust, bevor pünktlich um 17 Uhr die Prozession nach La Frontera aufbricht. Dort darf der Heilige der Lichtmess-Maria einige Tage Gesellschaft leisten, bevor man ihn im Jeep in sein dunkles Gemach zurückbringt.

Hoya del Pino

6,6 Kilometer unterhalb der genannten Parkausbuchtung (Ermita de San Salvador) zweigt eine ausgeschilderte Asphaltpiste zum **Picknickplatz** Hoya del Pino ab. In einer weiten, baumbestandenen Senke stehen lange Tische und Bänke für herreñische Zechgelage; auch Grillöfen und Wasserstellen dürfen nicht fehlen.

Aktivitäten

- **Wandern:** Folgt man der Höhenstraße 900 Meter in Richtung La Frontera, zweigt westwärts ein als „Pista al Derrabado“ (940 m) ausgeschilderter Fahrweg ab. Er geleitet bequem durch Nebelwald und eröffnet hin und wieder spektakuläre Tiefblicke ins Golftal. Nach einer Stunde Gehzeit könnte man hinter einem Haus (Las Tablas) auf einem halbrechts abzweigenden Weg nach Sabinosa absteigen. Bleibt man auf der Hauptpiste, erreicht man nach weiteren 30 Minuten eine von Moos und Farn eingefasste Quelle (Fuente de Mancáfete): ein herrlich frischer, schattiger Flecken!

046eh Foto: do

Der sonnige
Süden

Überblick

Auch der vom Passat wenig beeinflusste Süden hält großartige Landschaftseindrücke bereit. Vom Kiefernwald neigen sich die Hänge zur Halbinsel Restinga, der **trockensten und wärmsten Inselregion.** Sie ist mit junger Lava bedeckt, die von

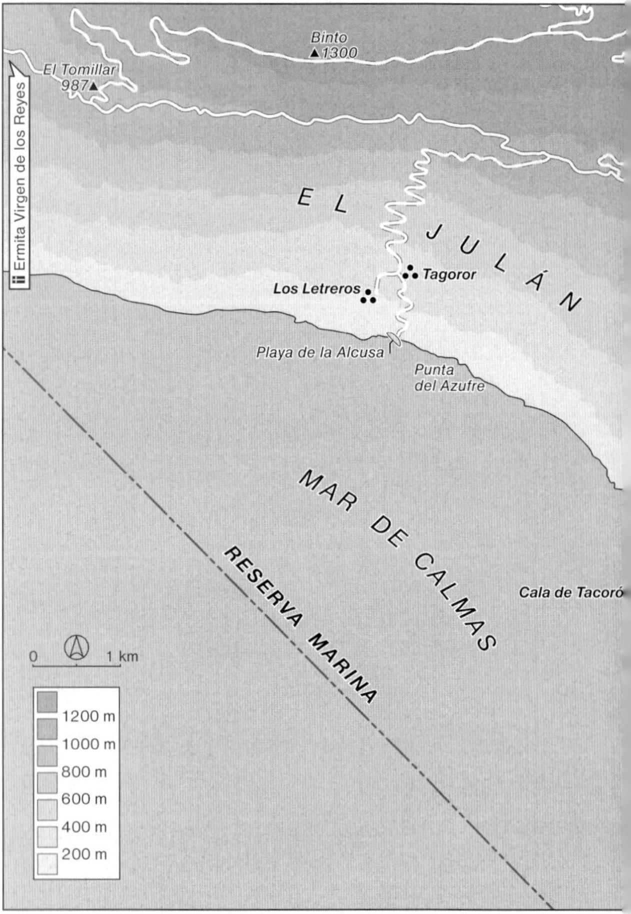

Pechschwarz bis Feuerrot leuchtet und in bizarren Strick- und Fladenformen erstarrt ist. *Los Lajiales* wird die Mondlandschaft genannt, die im **Mar de Calmas,** dem windgeschützten „Meer der Stille", ausklingt. Hier, nahe den besten Fanggründen der Kanaren, entstand der Fischerort La Restinga, der sich mit seinen vielen Apartments, mehreren Tauch-

047eh Foto: gs

schulen und einem Sandstrand zu einem kleinen Ferienzentrum entwickelt hat.

Über El Pinar und die einsamen Hänge von El Julán geht es in den Südwesten der Insel, der bis ins 19. Jahrhundert hinein das „Ende der Welt" markierte. Viele Pisten wurden zwischenzeitlich asphaltiert, so dass man bis zur Golfregion durchfahren kann. Dabei passiert man die Ermita Virgen de los Reyes, das spirituelle Zentrum der Insel, sowie den letzten noch erhaltenen kanarischen Wacholderbaumhain. Lohnenswert ist auch ein Abstecher zur Playa del Verodal, einem wildromantischen Badestrand am Fuß dunkler Klippen.

Seite 196/197: Lavawüste und „Meer der Stille"
Oben: Promenade in La Restinga

La Restinga

Kurzinfo La Restinga

- **Gesundheitsamt:** Consultorio, Casa del Mar, Tel. 922557129
- **Apotheke:** Botiquín de Farmacia, Ed. Arenas Blancas
- **Bankfiliale:** Calle Juan Gutiérrez Monteverde (geplant)
- **Bus:** morgens um 7 Uhr via El Pinar nach Valverde

Mit seiner Promenade, einem winzigen schwarzen Sandstrand und sonnig-warmem Wetter hat sich das Fischerdorf an der Südspitze El Hierros zum **beliebtesten Ferienort** der Insel entwickelt. Es gibt hier eine molengeschützte Hafenbucht mit bunten Booten und Kuttern, dazu eine Vielzahl von Unterkünften, mehrere Bars und Lokale. Gleich ein halbes Dutzend **Tauchschulen** hat sich in La Restinga etabliert, nahebei liegt das „Meer der Stille" mit den besten Tauchgründen der Kanaren. Was hier unter Wasser zu beobachten ist, übertrifft selbst die kühnsten Erwartungen von Profis. Die Riffs sind von Korallen und blühenden Seeanemonen bedeckt, man sieht Papageien- und Trompetenfische, Muränen, Teufelsrochen und Zackenbarsche. Im Oktober findet der Wettbewerb **Open Foto Sub** statt, der Tauchfotografen aus ganz Europa anlockt. Und auch Weltumsegler haben den Ort entdeckt. Sie schätzen die niedrigen Hafengebühren und versorgen sich in La Restinga mit Wasser und Proviant, bevor sie Kurs nehmen auf die „Neue Welt".

Süden

Geschichte

Man mag kaum glauben, dass La Restinga („die Sandbank") noch zu Beginn des 20. Jahrhunderts unbewohnt war, eine Lavawüste aus Bergen von Schotter und Gestein. Erst nach dem Spanischen Bürgerkrieg (1939) kamen die ersten Siedler: Es waren Gomeros, die auf dem Weg nach Übersee

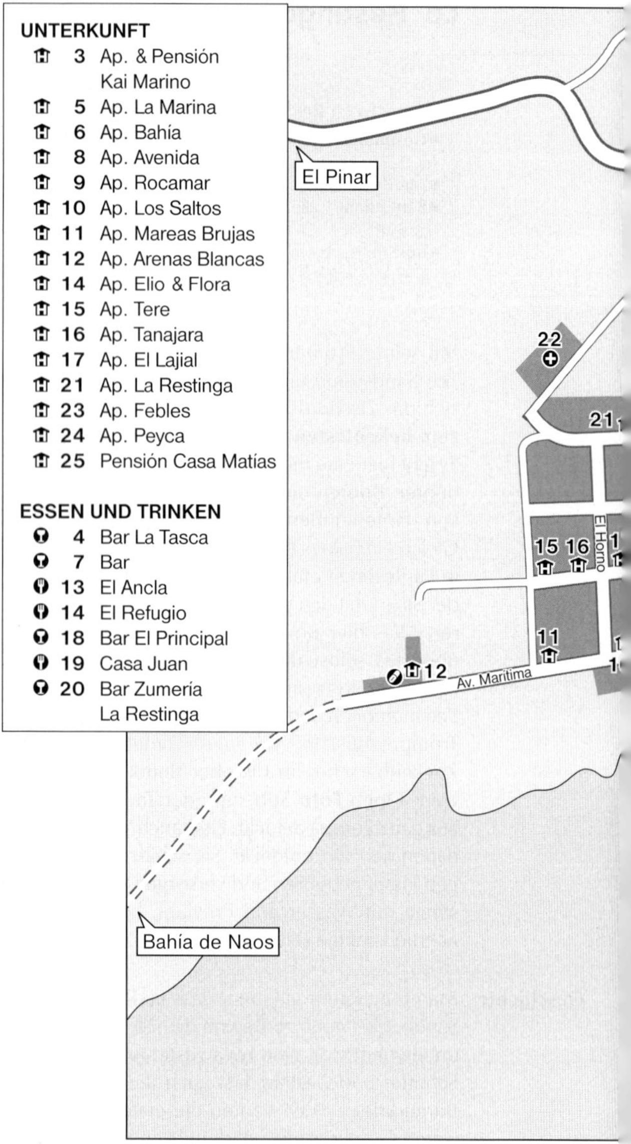
UNTERKUNFT
3 Ap. & Pensión Kai Marino
5 Ap. La Marina
6 Ap. Bahía
8 Ap. Avenida
9 Ap. Rocamar
10 Ap. Los Saltos
11 Ap. Mareas Brujas
12 Ap. Arenas Blancas
14 Ap. Elio & Flora
15 Ap. Tere
16 Ap. Tanajara
17 Ap. El Lajial
21 Ap. La Restinga
23 Ap. Febles
24 Ap. Peyca
25 Pensión Casa Matías
ESSEN UND TRINKEN
4 Bar La Tasca
7 Bar
13 El Ancla
14 El Refugio
18 Bar El Principal
19 Casa Juan
20 Bar Zumería La Restinga
El Pinar
22
21
El Horno
15
16
11
12
Av. Marítima
Bahía de Naos

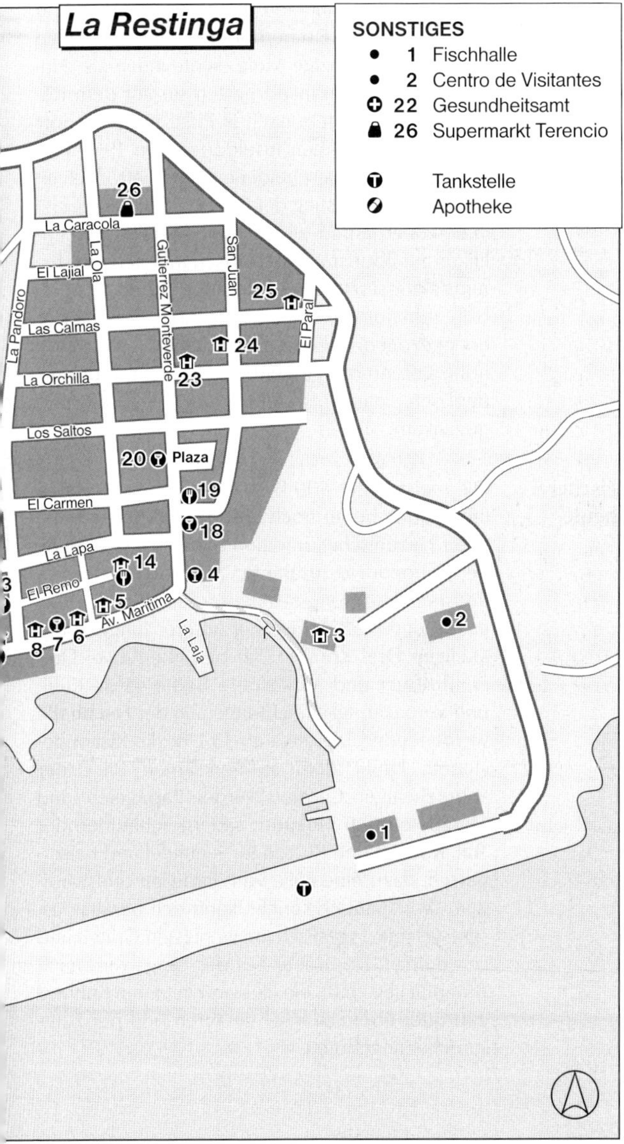
La Restinga
SONSTIGES
1 Fischhalle
2 Centro de Visitantes
22 Gesundheitsamt
26 Supermarkt Terencio
Tankstelle
Apotheke
La Caracola
El Lajial
Las Calmas
La Orchilla
Los Saltos
El Carmen
La Lapa
El Remo
Av. Marítima
La Laja
La Pandoro
La Ola
Gutierrez Monteverde
San Juan
El Paral
Plaza
26
25
24
23
20
19
18
14
5
4
3
6
7
8
1
2

Süden

in La Restinga strandeten. Sie lebten in Hütten und deponierten ihre Fischerboote in nahe gelegenen Höhlen, eine winzige Mole diente ihnen als „Hafen". Den Fang transportierten sie auf dem Rücken von Mauleseln nach El Pinar und von dort weiter in die übrigen Inseldörfer. Um 1960 entstand eine erste bescheidene Unterkunft, doch einen stärkeren Anstieg der Gästezahlen gab es erst in den 80er Jahren, als vor allem sozialistische Politiker auf Tourismus als wirtschaftlichen Wachstumsfaktor setzten. In La Restinga wurden damals billig-funktionale, vierstöckige Apartmenthäuser hochgezogen; außerdem wurde eine acht Meter hohe Betonmole geschaffen, die dem Bedürfnis der Fischer nach besserem Schutz ihrer Boote entgegenkam.

Fischerei heute

Die meisten der 500 Bewohner von La Restinga leben auch heute noch von der Fischerei. Nach guter herreñischer Tradition haben sie sich zu einer Kooperative zusammengeschlossen, der *Cofradía de Pescadores de Nuestra Señora de los Reyes* (Bruderschaft der Fischer unserer Jungfrau der Heiligen Drei Könige). Sie betreiben zwei Dutzend Kutter und 35 kleinere Boote sowie Kühl- und Verpackungseinrichtungen. In der **Fischhalle** werden jeden Tag etwa ab 15 Uhr die Kisten gestapelt: Unter dem aufmerksamen Blick der Schutzheiligen Carmen werden Papageien- und Trompetenfisch verkauft, silbern schimmernder Tun, Rochen und Rotzunge, Seeteufel und Kaiserbarsch, dazu eine Fülle von Sardellen und Sardinen. Wer spanisch spricht, kann sich beraten lassen, welcher Tagesfisch am wenigsten Gräten und Fett enthält. Ein großer Teil des Fangs wird nach Teneriffa verschifft, ein kleinerer in einem Kühlwagen quer über die Insel gefahren und per Lautsprecher angeboten.

Schutz-zone

Wo nicht jeder des Nächsten Konkurrent ist, lassen sich Umweltschutzmaßnahmen leichter durchsetzen. Damit sich die überfischten Gewässer erholen können, haben sich die Fischer von La Restinga Selbstbeschränkung verordnet. So haben sie sich dafür eingesetzt, dass das Meer vor der Südküste El Hierros zum **maritimen Naturschutzgebiet** erklärt wird. Die *Reserva Marina* reicht 21 Kilometer vom Faro de Orchilla bis zur Punta de la Restinga und umschließt eine 750 Hektar große Wasserfläche, in der nur beschränkt gefischt und getaucht werden darf. In der Kernzone vom Roque de Naos bis zur Playa de la Herradura, der so genannten *Reserva Integral*, ist sogar jede Aktivität untersagt.

Besucher-zentrum

Ein Besucherzentrum im Hafen informiert über **Meeresflora und -fauna,** ein eigens angestellter Biologe erforscht die speziellen Bedingungen dieses Küstenstrichs.

• **Centro de Visitantes Reserva Marina,** Explanada del Muelle s/n, Mo–Fr 9–14 Uhr

Unterkunft

Mit Ausnahme der Pension Kai Marino befinden sich alle Unterkünfte in neuen, schnell hochgezogenen Häusern, die zwar kein besonderes Ambiente bieten, aber mit 20–36 € pro Apartment nicht teuer und in der Regel akzeptabel ausgestattet sind. Man hat die Wahl zwischen Apartments an der Promenade mit Meerblick sowie Unterkünften in den hinteren Reihen.

An der Promenade:

• **Ap. & Pensión Kai Marino** €, Punta La Restinga, Tel./Fax 922557034. Das „südlichste Haus Europas" entstand 1960 direkt vor dem kleinen Hafenstrand. Ein Hamburger Ehepaar machte daraus eine Pension und bewirtete die wenigen Gäste, die sich in jener Zeit nach El Hierro verirrten. Heute wird das Haus locker-familiär von ihrem Sohn Kai Marino geführt, der mit richtigem Namen Fiesenig Koenitz heißt und als erfolgreicher Lucha-Canaria-Kämpfer die Sympathien aller Herreños errang. Seit einiger Zeit spielt er mit dem Gedanken, das Haus zu verkaufen. Bis es freilich so weit ist, stehen zur Wahl: sieben Pensionszimmer mit Bad und ein billigerer Raum mit Waschbecken, drei Apartments (zwei davon mit Fernblick im Turm) und eine *casita* (Häuschen) am Rande der Anlage. Sehr beliebt sind die gemeinsame Liegeterrasse über dem Meer und der Innenhof mit Sitzecken.

●**Ap. La Marina** €€, Av. Marítima 8/10, Tel. 922559016, Fax 922559401. Dies ist die komfortabelste Unterkunft vor Ort: zwölf geräumige, picobello saubere Apartments unmittelbar an der Promenade. Besonders gemütlich sind die drei Wohnungen im *ático* (Obergeschoss) mit je zwei Schlafzimmern und Wohnküche unterm abgeschrägtem Dach sowie großer Terrasse mit Meerblick.

●**Ap. Bahía** €, Av. Marítima 12, Tel. 922557070. Empfehlenswert sind die beiden renovierten, zum Meer hin gelegenen Apartments im 1. und 2. Stock.

●**Ap. Avenida** €, Av. Marítima 18, Tel. 922557125. Paulino und Christine vermieten im Dachgeschoss ihres Hauses ein gepflegtes Apartment mit Terrasse und Meerblick.

●**Ap. Rocamar** €€, Av. Marítima 20, Tel./Fax 922557083, Infos auch bei Elena an der Hauptstraße Calle Gutiérrez Monteverde 38. Modernes Apartmenthaus an der Promenade. Sechs Apartments mit je zwei Schlafzimmern, Wohnküche, Balkon und spanischem TV. Auch hier haben die Wohnungen im Obergeschoss den besten Blick.

●**Ap. Los Saltos** €, Av. Marítima / El Horno 11, Tel. 922557110. Schlichte Apartments an der Promenade, einige verfügen über zwei Schlafzimmer mit Balkon und Meerblick.

●**Ap. Mareas Brujas** €€, Av. Marítima 24, Tel./Fax 922557141. „Verhextes Meer" lautet der Name für die drei modernen Wohneinheiten an der Promenade. Besonders begehrt sind die beiden Studios im Obergeschoss mit großer Terrasse und tollem Blick aufs Meer.

●**Ap. Arenas Blancas** €€, Av. Marítima s/n, Infos im Restaurant El Ancla und im Hotel von El Pinar. Am westlichen Ortsrand steht dieser klotzige, dreigeschossige Bau im Resort-Stil, der auf El Hierro deplatziert wirkt. Rings um einen nicht begrünten Pool gruppieren sich geräumige Komfortapartments mit ein bzw. zwei Schlafzimmern, Sat-TV, großen Terrassen und Meerblick. Außer einem Souvenirshop ist die Ladenzeile im Erdgeschoss noch verwaist.

In zweiter Reihe:

●**Ap. Elio & Flora** €, Calle La Lapa 2, Tel./Fax 922557029. Die Besitzer des Restaurants El Refugio vermieten direkt neben ihrem Restaurant mehrere einfache Apartments.

●**Ap. El Lajial** €€, Calle El Horno 7 / Ecke La Lapa, Tel. 922558290. Haus in zweiter Strandreihe mit geräumigen, funktionalen Apartments.

●**Ap. Tanajara** €/€€, Calle La Lapa 12, Tel. 922557099. Moderner Eckbau mit sauberen Apartments, aber ohne Meerblick.

●**Ap. Tere** €€, Calle La Lapa 16, Tel. 922557161. Sechs noch relativ neue Apartments für bis zu vier Personen.

Weiter oben im Ort:

- **Ap. La Restinga** €, Calle Los Saltos 16, Tel. 922558170. Wohnblock in dritter Strandreihe: Einige Apartments liegen zur Nebenstraße, andere haben entfernten Meerblick. Geeignet für 2–6 Personen.
- **Ap. Peyca** €€, Calle San Juan 10, Tel. 922557021. Apartments ohne Balkon für 2–4 Personen in einem viergeschossigen, grau verputzten Bau abseits vom Meer.
- **Ap. Febles** €€, Calle La Orchilla 2, Tel. 922557042. Verklinkerter, abweisender Bau in fünfter Strandreihe. Die Apartments sind in Ordnung, jeweils für max. vier Personen eingerichtet.
- **Pensión Casa Matías** €/€€, Calle El Parral / Ecke Las Calmas, Tel. 922557019. Señora Eloisa Padrón Pérez vermietet drei Zimmer mit Gemeinschaftsküche im Erdgeschoss sowie ein großes, teureres Apartment mit zwei Schlafzimmern und Terrasse im Dachgeschoss.

Essen und Trinken

- **El Ancla** €€, Calle El Rancho s/n, Tel. 922557063, tgl. außer Di ab 9.30 Uhr. In mediterranem Blau-Gelb gehaltenes Lokal mit langer Bar und blank geputzten Holztischen. Außer Tagesfisch serviert Señor Máximo seit vielen Jahren eine vorzügliche *paella de mariscos* (Meeresfrüchte-Paella), auch *arroz caldoso con langostinos* („feuchtere" Paella mit großen Garnelen) und üppige Fischsuppe. Fleischfreunde finden Schweine- und Rinderfilet mit verschiedenen Soßen.
- **El Refugio** €€, Calle La Lapa 1, Tel. 922557029, tgl. außer Mo 13–16 und 19–22 Uhr, im Februar geschlossen. Das Lokal liegt etwas abseits in zweiter Strandreihe, ein plappernder Papagei und ein frei umherstaksender Rabe, der unaufgefordert *corre corre* (lauf, lauf!) krächzt, weisen den Weg. Der Vater fährt zur See und bringt frischen Fisch, die Mutter steht in der Küche; im Lokal sorgen Manolo und seine Geschwister für schnellen Service und gute Stimmung. Man lässt sich an langen Holztischen unter zwei ausgestopften Schwertfischen nieder, bestellt *camarones* (mittelgroße Garnelen) oder *lapas* (Napfschnecken). Am beliebtesten ist *pescado a la plancha*, auf heißer Platte gebratener Tagesfisch.
- **Casa Juan** €€, Calle Juan Gutiérrez Monteverde 23, Tel. 922557102, tgl. außer Mi ab 7 Uhr. Traditionsreiches Lokal an der zum Meer hinabführenden Hauptstraße. In zwei dunklen Räumen werden frische Meeresfrüchte serviert, darunter auch eine vorzügliche *sopa de lapas* (Napfschneckensuppe). Dazu trinkt man *vino de pata*, der von den Südhängen El Hierros stammt. Ein Ananas-Dessert beschließt das Mahl.
- **Bar** €, Avenida Marítima 14, tgl. außer Do ab 8 Uhr. Die vorerst namenlose Bar ist der wichtigste Treffpunkt im Ort. Besonders beliebt ist die Terrasse an der Promenade, wo

man zum Getränk diverse Tapas isst, gern auch Tortilla und Tintenfisch.

● **Bar La Tasca** €, Calle Juan Gutiérrez Monteverde 45 / Ecke Varadero, Tel. 922557076, tgl. 10–15 und 18–23 Uhr. Die Bar des Tauchprofis Francisco Armas ist mit Unterwasserfotos tapeziert. Man sitzt auf Holzschemeln, isst zum Frühstück belegte Brötchen, später *arepas* und *empanadas* (gefüllte Teigtaschen).

● **Bar El Principal** €, Calle Juan Gutiérrez Monteverde 25. Hier treffen sich die Männer des Ortes zu Fußballübertragungen und genehmigen sich ein Gläschen Wein.

● **Bar Zumería La Restinga** €, Calle Juan Gutiérrez Monteverde 32, Tel. 922557140, tgl. ab 9 Uhr. Der „Saftladen" an der Hauptstraße La Restingas wird von Dulce freundlich geleitet. Je nach Jahreszeit gibt es außer O-Saft auch frische Papaya-, Bananen- und Avocado-Shakes, das ganze Jahr über werden aus gefrorenen Früchten weitere Säfte zubereitet. Außerdem kleine Tagesgerichte, z.B. *calamares en salsa de almendras* (Tintenfisch in Mandelsoße).

Einkaufen

Meist freitags findet auf der Promenadenmole La Laja ein kleiner **Obst- und Gemüsemarkt** statt, frischen Fisch gibt's täglich ab ca. 15 Uhr in der **Fischhalle** der Kooperative. Im großen **Supermarkt** Terencio (Calle La Caracola 12) findet man alles, was man sonst zum Leben braucht. Wer angeln will, entdeckt im **Souvenirshop** an der Hauptstraße entsprechendes Gerät.

Nightlife

Nur in der **Bar an der Promenade** ist etwas los, auch dies freilich nur am Wochenende. Man trifft sich an der Theke auf ein Bier oder ein Gläschen Wein, noch beliebter ist das große Barfenster, von dem man das Treiben auf der Straße beobachten kann.

Tauchen

Nahe La Restinga liegen zwei Dutzend Spots, die zu den besten der Kanaren zählen – da verwundert es nicht, dass sich vor Ort gleich mehrere Tauchbasen etabliert haben. Unmittelbar an La Restinga grenzt das 750 Hektar große maritime **Naturschutzgebiet Mar de Calmas** mit strömungsarmem, ganzjährig mindestens 18°C warmem Wasser. Dort sieht man Teufels-Mantas, Kugelfische und Barrakudas, hin und wieder auch Meeresschildkröten, (harmlose) Hammerhaie und kleinere Wale. Die Küstenplattform ist sehr abwechslungsreich und von Tunneln, Torbögen und Höhlen durchzogen. Ein Tauchspot befindet sich unmittelbar vor der Haustür: Von der Hafenmole steigt man – meist nachts – über Treppen ins Wasser hinab und bewundert nur wenige Meter unterm Meeresspiegel Kugel- und Echsenfische, an einer Steilstufe 30 Meter weiter draußen auch Sandaale und die seltene *alicia mirabilis*.

048eh Foto: gs

●**Fun Diving Hierro,** Calle El Varadero 4, Tel./Fax 922557085, www.el-hierro-tauchen.de. In erster Küstenreihe, doch etwas versteckt hinter der Pension Kai Marino betreibt ein österreichisch-deutsches Gespann eine Tauchbasis. Günter und Jutta verfügen über großzügige, moderne Räumlichkeiten; im „Café" werden nach jeder Tauch-Session alle wichtigen Erlebnisse besprochen. Pluspunkt der Schule: Die Tauchgruppen sind klein, max. sechs Personen nehmen an einer Exkursion teil. Auf Wunsch wird die gesamte Reise inkl. Flug, Mietwagen und Unterkunft organisiert; wer will, kann auch im hauseigenen Apartment €€ über der Tauchbasis wohnen.

●**aquaScuba El Submarino,** Av. Marítima 2, Tel. 902480400, Fax 902480401, www.aquascubacanarias.com. Ableger einer professionellen Tauchschule auf Teneriffa direkt an der Promenade. Getaucht wird nicht nur rings um die Reserva Marina, sondern auch am Leuchtturm Faro de Orchilla, im Golftal und vor den Roques de Salmor. Die Schule verfügt über das größte Boot aller Anbieter und zwei (englischsprachige) Tauchlehrer, Sicherheit wird groß geschrieben.

Taucher auf dem Weg zum Spot

084eh Foto: do

•**Centro de Buceo Meridiano Cero,** Calle Gutiérrez Monteverde 40, Tel. 922557076, Fax 922557159, meridiano cero@terra.es. Alteingesessene Tauchbasis an der Hauptstraße von La Restinga, geführt von Paco alias Francisco Armas Montero.

Die Hafeneinfahrt von La Restinga

Süden

●**Centro de Buceo El Hierro,** Av. Marítima 16 & El Remo 10, Mobiltel. 609-261838. Spanische, zu Beginn der 80er Jahre gegründete Tauchschule: Schnuppertauchen, Anfänger- und Fortgeschrittenenkurse, Nachtexkursionen.
●**El Tamboril,** Calle Las Calmas 17, Tel./Fax 922557184, eltamboril@cip.es. Diese Tauchschule liegt etwas abseits in dritter Strandreihe in einer umfunktionierten Garage und

Weder Abschussrampe noch Radar – El Hierro macht mobil

„Nein", so heißt die einhellige Antwort der Herreños, „auch die Abschussanlage für Satelliten wollen wir nicht!" Doch das **spanische Verteidigungsministerium** und das **nationale Institut für Weltraumtechnik** zeigen sich von allen Demonstrationen und Protesten unbeeindruckt. Von den Ebenen Hoya del Tacorón oder der Punta del Barbudo sollen schon bald **Satelliten ins Weltall** befördert werden – in Zeiten der Telekommunikation verspricht man sich davon satte Gewinne. Auch die Raumfahrtingenieure der US-Firma Bechtel sind von der Insel begeistert: Von ihr, heißt es, könnten polare wie auch äquatoriale Umlaufbahnen optimal angesteuert werden.

Die spanische Regierung versucht schon seit Jahren, die Herreños von den Vorteilen des Projekts zu überzeugen: Sie stellen eine perfekte Infrastruktur in Aussicht – mit erweiterten Straßen, **modernem Fähr- und Flughafen** sowie hochqualifizierten Arbeitsplätzen. Außerdem würde El Hierro in der ganzen Welt bekannt, was Touristen auf die Insel brächte und Kapitalströme dazu.

Doch die meisten Bewohner sehen das anders. Sie verweisen auf die mit dem Projekt verknüpften **Risiken** und zitieren gleichfalls aus der Bechtel-Studie: „Bei durchschnittlich jedem 25. Start", heißt es da, „kann eine Situation auftreten, die Personen gefährdet." So wird beispielsweise empfohlen, bei Starts in Richtung Osten die Orte Taibique und Las Casas vorübergehend zu **evakuieren.** Und beim Transport der Satellitenfracht vom Fähr- oder Flughafen zur Abschussrampe sollten die Inselbewohner längs der Strecke aufgefordert werden, ihr **Haus nicht zu verlassen.**

Die Maßstäbe der High Security machen den Herreños Angst. Alles, wofür sie sich bisher eingesetzt haben, ökologische Landwirtschaft und sanfter Tourismus, scheint gefährdet. Auch befürchten sie, die Triebwerke der Raketen könnten mit ihren **Abgasen** Luft und Wasser und damit auch die Lebensmittel vergiften. Ganz zu schweigen von den weitergehenden Konsequenzen: Gäbe es auf El Hierro eine Abschussrampe und vielleicht gar eine **Radaranlage auf dem Malpaso** (auch sie ist schon seit Jahren geplant!), so würde die Insel auf den Militärkarten der ganzen Welt als **wichtiges strategisches Ziel** verzeichnet und im Konfliktfall angegriffen.

Raketen über der Insel: Welcher Tourist hätte angesichts solcher Perspektiven noch Lust, nach El Hierro zu reisen und dort Urlaub zu machen?

bietet neben den traditionellen Tauchgängen auch eine weltliche „Unterwassertaufe" an: in La Restinga, La Caleta, Tamaduste und Puerto Estaca. Für Profis werden Ausflüge zu den Roques de Salmor organisiert.

Wandern

Vor ca. 4000 Jahren bahnte sich brodelndes Magma seinen Weg aus dem Innern der Erde und gelangte in die Vulkanschlote. Mit ungeheurer Wucht ist das flüssige Gestein nach oben geschossen, hat die Berge gesprengt und sich flächendeckend über die Südspitze der Insel ergossen. Die an der Oberfläche fließenden Ströme erkalteten und verfestigten sich rasch, während sich unter ihnen glühende Lavaströme weiterwälzten und erst im Meer erstarrten.

Es lohnt sich, die **bizarre Lavalandschaft** rings um La Restinga auf Wanderungen zu erkunden. Zwei kurze Touren bieten sich an: Die erste führt an der Küste entlang, die zweite ins Landesinnere.

- **Kolumbusbucht:** Für einen Spaziergang zur Kolumbusbucht benötigt man knapp 45 Minuten. Man folgt der Av. Marítima westwärts, geht am Apartmenthaus Arenas Blancas vorbei und auf Piste (später Weg) parallel zur Küste. Unaufhörlich weht der Wind feinen Kalksand heran, dessen Weiß mit den schwarzen Felsbrocken kontrastriert. Bald darauf passiert man Lavafelder mit wurzelartig verflochtenen Strängen, später eine von Magma übergossene Geländeterrasse und einen höhlenartigen Felsbogen mit vermeintlichen *concheros*, Muschelhaufen aus prähispanischer Zeit. Vom Ende des Lavakaps blickt man in die **Bahía de Naos** hinab: Mit zwölf Karavellen und drei kleineren Schiffen ankerte hier *Kolumbus* (1493), bevor er zu seiner zweiten Fahrt in die Neue Welt aufbrach. Man kann in die Bucht hinabklettern und sich auf ihren Felsplatten sonnen – FKK ist erlaubt!
- **Cueva de Don Justo:** Oberhalb von La Restinga befindet sich die Höhle Don Justo. Sie entstand, als bei Vulkaneruptionen der Magmanachschub verebbte und die letzten „Nachzügler" in den Atlantik flossen – zurück blieben entleerte Lavagänge, die heute **einen der größten Lavastollen der Welt** bilden. Zwar darf man ihn auf eigene Faust nicht erkunden, doch immerhin kann man, mit Taschenlampe ausgerüstet, einen Blick in seinen dunklen Schlund werfen. Ansonsten ist man auf einen ortskundigen Führer angewiesen (Infos beim Anbieter Sanjora bzw. im Tourismusbüro von Valverde).

Bisher sind nur sechs Kilometer des Lavastollens erforscht. Er ist so niedrig, dass man sich nur gebückt fortbewegen kann, teilweise auch in mehrgeschossigen Galerien angeordnet, die dicht an die Erdoberfläche heranführen. Anfahrt: Vom Ortsausgang La Restingas folgt man der Straße Richtung El Pinar. Nach 1,4 Kilometern, hinter einer markanten Rechtskurve, öffnet sich der Blick auf den vor

050eh Foto: gs

uns aufragenden rötlichen Kegel der Montaña de Prim. 600 Meter weiter, fast am Fuße des Vulkans, sieht man links der Straße eine Ausbuchtung, wo ein Wagen abgestellt werden kann. Der Eingang zur Höhle befindet sich nur 50 Meter von der Straße entfernt, doch erkennt man ihn erst, wenn man unmittelbar vor ihm steht. Am besten wendet man sich von der Parkausbuchtung nach links (westwärts) auf eine kleine, von Calcosa-Pflanzen eingerahmte Erhebung zu. Auf der von der Straße nicht einsehbaren Seite befindet sich der Eingang zur Höhle – die „Unterwelt" beginnt gleich hinterm Gitter.

Eingang zur Cueva de Don Justo

Aktivitäten

- **Angeln & Hochseeangeln:** Wer Angelgerät im Souvenirshop der Hauptstraße erstanden hat und über eine Lizenz verfügt (⇨Reisetipps A–Z: Sport und Erholung), kann sein Glück an der kleinen Mole oder einer der vielen niedrigen Klippen versuchen. Wer „Großes" fangen will, erkundige sich bei der Cofradía im Hafenbüro, ob es möglich ist, Fischer bei ihrer morgendlichen Ausfahrt zu begleiten.
- **Segeln:** Puerto de la Restinga, Tel. 922557081. Im Hafen von La Restinga (28°37,5 N / 17°59,5 W) dürfen Segelboote mit maximalem Tiefgang von fünf Metern und einer Länge von 20 Metern anlegen. Es gibt eine Tankstelle sowie, falls größere Reparaturen nötig sein sollten, eine Hebeanlage. Segler können sich mit Wasser eindecken, auch stehen Duschen und Toiletten für sie bereit.

Feste

- **16. Juli:** *Fiesta del Carmen.* Zu Ehren der **Schutzheiligen der Fischer** findet in La Restinga eine feierliche Schiffsprozession statt. Carmen verlässt die Hafenhalle, unter dem Beifall der Herreños wird sie auf ein herausgeputztes Boot verladen und aufs Meer hinausgefahren.
- **Oktober:** *Open Foto Sub* (renommierter Foto-Wettbewerb). Jedes Tauchpaar erhält vier Diafilme und muss an vier verschiedenen Spots in die Tiefe; wer die schönsten Bilder schießt, erhält den begehrten Preis (weitere Infos unter www.openfotosub.com).

Cala de Tacorón

Wer abgelegene Badebuchten liebt, fährt zur Cala de Tacorón. Dieser herrliche Ort am Fuß rötlich schimmernder Steilklippen wurde von heißer Lava geschaffen, die im Meer zu Felsarmen erstarrte. In weitem Bogen greifen diese aus und bilden so eine **fast geschlossene Naturbucht,** die bei ruhiger See zum Schwimmen einlädt. Anschließend kann man sich auf glatten Steinflächen sonnen, während nur wenige Meter entfernt Wellen anbranden.

Von der Straße La Restinga – El Pinar biegt man nach 4,8 Kilometern in das mit „Tacorón" ausgeschilderte Asphaltsträßchen ein. Es führt über jungvulkanisches, aufgebrochenes Gestein und an ominösen „privaten Fincas" vorbei; zuletzt schraubt es sich in engen Serpentinen zur Küste hinab. Nach gut vier Kilometern ist die Bucht erreicht. Man passiert die palmwedelgedeckte Terrasse des

Restaurants und geht über Stufen zum **Picknickplatz** (mit Feuerstellen und Trinkwasser) hinab. Die vielen Katzen, die sich hier tummeln, können - so scheint's - von der Hinterlassenschaft der Ausflügler gut leben. Der beste Einstieg zum **Naturschwimmbecken** führt rechts am Picknickplatz vorbei. Über Eisenleitern steigt man ins klare Wasser und staunt über die vielen Fische. Als wüssten sie, dass sie im *Mar de Calmas* in Ruhe gelassen werden, nähern sie sich furchtlos dem Schwimmer.

Essen und Trinken

- **Puesta del Sol** €, Cala de Tacorón, im Winter unregelmäßig geöffnet, sonst tgl. außer Mo 14–20 Uhr. Dies ist eines der schönsten Restaurants der Insel: Man sitzt auf einer Terrasse direkt über der Bucht unter einem Dach aus Palmwedeln – wie der Name andeutet, besonders schön bei Sonnenuntergang. Aufgetischt werden Pizza, Pasta und Salat, alles lecker zubereitet und in großzügigen Portionen.

Erfrischendes Bad in der Dämmerung – an der Cala de Tacorón

Wandern

●**Teufelshöhle** *(Cueva del diablo)* nennen die Herreños den gewaltigen **Felsüberhang** südöstlich von Tacorón, der nachmittags bei Sonnenschein knallrot aufleuchtet und nur in einem schwierigen, 20-minütigen Fußmarsch erreichbar ist. Bitte nur bei ruhiger See und möglichst bei Ebbe starten! Bei starkem Wind droht an der Steilwand Steinschlaggefahr. Auch ist festes Schuhwerk nötig, da der Steig teilweise abgerutscht ist.

50 Meter vor dem Terrassenlokal, gegenüber vom Parkplatz, folgt man dem hölzernen Wegweiser in Richtung „Cueva del diablo". Der gut sichtbare Weg führt am (zweiten) Picknickplatz vorbei, dann über Lavaschlacke an den Fuß der Klippen heran, wo eine Tafel vor Steinschlag warnt. Fortan führt der Steig dicht an der Steilwand entlang, an einigen Stellen ist es nötig, sich auf allen Vieren zu bewegen. Nach 20 Minuten ist der Eingang zur Teufelshöhle erreicht: Durch eine weite Öffnung klettert man in ihren Schlund und fühlt sich in Seemannsgeschichten à la „Schatzinsel" versetzt. Oft hat das Meer etwas Sand angespült, ringsum liegen von der Brandung glatt geschliffene Steine.

El Julán

Der **gewaltige Hang,** der sich von der Gipfelregion über vier Kilometer bis zum „Meer der Stille" erstreckt, ist fast menschenleer. Keine Siedlung, nicht einmal ein Gehöft gibt es hier. Furchtlos spazieren Rebhühner umher, als wüssten sie, dass sie niemand aufschrecken kann – auch das Jagen ist in diesem Teil der Insel, der neuerdings aufgeforstet wird, verboten. Erst zur Jahrtausendwende wurde eine Asphaltstraße quer durch El Julán verlegt: Sie führt zur Ermita Virgen de los Reyes und bequem weiter ins Golftal.

Nicht immer war die Region um El Julán unbewohnt. Davon zeugt eine **archäologische Fundstätte** mit Wohnhöhlen, einem Versammlungsplatz und Hunderten **altkanarischer Felszeichnungen,** zu der man von der Straße (Abzweig 5,5 km westlich von Hoya del Morcillo) auf einer Piste hinabwandern kann. Man achte auf das Schild „Mirador y Centro de Interpretación del Parque Cultural de El Julán" bzw. den Wegweiser

Felszeichnungen – Grüße der Bimbaches

Kreise, Spiralen und Schlangenlinien, abstrahierte Tier- und Menschendarstellungen: An mehreren Fundstellen El Hierros kann man die Hinterlassenschaft der Ureinwohner in Augenschein nehmen, so in La Caleta, Tamaduste und Isora sowie im Barranco de La Candía. Der spektakulärste Fund wurde am Steilhang von El Julán gemacht. 1873 entdeckte dort der Pfarrer *Aquilino Padrón* an zwei langen, zum Meer hin abfallenden Felsplatten über **400 Zeichen,** die um 200 v. Chr. mit spitzem Stein eingeritzt worden waren. Mit Hilfe des französischen Konsuls und Hobbyarchäologen *Sabinot Berthelot* ließ er sie sogleich aufzeichnen und veröffentlichen, so dass sie heute – trotz späterer Zerstörung durch Souvenirjäger – vollständig vorliegen. Allerdings ist bis heute **nicht geklärt, welchen Ursprungs** die Zeichen sind. Die Interpretationen reichen von altlybischen und numidischen Buchstaben bis zur Schriftsprache der berberischen Tuareg.

mit der Aufschrift „Camino del Julán al Tagoror/ Los Letreros" (⇨Wanderung 17). In staubigen Haarnadelkurven schraubt sich die Piste zur ehemaligen Bimbaches-Siedlung hinab. Weil schon manch ein Besucher Steinplatten mit Felszeichnungen „mitgehen" ließ, wird die Gegend von einem Wächter kontrolliert, der sich von Besuchern den Personalausweis zeigen lässt.

La Dehesa

Fernab aller Siedlungen liegt das **„kommunale Weideland"** (La Dehesa), eine karge Landschaft von grandioser Weite. Vom Kamm der westlichen Golfwand senkt es sich sanft zum Steilhang von El Julán hinab. Leicht gewellt und von Steinmauern durchzogen, bietet es mehrere Monate im Jahr **Kühen und Schafen** sattes Gras. Die Dehesa war seit jeher das Revier von Hirten und Schäfern. Anfang Dezember, zu Beginn der „grünen" Saison, zogen sie auf die Hochebene und harrten in Kälte und Wind aus, bevor sie Ende April in ihre Dörfer zurückkehrten. Sie lebten in den Höhlen einiger Vulkankegel und wählten ihren „Bürgermeister", der die Zuteilung der Weidegründe übernahm und wild geborene Lämmer dem richtigen Besitzer zuführte.

Heute lebt kaum noch ein Hirte hier oben. Wer Tiere auf der Weide stehen hat, kommt mit dem Jeep und kehrt abends zur Familie zurück. Einziger Bewohner weit und breit ist der Wächter der De-

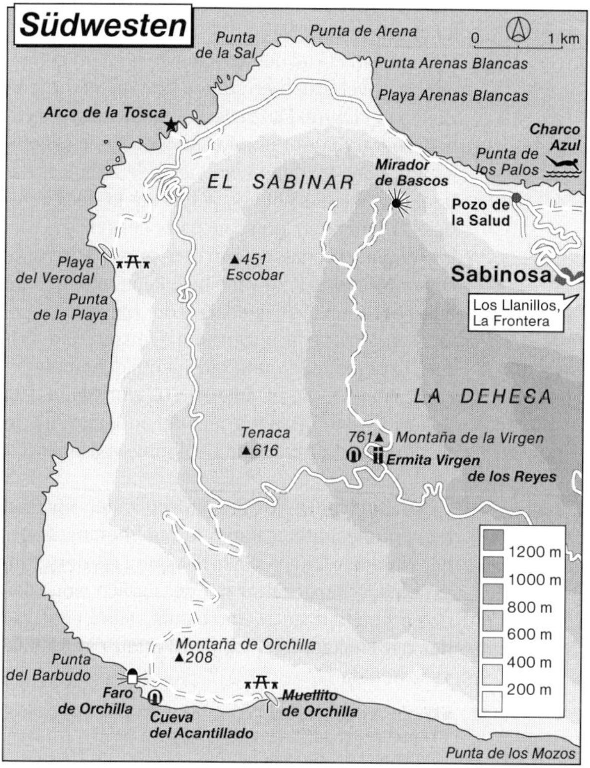

hesa: Der *vigilante* fristet seine einsame Existenz in einem als *refugio* bezeichneten Gehöft.

Bevor man der Hauptstraße in Richtung Faro de Orchilla folgt, lohnt es sich, ein Stück geradeaus zu fahren: Der Weg führt zur Kapelle der Jungfrau der hl. drei Könige, dann weiter zum Wacholderbaumhain El Sabinar und zum spektakulären Mirador de Bascos.

Ermita Virgen de los Reyes

Mitten auf der versteppten Hochfläche erblickt man eine strahlend weiße **Einsiedelei.** Eine hohe weiße Mauer verleiht dem Kirchlein ein trutzig-wehrhaftes Aussehen – als es 1741 erbaut wurde, mussten sich die Herreños noch zahlreicher Piratenüberfälle erwehren.

Durch ein Portal betritt man den geräumigen Innenhof, zwei Zisternen sorgen für Wasservorrat in Zeiten der Dürre. Das seitlich angebaute „Kloster" beherbergt Klausur und Küche für all jene Gläubigen, die der Madonna ein Gelübde abgelegt haben. Das Ritual sieht vor, acht Tage in der Einsiedelei auszuharren, ohne auch nur ein einziges Mal ihr Terrain zu verlassen. Um dem persönlichen Anliegen Nachdruck zu verleihen, kann man sich im angrenzenden „Souvenirladen der Jungfrau" *(Venta recuerdos de la Virgen)* mit Kreuzen und Kerzen, Rosenkränzen und Heiligenbildchen eindecken. Für alle, die es interessiert, gibt's gratis auf Spanisch einen Auszug aus der Inselchronik, in der die Kirchengründung salbungsvoll erläutert wird.

Das Kirchlein selbst ist ein schlichter, nur von Kerzen erleuchteter Raum mit tief herabgezogener Mudejar-Decke. Sein Blickfang ist der goldstrotzende **Barockaltar** mit der festlich eingekleideten Jungfrau; auch eine Sänfte steht bereit, auf der die Heiligenfigur zu den Festen die Kapelle verlassen darf.

- **Ermita Virgen de los Reyes,** tgl. 9–18 Uhr, im Sommer 10–19 Uhr; jeden ersten Sonntag im Monat wird um 17 Uhr die Messe zelebriert.

052eh Foto: gs

Im Winter blüht's auf der Dehesa

Süden

Montaña de la Virgen

Verlässt man den Kirchhof durchs Seitengatter und folgt dem Schild Richtung „El Caracol", gelangt man in wenigen Schritten zur Montaña de la Virgen, dem **„Jungfrauenberg".** In eine sichelförmige Felswand sind Dutzende von **Höhlen** eingelassen, die den Hirten als Behausung dienten: gemäß einer alten Chronik „frisch im Sommer und wärmend im Winter". Keramikfunde und Muschelschalen belegen, dass schon die Bimbaches die Höhlen zu schätzen wussten.

Unterkunft

- **Instalación Diocesana,** Ermita Virgen de los Reyes, Tel. 922550127. Pilger und Meditationsfreunde, kurzum alle, die sich *actividades espirituales* widmen wollen, können im Anbau der Ermita kostenlos übernachten und auch die Küche benutzen. Zuvor müssen sie sich allerdings beim Pfarrer telefonisch anmelden.

Feste

- **25. April:** *Fiesta de los Pastores.* Die Hirten verabschieden sich von der Jungfrau mit einem großen Fest. Die Marienfigur wird in einer Prozession über die Weiden getragen, anschließend werden die wilden, d.h. in Freiheit geborenen Lämmer ihrem Besitzer zugeführt. Zum Klang von Trommeln und Kastagnetten wird bis tief in die Nacht getanzt, gegessen und gezecht.
- **Anfang Juli:** *Bajada de la Virgen.* Das größte aller Inselfeste wird alle vier Jahre (2005, 2009) gefeiert: In einer gigantischen Prozession wird die Heiligenfigur quer über die Insel bis nach Valverde getragen (⇨Feste und Folklore).
- **24.September:** *Fiesta de los Reyes.* Im Schein von Fackeln und Laternen schreitet man die Montaña de la Virgen ab und erinnert an die wundersame Erscheinung der Jungfrau. Am nächsten Tag folgen die feierliche Prozession und das obligatorische Fest.

Aktivitäten

- **Wandern:** An der Ermita beginnt eine aussichtsreiche Runde zum Mirador de Bascos und zum Wacholderbaumhain El Sabinar (⇨Wanderung 15). Langstreckenwanderer tun es den Herreños gleich und starten an der Kapelle zur neunstündigen Inseldurchquerung nach Valverde (⇨Wanderung 18).

Jungfrau der hl. drei Könige – die Heilige, die übers Wasser kam

Es geschah am letzten Tag des Jahres 1545. Hirten sahen, wie ein Schiff an El Hierros Südküste entlangsegelte, um im Mar de Calmas plötzlich zu stoppen: Die Segel waren gespannt, doch das Schiff bewegte sich nicht! Mehrere Tage vergingen, dann wurde ein Beiboot ausgesetzt, das die Besatzung an Land brachte. Die Seeleute baten die Hirten um Wasser und Proviant, im Gegenzug boten sie das einzig Wertvolle, das sie besaßen: eine blassgesichtige **Marienfigur.** Kaum hatten die Hirten die Madonna in Empfang genommen, kam starker Wind auf, der die Segel blähte und das Schiff davontrug ... Die Hirten brachten die Skulptur auf das Weideland der Dehesa und stellten sie in eine der vielen Höhlen. In Erinnerung an jenen Tag – es war der 6. Januar – gaben sie der Figur den Namen **Virgen de los Reyes** (Jungfrau der hl. drei Könige). Und am 25. April, dem Tag, da die Hirten traditionell die Hochebene verlassen, um in ihre Dörfer zurückzukehren, bereiteten sie der Jungfrau ein Abschiedsfest. Diesen Brauch haben sie mit der **Fiesta de los Pastores** bis heute bewahrt.

Als die Insel 1614 von einer schweren Dürre heimgesucht wurde, sollte die Jungfrau ihre erste Bewährungsprobe bestehen. In ihrer Verzweiflung kamen die Hirten auf die Idee, Maria quer über die Insel zu

El Sabinar

Fährt man von der Ermita auf einer Asphaltpiste nordwärts, gelangt man nach 500 Metern zur Piedra del Regidor, einem kleinen Steinaltar, auf dem die Marienfigur während der großen Inselprozession ein erstes Mal abgestellt wird. Während hier der *Camino de la Virgen* (⇨Wanderung 18) geradeaus verläuft, beschreibt die Hauptpiste einen Linksknick und führt uns gen Norden. Nach 2,4 Kilometern zweigt linker Hand eine Piste zum **Wacholderbaumhain** El Sabinar ab (auf Schildern liest man auch „El Sabinal"), die nach 800 Metern an einem Wendeplatz endet.

Ein kleiner, als „Sendero" ausgeschilderter Rundweg erschließt, was in Prospekten als „Naturwunder" gepriesen wird: Der peitschende Wind hat die Wacholderbäume so sehr gebeugt,

tragen, auf dass sie sähe, wie schlecht es um Mensch und Vieh bestellt sei. Doch die Kleriker winkten ab: Mit einer hergelaufenen Maria, die von barfüßigen Hirten verehrt wurde, wollten sie nichts zu tun haben. Die Hirten ließen sich nicht beirren. Im Schutze der Nacht trugen sie Maria nach Valverde, weckten den Pfarrer und zwangen ihn, die Figur zu segnen. Kaum waren sie mit ihr in der Kirche angelangt, brach ein donnerndes Gewitter los: Tagelang regnete es, so dass alle Herreños auf absehbare Zeit genug zu trinken hatten.

An jene Begebenheit erinnerte man sich noch 127 Jahre später, als es wieder einmal längere Zeit nicht geregnet hatte. Diesmal ergriff der Klerus selbst die Initiative: Er schwor der Jungfrau, sie fortan alle vier Jahre mit der **Bajada de la Virgen,** einer großen Prozession, ehren zu wollen, und bat sie inständig, den Herreños in ihrer Not beizustehen. Und wieder ließ sich die Jungfrau nicht lumpen: Noch während der ersten *Bajada* öffnete sie die Himmelsschleusen und ließ es so lange gießen, bis alle Zisternen gefüllt waren. Zum Dank wurde sie zur Schutzpatronin der Insel gekürt und erhielt nahe der Montaña de la Virgen eine neue, standesgemäße Kapelle.

Für fromme Herreños markiert das Jahr 1741 die Stunde Null im Kalender der Insel. Seitdem sprechen sie nicht mehr von Jahren, sondern von der Abfolge der (vierjährigen) Bajadas. „Weißt du noch", hört man das alte Mütterchen sagen, „damals bei der 54. Bajada, als Manolito sein großes Schwein schlachtete und Elvira geboren wurde ..."

dass sie nicht mehr in die Höhe wachsen, sondern in den erstaunlichsten Formen den Boden entlang kriechen. So **verknorrt und verdreht** sind sie, dass man nicht umhin kommt, ihre Kraft und Zähigkeit zu bewundern. Doch nicht nur der Gewalt der Natur, auch der Axt des Menschen haben die oft **jahrhundertealten Baumgreise** getrotzt: Da ihre gebeutelten Stämme nicht als Bauholz taugten, ließ man sie unbeachtet stehen. Ihre Artgenossen dagegen, die einst im gesamten Inselwesten bis hinab nach Sabinosa wuchsen, ereilte ein anderes Los: Sie wurden gefällt und nach Teneriffa und Gran Canaria exportiert; ein Großbrand im Jahr 1909 vernichtete die restlichen Bäume, die ca. 1000 Hektar bedeckten.

Hier und da werden sie wieder angepflanzt, doch die zarten Bäume brauchen zum Wachsen viel Zeit. Wichtig für die **Wiederaufforstung** sind die Kolkraben, die laut krächzend den Wacholder umfliegen. Sie ernähren sich von den Beeren, deren harter Samen erst dann aufkeimt, wenn er von den Raben unverdaut wieder ausgeschieden worden ist.

053eh Foto: gs

Mirador de Bascos Folgt man der Hauptpiste vom Abzweig El Sabinar (bzw. El Sabinal) einen Kilometer nordwärts, erreicht man den **abgelegensten aller Aussichtspunkte** El Hierros. Von der aus Vulkanstein errichteten, 676 Meter über dem Meer thronenden Plattform bietet sich bei klarem Wetter ein atemberaubender Blick: Er reicht von der weißsandigen Playa Arenas Blancas über den „Gesundbrunnen" Pozo de la Salud und das Dorf Sabinosa bis zu den Roques de Salmor – das Golftal liegt den Betrachtern wie eine ausgebreitete Landkarte zu Füßen!

Aktivitäten ⇨ •**Wandern:** Am Mirador de Bascos kann man sich in die Ermita-Runde einklinken und zum Wacholderhain hinabsteigen (⇨Wanderung 15).

Faro de Orchilla

Nahe der Ermita Virgen de los Reyes startet eine Straße südwestwärts zum Faro de Orchilla. Zweimal ist sie durch Viehgatter versperrt; Schilder fordern auf, diese nach dem Öffnen wieder zu schließen. Nach drei Kilometern zweigt links eine Erdpiste ab, die durch vulkanische Wildnis zum fünf Kilometer entfernten **Leuchtturm** führt. Einsam thront der Faro de Orchilla auf einer Klippe überm Meer – als letztes Signal Europas weist er Schiffen von und nach Südamerika den Weg.

Nullmeridian Viele Jahrhunderte markierte das Kap, auf dem der Leuchtturm steht, das **„Ende der Welt".** Dabei wurde auf Pläne von *Claudio Ptolemäus* (100–160 n. Chr.) zurückgegriffen, der in einem Koordina-

Sturmgebeugter Wacholderbaum

054eh Foto: do

tensystem zur geografischen Erfassung der Welt den **Längengrad null** am westlichsten Punkt der Kanaren verortete. Der alexandrinische Astronom glaubte, die Erde sei eine flache Scheibe, die hinter El Hierro aufhört. Keinem europäischen Seefahrer war es gelungen, weiter gen Westen vorzudringen; Meeresungeheuer und glühende Hitze, hieß es, machten dort alles menschliche Leben zunichte.

Auch als *Kolumbus* 1492 bewiesen hatte, dass die Erde keine flache Scheibe, sondern eine Kugel war und die Welt jenseits der Kanaren keineswegs aufhörte, blieb Ptolemäus' Entwurf aktuell. 1634 bediente sich seiner der französische König Louis XIII., der alle Geografen darauf einschwor, „auf ihren Globen und Karten besagten Nullmeridian an der Insel El Hierro zu verorten und von dort die Längengrade in östlicher Richtung zu ziehen, ohne sich darum zu kümmern, dass andere aus Unwissen den Nullmeridian durch die Azoren ziehen." Die Idee dazu hatte ihm Kardinal *Richelieu* eingegeben, der in seiner Funktion als Handelsminister die internationalen Gewässer vorteilhaft für Frankreich interpretieren wollte. Dazu muss man wissen, dass die 1432 entdeckten **Azoren** westlich von El Hierro liegen und laut internationalem Recht der atlantische Ozean westlich des Nullmeridians als freies, östlich dagegen als spanisch-portugiesisches Gewässer galt. Durch die Festschreibung des Nullmeridians auf El Hierro blieb also der größere Teil des Atlantiks international, d.h. für Frankreich ohne Einschränkung passierbar.

Der Faro de Orchilla markierte den Nullmeridian, bis ihn die imperiale Großmacht Großbritannien 1884 „heimholte": Sie setzte durch, dass fortan das Astronomische Observatorium von **Greenwich** als Anfangs- und Endpunkt der Welt zu betrachten war. Der vom deutsch-kanarischen Regisseur *Andrés Koppel* am Originalschauplatz gedrehte Film „La Raya" (Grenze) führt ins Jahr 1884 zurück und schildert den Kampf des Leuchtturmwärters *Don Agustín,* der „seinen" Nullmeridian um jeden Preis behalten will: „Wenn ihn die Briten haben wollen, müssen sie die Queen persönlich vorbei schicken, um ihn abzuholen." Koppels Film war zugleich eine Huldigung an den Beruf des Leuchtturmwärters. 1997 musste der letzte Wärter von El Hierro seinen Platz räumen – die Automatisierung des Feuers hatte ihn überflüssig gemacht. Seither müssen sich Besucher die Bescheinigung, am „Ende der Welt" gewesen zu sein, in der Touristeninformation von Valverde besorgen.

Orseille – der Schatz der „glücklichen Inseln"

Punta und Montaña, Faro und Muellito de **Orchilla:** Gleich viermal taucht im Südwesten der Name der begehrten **Farbflechte** auf (deutsch: Orseille, lateinisch: *orcella canariensis*). Die Pflanze wächst nur an ausgesetzten Klippen hoch überm Meer, da sie für ihr Wachstum auf konstantes „Salzspray" angewiesen ist. Mehrere Jahrzehnte braucht sie zum Heranreifen und wird höchstens 30 Zentimeter groß. Schon die Phönizier wussten, dass ihre blassen Blätter einen herrlich **purpurroten Farbstoff** absondern, der bestens zum Färben von Samt und Seide geeignet war. Ab dem 8. Jahrhundert v. Chr. fuhren sie die Kanarischen Inseln an, um die Pflanze zu ernten. Sie gaben Fuerteventura und Lanzarote den Namen *Purpuarien,* doch ist nicht auszuschließen, dass sie El Hierro gleichfalls erreichten. Im frühen 15. Jahrhundert war auch der Eroberer *Jean de Béthencourt* an der Farbflechte interessiert: Mit ihrer Hilfe wollte er seine Textilmanufakturen in der Normandie sanieren.

Höhle und Hafen

Will man die herb-wilde Gegend um den Leuchtturm näher kennen lernen, bieten sich zwei Touren an: Kurz vor dem Wendeplatz gelangt man auf einem links abzweigenden Weg zu einer Kuppe, wo sich der Eingang zur „Klippenhöhle" **Cueva del Acantillado** befindet. Sie ist, sofern man eine Taschenlampe dabei hat, gut begehbar und endet nach 300 Metern an einem Ausguck hoch überm Meer.

Folgt man vom Leuchtturm der Piste weiter abwärts, erreicht man nach 1,5 Kilometern **Muellito de Orchilla,** eine kleine Mole mit Picknickplatz. Über Steinstufen steigt man in das in Küstennähe meist ruhige Meer und kann gefahrlos ein paar Runden schwimmen.

Playa del Verodal

Der **beste Sandstrand der Insel** ist über zwei Wege erreichbar: Von der Hochebene La Dehesa schraubt sich eine Straße durch vielfarbige Vulkanwüste zur Küste hinab – vom Abzweig an der Ermita Virgen de los Reyes sind es 11,6 Kilometer. Als Alternative bietet sich die Straße westlich von Pozo de la Salud an – ab dort sind es 6,4 Kilometer. Vorbei an einem schön gebauten **Picknickplatz** erreicht man den Strand, der sich am Fuße hoher Klippen erstreckt. Der von Felsbrocken durchsetzte, grobkörnige Sand leuchtet schwarz bis violett, das Wasser ist glasklar und verheißt angenehmes Baden. Freilich ist auch hier Vorsicht geboten: Die Playa del Verodal ist bekannt für ihre **gefährliche Unterströmung** – am besten begnügt man sich mit einer Erfrischung am Strand. Und noch eine weitere Vorsichtsmaßnahme gilt es zu beachten: Da von den Klippen Steine absplittern können, sollte man das Handtuch sicherheitshalber näher am Wasser ausrollen.

055eh Foto: gs

056eh Foto: do

Das fruchtbare
Golftal

Überblick

Die 25 Kilometer lange, von über 1000 Meter hohen Steilwänden eingerahmte Bucht gehört zu den **spektakulärsten Landschaften der Kanaren.** Sie erstreckt sich von den Felseilanden Roques de Salmor im Nordwesten bis zum Kap Arenas Blancas im Südwesten und dringt drei Kilometer ins Landesinnere vor. Lange Zeit galt sie als ein im Meer versunkener Riesenkrater; jüngste Forschungen ergaben freilich, dass sie durch Einsturz des einst bedeutend höheren zentralen Gebirgsmas-

sivs entstanden ist. In vielen Tausend Jahren haben Wasser und Wind den Gesteinsschutt ins Meer befördert, so dass sich eine sichelförmige Bucht herausbildete.

Nirgends sonst auf der Insel ist die Küstenebene so weit und vergleichsweise flach, steigt gemächlich an bis zum Fuß der Steilwand. Aufgrund des milden Klimas gedeihen auf ihrem Grund Ananas und Bananen, Mangos, Papayas und viel Wein, weshalb sie gern auch **„Garten El Hierros"** genannt wird. Dank des Anbaus lukrativer Exportfrüchte hat das Golftal die Hauptstadt wirtschaft-

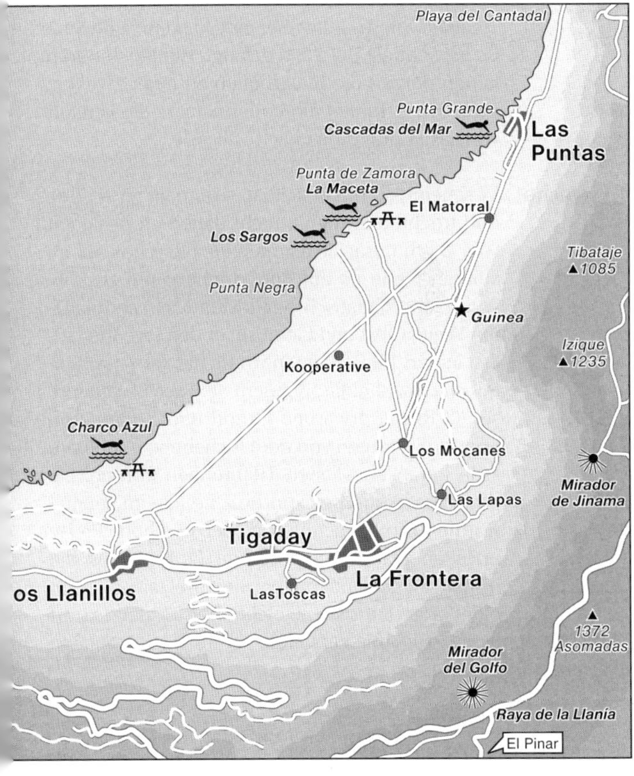

lich überflügelt, mittlerweile leben hier mehr Menschen als in Valverde. Damit freilich hat es auch Schönheit eingebüßt – mit grauen Plastikplanen überzogene Treibhäuser und neue, fantasielos hochgezogene Wohnhäuser stören das idyllische Bild.

Neben La Restinga ist das Golftal das zweite touristische Zentrum El Hierros. Besucher finden eine Vielzahl von Unterkünften in Hotelzimmern und Apartments, Pensionen und Landhäusern, dazu ein gutes Dutzend Restaurants und attraktive Naturschwimmbecken. Nicht weit entfernt befindet sich die Playa del Verodal, der schönste Sandstrand der Insel. Hauptort des Tals ist La Frontera / Tigaday, von wo man über eine kurvenreiche Straße ins zentrale Bergland gelangt. Auf Hochtouren laufen derzeit die Bauarbeiten zu einer zweiten, durch viele Tunnel führenden Straße. Sie verläuft von Las Puntas direkt nach Valverde.

Geschichte Es scheint kaum vorstellbar, dass eine so schöne und fruchtbare Region nicht dauerhaft besiedelt war. Doch tatsächlich zogen die Herreños nur im Winter, wenn es auf den Hochebenen zu kühl wurde, ins klimatisch begünstigte Tal. Sie pflanzten Wein, Obst und Gemüse für den Eigenbedarf. Erst in den 1960er Jahren wurde das Tal in großem Stil erschlossen: Großbauern von der Nachbarinsel La Palma erwarben Grund und Boden zum Spottpreis, trugen von der Hochebene fruchtbare Erde heran und ließen Tiefbrunnen bohren. Sie pflanzten exotische Exportfrüchte, die im sonnigwarmen Klima prächtig gediehen und hohe Preise erzielten. Damit verblüfften sie die Herreños, die bisher fest geglaubt hatten, ihre Insel tauge nur für eine karge Subsistenz, nicht aber für den Export landwirtschaftlicher Güter.

Seite 230/231: Golftal mit „Wolkenmeer“

La Frontera / Tigaday

Kurzinfo La Frontera / Tigaday

- **Touristeninformation:** Oficina de Información Turística, Calle El Hoyo 2, La Frontera, nur saisonweise geöffnet
- **Reisebüros:** Viajes Ecotours, Urb. San Cristóbal, Local 12, Tigaday, Tel. 922559810, und Viajes Insular, Calle Tigaday 30, Tel. 922559768. Verkauf von Fähr- und Flugtickets
- **Rathaus:** Ayuntamiento, Calle La Corredera 10, Tel. 922555999, Mo–Fr 8–14 Uhr
- **Polizei:** Policía Local, Tel. 922555903
- **Banken:** in der Calle Tigaday und der Calle Cruz Alta
- **Post:** Calle Tigaday 9
- **Gesundheitszentrum:** Centro de Salud, Calle El Pozo, Tigaday, Tel. 922559004
- **Zahnarzt:** Clínica Dental Argentina, Calle La Corredera 4, Tel. 922555042
- **Apotheke:** Farmacia, Calle Ignacio Padrón s/n, Tigaday
- **Autovermietung:** Autos Bamir, Calle La Rambla s/n, Tel. 922559077, Fax 922559723
- **Tankstelle:** an der Straße La Frontera - Tigaday
- **Taxi:** Calle Tigaday / Plaza, Tel. 922559129
- **Bus:** Der kleine Busbahnhof befindet sich an der Rambla, dem von Tigaday in Richtung Küste stadtauswärts führenden Boulevard.

La Frontera

La Frontera (die Grenze) heißt der erste Ort im Golftal, den man - vom zentralen Hochland kommend - nach mehreren Serpentinen erreicht. Hier, wo das ganze Jahr über milde Temperaturen vorherrschen, hatten wohlhabende Hauptstädter jahrhundertelang ihren „Wintersitz". Sie lebten mit der Steilwand im Rücken und grandiosem Weitblick aufs Tal - auf 350 Metern Höhe nah am Lorbeerwald mit seiner herrlich würzigen Luft. 1912 setzten sie durch, dass der damals noch winzige Weiler zweiter Gemeindesitz wurde und nicht El Pinar, die Hochburg der Hirten und Kleinbauern.

057eh Foto: gs

Wahrzeichen

Wie es sich für eine Gemeindehauptstadt gehört, erhielt La Frontera anstelle einer schlichten Kapelle eine **große Kirche.** Breit lagert die Iglesia de Nuestra Señora de Candelaria am Fuß einer Vulkankuppe, auf deren rostroter Schlacke Weinreben gedeihen. Beim Betreten der Kiche empfängt die Besucher Düsternis: Eine schwere Mudejar-Decke ruht auf Säulen aus Granit, im Hauptaltar steht die blassgesichtige Heiligenfigur der namensgebenden Lichtmess-Maria. Luftig wirkt der von der Kirche abgetrennte Glockenturm auf dem Vulkangipfel – eine von überall sichtbare, viel fotografierte Landmarke.

● **Iglesia de Nuestra Señora de Candelaria,** La Frontera, tgl. 9–18 Uhr

Orientierung

Direkt neben der Kirche befindet sich die Ringkampfarena, in der *El Pollito* sein Können zum Besten gibt (⇨Exkurs). Die gegenüberliegenden Bars sind ein beliebter Anlaufpunkt von Wanderern, die sich vor dem Aufstieg zum Mirador de Jinama einen Kaffee genehmigen (⇨Wanderung 11). Vom Kirchplatz gelangt man über die Calle Carrera ostwärts zu den beschaulichen Wohnvierteln El Lunchón und Las Lapas, westwärts führt der Camino El Hoyo talabwärts nach Tigaday. Unterwegs passiert man das ehemalige Rathaus, einen schmucken Bau mit Innenhof und holzgeschnitzter Galerie. Es ist geplant, hier die Touristeninformation unterzubringen – bis es soweit ist, versorgen Mitarbeiter der Jugendbehörde die Besucher mit Infos.

● **Antiguo Ayuntamiento,** Camino del Hoyo, unregelmäßig geöffnet

Landmarke im Golftal – der Glockenturm von La Frontera

Tigaday

Nur wenige Jahre wird es noch dauern, dann ist La Frontera mit dem unterhalb gelegenen Tigaday verschmolzen. Dieser Ort ist nicht so attraktiv wie La Frontera, doch herrscht hier zu jeder Tageszeit reges Treiben. Längs der Hauptstraße reihen sich Banken und Geschäfte, Post und Reisebüros, Un-

Lucha Canaria – ein Hoch aufs „Hühnchen von La Frontera"

Auf keiner anderen Insel des Archipels wird **kanarischer Ringkampf** so inbrünstig zelebriert wie auf El Hierro. Jedes Dorf, das etwas auf sich hält, verfügt über eine Ringkampfarena. Die größte und schönste steht in La Frontera: ein **halbkreisförmiges Amphitheater** neben der Kirche, das sich zur gewaltigen Steilwand des Golftals öffnet.

Absoluter Star der Ringkampfszene ist *Francisco Pérez* alias *El Pollito de La Frontera*, „das Hühnchen von La Frontera". Um nicht missverstanden zu werden: „Hühnchen" ist ein Ehrentitel, dessen nur der Allerbeste würdig ist. Seit dem zarten Alter von fünfzehn Jahren kämpft Francisco gegen schwergewichtige Kolosse und ist mittlerweile selber einer geworden. Wenn er auf dem *terrero*, der kreisrunden Sandfläche, antritt, erzittern seine Gegner, denn nur selten wurde er zu Fall gebracht ...

Barfüßig, nur mit Hemd und kurzer Hose bekleidet, treten sich die Kontrahenten gegenüber. Ihr Ziel ist es, den Gegner mit gekonnten Griffen aus dem Gleichgewicht zu bringen und ihn zweimal zu Boden zu zwingen; dabei sind Boxen, Schlagen und Würgen strikt verboten. Wer eine Runde gewonnen hat, tritt gegen den nächsten von insgesamt zwölf Kontrahenten an. Erst wenn eine Mannschaft komplett geschlagen ist, gilt die *luchada* als beendet, was freilich nicht allzu lange dauert, wenn *pollito* zugange ist ...

Der kanarische Ringkampf stammt aus **prähispanischer Zeit** und gilt als „nobler" Sport, da ernsthafte Verletzungen so gut wie ausgeschlossen sind. Die Wettkämpfe finden meist am Wochenende statt und werden auf Plakaten oder über Lautsprecher angekündigt. Meist wissen auch die Besitzer von Bars Bescheid, wann die nächste *luchada* steigt.

terkünfte und Restaurants aneinander. Schon fast urban wirkt die vor der großen Plaza nördlich abzweigende *Rambla*, ein von Indischen Lorbeerbäumen beschatteter Boulevard. An der repräsentativen Meile entstanden offizielle Einrichtungen wie Rathaus, Schule und Busbahnhof, auch die Polizei ist hier ansässig. Der Radiosender Garoé hat an der Rambla seinen Sitz, unverdrossen sen-

058eh Foto: gs

Ringkampfarena am Fuß des Kirchturms

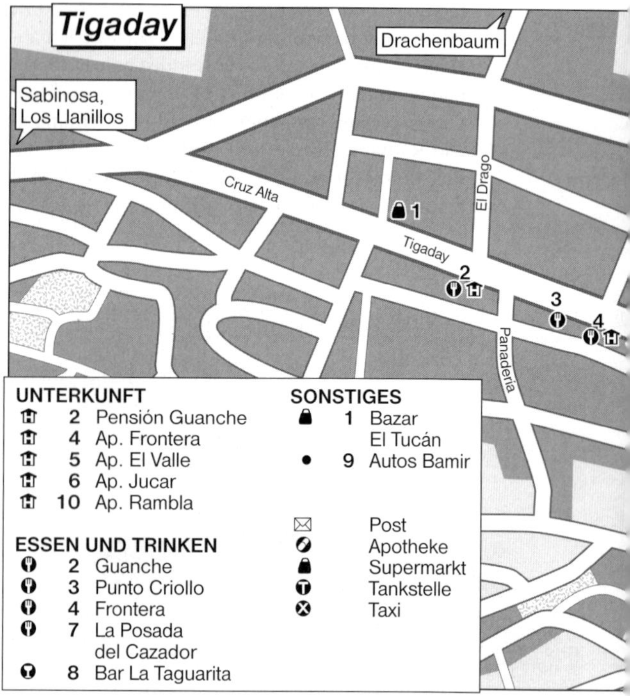

det er seine Programme für die knapp 10.000 Insulaner. Zusammen mit der alle zwei Monate erscheinenden, gleichfalls in Tigaday publizierten Zeitschrift „La voz de El Hierro" (Stimme El Hierros) ist es das wichtigste Sprachrohr der Herreños.

Wohnviertel

Verwirrend ist die Vielzahl der Ortsteile rings um den eigentlichen Ort. Fast nahtlos gehen die Viertel ineinander über, so dass man nicht mit Bestimmheit sagen kann, wo eines aufhört und das nächste beginnt. Oberhalb von Tigaday liegt das malerische **Las Toscas** mit seinen blumengeschmückten Häusern und gepflegten Gärten. Dort wie auch in den übrigen Vierteln gibt es einige Landhäuser, in denen man sich einmieten

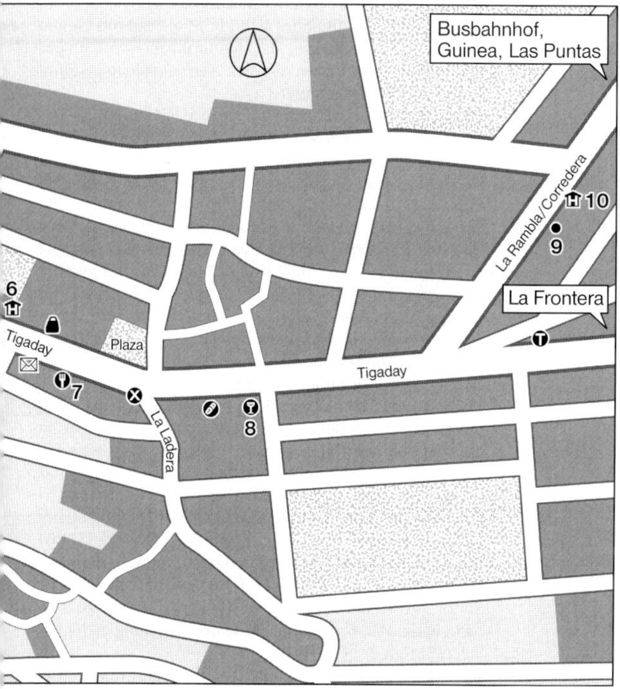

kann, doch nur wenig „städtisches" Leben. Westlich von Tigaday, an der Straße nach Sabinosa, erstreckt sich der Weiler **Los Llanillos.** Fährt man über die Rambla in Richtung Küste, passiert man die Wohnsiedlung **Los Mocanes.**

Praktische Tipps

Unterkunft

In La Frontera:

- **Hotelito Ida Inés** €€€, Camino del Hoyo / Belgara Alta 2, Tel. 922559445, Fax 922556088, www.canaryweb.com/idaines, auch buchbar über Kreutzer. Kleines, freundliches Hotel zwischen La Frontera und Tigaday. Es verfügt über 15 Zimmer mit TV, Telefon und Fön; Kaffee und Tee kann man sich selbst zubereiten. Am besten ist das Eckzimmer Nr. 8 mit großer Terrasse und Blick über Tal und Meer. Gut sind auch Nr. 9 und 10, über Balkon verfügen Nr. 2, 3 und 4. Auf dem Dach befindet sich ein Mini-Pool mit Gegenstromanlage und Jacuzzi. Das Büfettfrühstück wird im Erdgeschoss eingenommen, wo sich auch ein kleiner Aufenthaltsraum mit Bar befindet.

●**Casitas Rurales El Sitio** €€/€€€, Calle la Carrera 26, Tel./Fax 922559843, www.el-sitio.de, in Deutschland buchbar über Tel. 040/5367603. Altes, restauriertes Anwesen hoch über dem Meer mit Blick auf die gigantische Nordwestwand des Golftals. Sieben Häuschen aus Naturstein scharen sich rings um einen terrassenförmig angelegten Obstgarten mit Brunnen, ein jedes ist unterschiedlich gestaltet. Am größten ist *Isora* mit Tal- und Meerblick (für zwei Erwachsene mit zwei Kindern), schön sind auch die am Weinhang gelegenen Häuser *Echedo*, *Sabina* und *Guarazoca* mit eigenen Terrassen (für jeweils 2–3 Personen). Winzig und ohne Meerblick sind die Studios *Salmor* und *Tacorón*. Alle Wohnungen sind einfach eingerichtet, teilweise ist das Bad nur von draußen begehbar. Doch dafür darf man sich aus dem Kräutergarten bedienen, auch Mandeln können gepflückt werden. Gruppen steht eine Gemeinschaftsküche und ein Veranstaltungsraum für max. 16 Personen zur Verfügung. Das Haus befindet sich im Ortsteil Lunchón, von der Kirche wenige Gehminuten entfernt.

●**Apartamentos** €€, Calle La Carrera 3, Tel. 922555001. Vier funktionale Apartments in einem Neubau, nur einen Steinwurf von der Kirche entfernt. Infos erhält man bei Señor Pedro, dem Besitzer des Lokals Candelaria. Ist er nicht in der Bar, klingelt man in seiner Wohnung in der Calle La Carrera 2.

●**Casa Belgara Alta** €€, buchbar über Jahn Reisen. Das einzeln stehende, moderne Haus unterhalb der Straße am Ortseingang verfügt über zwei Apartments. Schöner und größer ist das obere mit drei Schlafzimmern, Balkon und Meerblick (max. 5 Personen).

In Tigaday:

●**Ap. Jucar** €€, Calle Tigaday 30, Tel./Fax 922559301, www.elhierro.tv/jucar, auch buchbar über Kreutzer. Der Neubau, der sich durch seine aufwändige Balkonfassade von den schlichten Klötzen ringsum abhebt, verfügt über 14 Apartments mit Wohnküche und Schlafraum. Bitte nicht die zur lauten Straße gelegenen wählen!

●**Ap. Frontera** €/€€, Calle Tigaday 19, Tel. 922559291, auch buchbar über LTU. 15 moderne Apartments neben dem gleichnamigen guten Lokal. Küche und Wohnraum liegen zur lauten Hauptstraße, die zwei zugehörigen Schlafzimmer nach hinten zum Garten; auch drei Studios werden vermietet.

●**Ap. El Valle** €€, Calle Tigaday 15, Tel./Fax 922559471. Vor allem für Großfamilien geeignet, doch sind auch Paare willkommen: Fünf riesige Wohnungen an der Hauptstraße jeweils mit drei ruhigen, nach hinten gelegenen Schlafzimmern und zwei (!) Bädern. Die Rezeption befindet sich im Wohnzimmer der Familie, wo Félix und seine Mutter die Gäste freundlich empfangen.

●**Ap. Rambla** €/€€, La Rambla / Calle Corredera 6, Tel. 922559077, Fax 922559723. Geräumige, funktionale Apartments mit einem bzw. zwei Schlafzimmern an der lauten Durchgangsstraße, einige verfügen über Balkon. Infos holt man sich bei Autos Bamir nebenan, bei Vermietung auf Monatsbasis kann ein günstiger Preis ausgehandelt werden.

●**Pensión Guanche** €, Calle Cruz Alta 1, Tel. 922559065. Traditionsreiche, preiswerte Pension über dem gleichnamigen Lokal. Die sieben Zimmer sind sehr einfach, haben aber ein eigenes Duschbad, drei davon sogar einen kleinen Balkon zur Straße. Das Frühstück kann unten im Lokal eingenommen werden.

In Los Llanillos:

●**Casa Los Llanillos** €€, buchbar über Meridiano Cero (⇨S. 102) und Kreutzer. Gepflegtes, ockerfarbenes Landhäuschen unterhalb der Dorfstraße am Weg zum Charco Azul. Wohnraum mit Fernseher und kleines Schlafzimmer für zwei Personen, dazu eine weinumrankte Veranda.

●**Casa Lagartija** €€, Calle Charco Azul s/n, Tel. 922559541. Frau Margot Becker vermietet in einem Bungalow zwei Apartments mit großer, gemeinsam genutzter Dachterrasse, einem terrassenförmig angelegten Garten und Weitblick aufs Meer. Das Haus liegt an der Straße zum Badeplatz Charco Azul, zu Fuß in zehn Minuten erreichbar.

●**Casa Gilberto** €€, Carretera General Los Llanillos, Tel. 922559249. Altes, restauriertes Landhaus für zwei Personen. Vom Garten mit Feigenbaum schaut man aufs Meer. Señor Gilberto Quintero vermietet zusätzlich ein Landhaus in San Andrés auf der Ostseite der Insel.

●**Casa Pepe Luis** €€, La Asomada Alta 7, Tel. 922559473, buchbar über Meridiano Cero (⇨S. 102) und Kreutzer. Die Wohnung ist auf zwei urig-rustikale Häuschen verteilt. In einem befinden sich Wohnküche und Bad, im anderen die beiden Schlafzimmer für maximal vier Personen. Von der Gartenterrasse bietet sich Weitblick aufs Meer.

●**Casa Susanne & Dennis** €€, Los Llanillos, Tel. 922558201. Das deutsche Paar Godehardt vermietet ein kleines, ruhiges Ferienhaus.

In Las Toscas:

●**Ap. La Brujita** €€, Las Toscas s/n, Tel. 922559327, Fax 922559339, auch buchbar über Jahn und Kreutzer. Das moderne Haus steht unter deutscher Leitung und verfügt über neun geräumige, freundlich eingerichtete Apartments. Jedes hat Wohnküche (Mikrowelle, Waschmaschine), Schlafraum und Terrasse; Garten, Pool und Tennisplatz werden gemeinsam genutzt. Mit Mountainbikeverleih und Internetzugang.

●**Casa Jorge** €€, Las Toscas s/n, Tel. 922559132, auch buchbar über Meridiano Cero (⇨S. 102) und Kreutzer. Zweistöckiges kanarisches Landhaus aus weiß gekalktem Naturstein. Auf 100 m² verteilen sich zwei Schlafzimmer, Wohnraum, Küche und Bad für 2–4 Personen. Neben dem Haus befindet sich ein Gemüsegarten.

In Los Mocanes:

●**Casa Isidoro** €€, Los Mocanes s/n, Tel. 922559132, auch buchbar über Meridiano Cero und Kreutzer. Zweigeschossiges Natursteinhaus, eingerichtet mit viel Holz und Keramik. Mit zwei Schlafzimmern, Wohnraum, Küche, Bad, Garten und Garage, geeignet für maximal drei Personen.

●**Ap. Anaga** €€, Los Mocanes 35, Tel. 922559453. Bernardino und Isabel vermieten mehrere Apartments.

059eh Foto: gs

Essen und Trinken

In La Frontera:

●**Candelaria** €, Plaza Candelaria 10, Tel. 922555001, tgl. außer Mi ab 6.30 Uhr. Das rustikale Lokal mit nur fünf Tischen wird von Señor Pedro engagiert geführt. Der Speiseraum ist mit Schiffsmodellen und einer Candelaria-Figur geschmückt. Spezialität des Hauses ist *parrilla mar y tierra*, eine Grillplatte, die das Beste von Land und Meer vereint. Auch die *arepas* (gefüllte Maistaschen à la Venezuela) können sich sehen lassen – Pedro hat viele Jahre in Caracas verbracht.

In Tigaday:

●**Frontera** €/€€, Calle Tigaday 19, Tel. 922559737, tgl. außer Mo ab 8 Uhr. Gemütliches Lokal im Zentrum. Auch Jenny und ihre Familie haben viele Jahre in Venezuela gelebt, was sich im kulinarischen Angebot niederschlägt: Morgens stärkt man sich mit *desayuno criollo*, einem kreolischen Frühstück mit schwarzen Bohnen, Hackfleisch und Reis – es ist deutlich besser als das kontinentale Frühstück, das hier allerdings *desayuno americano* heißt. Außer kanarischen Klassikern gibt es mittags *pabellón criollo* (schwarze Bohnen, Reis und Fleisch) und *arepas* (gefüllte Teigtaschen), dazu bestellen herreñische Ex-Emigranten stilecht *café americano*, d.h. einen Kaffee, der groß, stark und schwarz ist.

●**Guanche** €/€€, Calle Cruz Alta 1, Tel. 922559065, tgl. ab 7 Uhr. Das traditonsreiche Lokal ist auch als Casa Bildo bekannt. Die Tapas in der Vitrine lassen einem das Wasser im Mund zusammenlaufen. Es gibt mehrere kleine Nebenräume, am schönsten sitzt man in der *cueva* (Höhle) mit herabhängendem Farn. Immer lecker schmecken *peto en escabeche* (mit Zwiebeln und Süßkartoffeln gedünsteter Fisch) und *conejo con papas arrugadas* (Kaninchen mit Runzelkartoffeln).

●**La Posada del Cazador** €/€€, Calle Tigaday 5, Tel. 922559710, tgl. außer So ab 8 Uhr. Patronengürtel, ein an der Wand aufgespießter Fuchs und Plakate der kanarischen Jagdvereinigung: Hier treffen sich jagdlüsterne Herreños und alle, die rustikales Ambiente und deftiges Essen mögen. Fleisch ist Trumpf, von Kaninchen über Ziege bis Lamm!

● **El Conuco** €€, Calle Merese 45, Tel. 922559429, tgl. außer Mi ab 13 Uhr. Lokal mit Bodega in einer ehemaligen Zisterne, Wein vom Fass und üppige Fleischgerichte.

● **Punto Criollo** €/€€, Calle Tigaday 19, tgl. ab 9 Uhr. „Kreolisch" heisst bei Miguel Ángel vor allem „gemischt" und „international": In seinem kleinen Lokal serviert er venezolanische Teigtaschen und italienische Lasagne, russischen Salat und kanarische Hausmannskost. Morgens bekommt man auf Wunsch auch englisches Frühstück mit Eiern, Schinken und viel Speck.

● **La Taguarita** €, Calle Tigaday / Ecke Matías Castañeda Padrón, Tel. 922556002, tgl. ab 7.30 Uhr. Eine Hamburguesería der eleganteren Art: Man sitzt drinnen oder draußen

Der Drachenbaum – ein Museumsstück

Im Ortszentrum von Tigaday, gegenüber der Bar-Pension El Guanche, zweigt die Calle El Drago („der Drachenbaum") in Nordrichtung ab. Sie quert eine Straße, verengt sich zu einem Weg und geleitet zu einem der wenigen Drachenbäume, die es auf El Hierro noch gibt. Einst wuchsen sie überall auf der Insel, doch jahrhundertelanger, nach der Conquista eingeleiteter Raubbau hat sie fast völlig vernichtet.

Den kanarischen Ureinwohnern galt der *drago* als heilig. In jedem Ast, so glaubten sie, wohne die Seele eines Verstorbenen. Aber der Baum hatte für sie auch praktischen Nutzen. Ritzten sie seine Rinde ein, trat ein farbloser, harziger Saft hervor, der sich beim Trocknen dunkelrot färbte. Mit dem so gewonnenen „Drachenblut" mumifizierten sie ihre Toten.

Im Gepäck von Konquistadoren, Kaufleuten und Missionaren gelangte das Drachenblut nach Europa, wo es in der Medizin rasch Verbreitung fand. Äußerlich setzte man es gegen Narben und Geschwüre ein, innerlich gegen Durchfall und Ruhr. Daneben wurde es zum Versiegeln von Briefen und zum Imprägnieren von Holz verwendet. Auch viele Künstler sind dem Zauber des Baums verfallen. Um 1470 schuf der Maler *Martin Schongauer* ein so naturgetreues Abbild, dass man glauben mochte, er sei auf den Kanaren gewesen. „Flucht nach Ägypten" heißt das Blatt, der Baum spendet der heiligen Familie Schatten und Schutz. Wenig später hat sich *Hieronymus Bosch* des Baumes angenommen. In seinem Gemälde „Garten der Lüste" präsentiert er den *drago* als Symbol für paradiesisches Glück.

unter Arkadenbögen und lässt sich Milchshakes, frisch gepressten Orangensaft und belegte Brötchen schmecken.

Einkaufen

- **Lebensmittel:** La Herreña, Carretera a Las Puntas s/n, Tigaday. Am Ortsrand von Tigaday (Richtung Las Puntas) entdeckt man allerlei Süßes vom Hersteller, darunter auch *quesadillas* (Käsekuchen); diese sind allerdings nicht so frisch wie die in Valverde.
- **Markt:** So 8–14 Uhr. Der Obst- und Gemüsemarkt von Tigaday findet in der Calle El Moral statt.
- **Supermarkt:** Supermercado, Calle Tigaday 26. Umfangreiches Angebot an allem, was man zum Kochen im Apartment braucht.

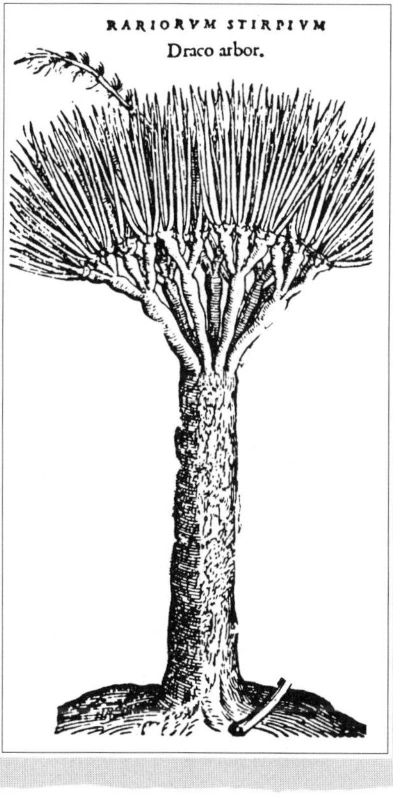

● **Bioladen:** Terramare, Calle Cruz Alta 10. Ein „Dritte-Welt-Laden" mit Naturstoffkleidung sowie einer kleinen Bio- und Kosmetik-Abteilung.

● **Kunsthandwerk:** Artesanía, Calle Tigaday 4. Aus dem Holz vom Maulbeer-, Wacholder- und Avocadobaum fertigt Nicio schöne Mörser und Becher, Schüsseln und Teller, Flaschen und kleine Weinfässer.

● **Bücher & Musik:** Bazar El Tucán, Calle Cruz Alta 12, Tigaday. Im schönen Laden von Susan, einer gebürtigen Iranerin, gibt es eine große Auswahl an Buchtiteln zu El Hierro, auch Landkarten und CDs von kanarischen Folklore-Ensembles; dazu viele interessante Geschenkartikel.

Kultur

● **Centro Cultural de Frontera,** Calle Belgara Alta s/n, Tel. 922559463. Im Kulturzentrum der Gemeinde finden Konzerte sowie Folklore- und Theaterdarbietungen statt.

Nightlife

● **Cine Frontera,** Calle Merese 24, Tigaday, Tel. 922559078. Das bisher einzige Kino der Insel liegt am Ortsausgang in Richtung Los Llanillos. Hier gibt es jede Woche einen neuen Streifen, eher Bestseller als Autorenfilme.

Aktivitäten

● **Wandern:** La Frontera ist Startpunkt des grandiosen Aufstiegs zum Mirador de Jinama auf dem zentralen Gebirgskamm (⇨Wanderung 11). Wer konditionsstark ist und nicht auf gleichem Weg zurückkehren will, läuft am Kamm entlang weiter (⇨Wanderung 13) und steigt von der Ermita Virgen de la Peña ins Golftal ab (⇨Wanderung 14-A).

Feste

● **2. Februar:** *Fiesta de Nuestra Señora de la Candelaria*. Die Gemeindestadt ehrt ihre Schutzheilige mit einer feierlichen Prozession. Am folgenden Sonntag wird die Heilige auch im Ortsteil Los Llanillos gefeiert.

● **Februar/März:** *Fiesta de Carnaval*. Während des Karnevals herrscht zwei Wochen lang Remmidemmi mit Maskenball und schrill-buntem Umzug, der Wahl einer „Königin" und Salsa bis zum Morgengrauen.

● **Anfang bis Mitte August:** *Fiesta de Nuestra Señora de la Candelaria*. Im Rahmen des großen Patronatsfests zu Ehren Mariä Lichtmess werden zugleich San Salvador und San Lorenzo geehrt. Nach der Prozession folgt das weltliche Vergnügen: Für San Salvador treten Ringkämpferinnen (!) gegeneinander an, für San Lorenzo werden nächtliche Tänze auf der Plaza von Tigaday aufgeführt und für Maria – wie sollte es anders sein – steigt ein großes Feuerwerk. Irgendwann dazwischen erinnert der „Tag der Palmeros" *(Día del Palmero)* an die zivilisatorische Leistung der Nachbarn, die das Golftal in einen blühenden Garten verwandelten. Beim „Fest der Alten und Jungen"*(fiesta de los ancianos y de la juventud)* werden generationenübergreifende Kontakte gepflegt.

Guinea

Lange Zeit war Guinea ein Geisterdorf: Die Bewohner waren wegen drohender Steinschlaggefahr fortgezogen, ihre Häuser verfielen und die Gärten verwilderten. Doch dann setzte sich die Idee durch, die Siedlung vor dem Verfall zu bewahren. Immerhin hatten in den hiesigen Lavatunneln seit dem 3. Jahrhundert n. Chr. die altkanarischen Vorfahren gelebt; auch die ersten spanischen Siedler hatten sich just diesen Ort zum Leben erwählt. So wurden mit europäischen Fördergeldern die Häuser restauriert und die Wege befestigt. Statt Unkraut wachsen in den Vorgärten nun Kraut und Rüben, Hühner laufen frei umher und im Stall stehen langbärtige Ziegen.

Ziel des **Museumsdorfs** ist es, einen Eindruck zu vermitteln, wie ein herreñisches Dorf einst aussah. Die aus Bruchstein errichteten Häuser fügen sich so gut in die Landschaft ein, als wollten sie mit ihr verschmelzen. Auch die Gassen und die Begrenzungsmauern wurden aus Lava errichtet, so dass die Siedlung wie ein organisch gewachsenes Kunstwerk erscheint – man wünschte sich, heutige Häuslebauer würden sich eine Scheibe von der „Bauernarchitektur" abschneiden. Das gilt freilich nicht für das Innere der Häuser, das vor allem die Armut der Bewohner enthüllt: Der Boden ist mit Steinen oder festgestampftem Dung ausgelegt, der offene Dachstuhl strohgedeckt. Da sich nur wenige Bewohner den Luxus von Farbe leisten konnten, sind die Wände meist im steinigen Rohzustand belassen. Fenster gab es so gut wie keine, Licht fiel nur durch die offene Tür. In einem Raum wurde geschlafen, gegessen und gearbeitet, nur die Kochstelle wurde oft nach draußen verlegt. Bei der Besichtigung wird man auch in einen Vulkantunnel geführt, in dem Wein lagerte.

● **Ecomuseo,** Carretera Tigaday – Punta Grande, Di–Sa 10–14 und 16–18 Uhr, So 11–14 Uhr, Eintritt ca. 5 €; will man gleichzeitig das Lagartorio besuchen, wird's billiger.

060eh Foto: gs

Riesen-eidechse

In dem ans Museumsdorf angeschlossenen **Lagartorio** (⇨Exkurs im Kap. „Urlaubsziel El Hierro") hat das Amt für Umweltschutz eine **Zuchtstation** für die vom Aussterben bedrohte El-Hierro-Rieseneidechse eingerichtet. In verglasten Terrarien kann man die Echsen bestaunen, die sich meist nahe den Scheiben aufhalten und Besucher neugierig mustern. Wissenschaftlich Interessierte können an einer Spezialführung teilnehmen (in der Regel Do 11–14 Uhr); die entsprechende Genehmigung ist in der Umweltbehörde in Valverde bzw. im Rathaus von Tigaday einzuholen.

● **Lagartorio,** Guinea, Di, Do, Sa 10–14 und 16–18 Uhr, Eintritt ca. 5 €; will man gleichzeitig das Ecomuseo besuchen, wird's billiger.

Gut getarnt: Museumsdorf Guinea

El Matorral

Südwestlich von Las Puntas erstreckt sich längs einer schnurgeraden, parallel zur Küste verlaufenden Straße der Ort El Matorral. In weitläufigen Treibhäusern werden Ananas und Bananen, Mangos, Avocados und Papayas gezogen, dazu allerlei Zitrusfrüchte und neuerdings Kiwis. Mitten zwischen den Feldern liegt die **Landwirtschafts- und Winzerkooperative,** der über 600 Bauern angeschlossen sind. In den Verpackungsanlagen werden die Früchte sortiert, gereinigt, gespritzt und so für die lange Überfahrt nach Europa präpariert.

Wein

Wein der Marke *Viña Frontera* wird gleichfalls in der Kooperative hergestellt; dank moderner Technik und erstklassiger Onologen hat er sich auf dem regionalen Markt einen festen Platz erobert. Einzelne Winzer versuchen sich neuerdings im Öko-Weinanbau; zu den Pionieren zählt *Bernd Schuhmann,* der auf seiner Finca Puerto Escondido den gleichnamigen Tropfen keltert.

Tiefbrunnen

Die Versorgung mit Wasser scheint auf El Hierro dauerhaft gesichert: Wissenschaftler haben herausgefunden, dass unter dem porösen Lavaboden undurchlässige Basaltschichten liegen, die das einsickernde Regenwasser auffangen. So wurde nahe der zentralen Gabelung El Matorral – Las Puntas – Tigaday der als Landhaus „getarnte" Tiefbrunnen **Pozo de los Padrones** gebohrt. Mit seiner Hilfe wird das verborgene Wasser an die Oberfläche gepumpt und ins Leitungssystem gespeist.

Unterkunft

• **Casa Kai-ryu-so** €€, El Matorral, buchbar über Karin Pflieger (⇨S. 101). Ein „Drachennest" in bestechender Lage auf einer Landzunge am Meer, eingebettet in einen großen japanischen Garten. Der Bungalow (nur für Nichtraucher) ist 85 m² groß und wurde von seiner Besitzerin Sigrid Urbach mit Keramikböden und Naturholzmöbeln behaglich eingerichtet. Er verfügt über eine Wohnküche, die in einen Schlafraum übergeht, ein weiteres Zimmer, Bäder und zwei Terrassen: eine auf dem Dach und eine windgeschützt hinterm Haus.

- **El Lagar** €€, El Matorral, buchbar über Karin Pflieger (⇨S. 101). Behagliches Natursteinhaus mit Blick aufs Meer und die Roques de Salmor. Es besteht aus zwei Schlafzimmern für max. vier Personen, einer kleinen Küche, einem Bad und einer gemütlichen, ummauerten Terrasse. Schmuckstück des Hauses ist die alte, museale Weinpresse *(lagar).*
- **Finca Wapa** €€, El Matorral 33, Tel./Fax 922559482. Auffälliges, mit Lavastein verkleidetes Anwesen. Anne und Walter vermieten zwei Studios, außerdem eine „Prinzensuite" mit großem Wohnraum, eine rustikale Casita sowie

Badeplätze im Golftal

An der 25 Kilometer langen Küste gibt es zwar keinen Strand, doch dafür mehrere attraktive **Naturschwimmbecken:**

In **Las Puntas** entstand die aufwändig gestaltete Badelandschaft Cascadas del Mar mit sternförmigen Pools und Sonnenterrassen (z.Zt. noch geschlossen). Sie ist eine gute Alternative zur Felsbucht an der ehemaligen Anlegestelle, wo man über Eisenleitern ins meist gefährlich bewegte Wasser steigen kann.

Bestens zum Baden geeignet ist **La Maceta** knapp zwei Kilometer südwestlich von Las Puntas, erreichbar über eine von der Küstenstraße El Matorral – Los Llanillos abzweigende, ausgeschilderte Asphaltpiste. Am Fuß niedriger Klippen liegen mehrere große, brandungsgeschützte Becken, die herrlichen Ausblick aufs Meer bieten. Oberhalb der Pools erhält man im Kiosco Los Arroyos Eis und kühle Drinks, auch *carne a la plancha,* deftiges, kurz gebratenes Fleisch.

Von La Maceta kommt man in 15 Minuten zu Fuß zur Nachbarbucht **Los Sargos,** die zum Baden wenig geeignet ist, doch aufgrund ihrer bizarren Lavaklippen einen Besuch lohnt. An warmen Tagen öffnet meist ein *chiringuito,* eine typisch kanarische Strandbar aus Palmblättern und Holz.

Unterhalb von Los Llanillos liegt der erste der beiden „blauen Tümpel": **Charco Azul** (de los Llanillos), ein Natur-Pool unter gewaltigen Lavabögen. Werktags ist er meist menschenleer, doch am Wochenende treffen sich viele Herreños am angeschlossenen Picknickplatz zum Familienfest. Erreichbar ist die Bucht über die von Los Llanillos nach Sabinosa führende Straße, die man kurz vor dem Ortsausgang in Richtung Charco Azul verlässt. Nach 1,6 Kilometern – auf halbem Weg wird eine Piste gequert – erreicht man einen Wendeplatz, von dem ein Treppenweg zur Bucht hinabführt.

zwei einzeln stehende Häuser in der Ananas-Plantage: *Bahía* für zwei und *Finca* für vier Personen.

● **Casa Margarita** €/€€, Calle Los Polvillos 5, Tel. 922559214. Nahe dem Tiefbrunnen Pozo de los Padrones: sechs bequeme, mit Holzmöbeln eingerichtete Apartments. Vom Wohnraum gelangt man auf die Terrasse mit einer Passionsfrucht-Pergola. Nebenan befindet sich ein Atelier, in dem Doña Margarita, die ältere deutsche Besitzerin, mit Hilfe anderer Frauen auf einem Webstuhl Stoffe herstellt und zu Taschen, Jacken und Hemden verarbeitet.

● **Pensión & Ap. Casa Salmor** €€, Calle Los Polvillos 3, Tel. 922555937 und Tel./Fax 922559329, auch über Jahn Rei-

Sechs Kilometer westlich entdeckt man **Charco Azul** (de Sabinosa), den westlichsten Badeplatz im Golf. Eine Felsgrotte, die so genannte Cueva La Laja, lädt bei Ebbe zu einer Erfrischung ein. Anfahrt: Von Sabinosa folgt man der Kurvenstraße hinab, biegt 100 Meter vor dem Abzweig nach Pozo de la Salud rechts in eine rötliche Holperpiste ein und folgt ihr 200 Meter bis zum Ende. Dort steigt man über Treppen zum Meer hinab, die Höhle befindet sich ein paar Schritte zur Rechten.

061eh Foto: gs

Baden in La Maceta

sen. Gleich neben der Casa Margarita vermieten Rosi und Antonio acht einfache Apartments und ebenso viele Zimmer mit großer, kommunikationsfördernder Terrasse und viel Grün drumherum. Auf Wunsch bereiten sie Frühstück zu, das im netten Aufenthaltsraum eingenommen wird.

● **Casa Peter** €€, El Matorral 71, Tel. 922559577. Peter Gebauer vermietet in einem weißen Neubau ein Apartment mit Terrasse und Meerblick.

Einkaufen

● Am Sonntag findet auf dem Platz neben der Tankstelle ein **Obst- und Gemüsemarkt** statt. Neben der Kooperative befindet sich ein **Supermarkt.**

Aktivitäten

● **Wandern:** An der zentralen Kreuzung von El Matorral startet der *Camino de la Peña,* der sich die Golfwand zum Mirador de la Peña hinaufschraubt (⇨Wanderung 14-B).

Las Puntas

Bewegtes Meer und scharfkantige Felsriffe: Wer die Küste von Las Puntas sieht, mag sich kaum vorstellen, dass sich hier vor nicht allzu langer Zeit El Hierros zweitgrößter Hafen befand. Auf kleinen Booten wurden die Früchte des Tals zu den weiter draußen ankernden Schiffen gebracht, wobei aufgrund der starken Brandung manch eine Fracht über Bord ging. Später wurde auf dem Kap Punta Grande ein Kran installiert, der die Ware mit seinem weiten Arm auf die Boote beförderte – freilich war auch dies bei stürmischer See ein riskantes Unterfangen.

Mini-Hotel

In den 1970er Jahren wurde der Hafen geschlossen. Für wenig Geld erwarb ein pfiffiger Investor das auf dem Kap errichtete Warenlager und verwandelte es in ein Mini-Hotel. Dessen einmalige Lage auf der **wellenumtosten Landzunge** zog vor allem romantische Gäste an – mit dem Blick auf die Felswand und die Roques de Salmor fühlten sie sich der Zivilisation entrückt. Als das Haus gar als „kleinstes Hotel der Welt" ins Guinness-Buch der Rekorde eingetragen wurde, riss der Besu-

062eh Foto: gs

Golftal

Guinessbuchamtlich kleinstes Hotel der Welt

cherstrom nicht mehr ab. Das Hotel war so beliebt, dass es opportun erschien, eine „Filiale“ zu bauen. So entstand in gebührender Entfernung vom Haus eine Bungalowanlage, die zusammen mit dem Hotel als *Club Punta Grande* vermarktet wird.

Feriendorf

Inzwischen hat sich Las Puntas mit einem halben Dutzend Bungalowanlagen zu einem kleinen Ferienzentrum entwickelt. Da die Gäste auch im Winter baden wollen, schuf man ein **sternförmiges Schwimmbecken** (Parque Aquático Cascadas del Mar), das allerdings noch seiner Eröffnung harrt.

Roques de Salmor

Unmittelbar vor Las Puntas liegt die **Felsgruppe** Roques de Salmor. Einst war sie mit dem Festland verbunden, doch die Wühlarbeit des Meeres sorgte im Laufe der Zeit für ihre Abtrennung. Da man

085eh Foto: do

am brandungsumtosten, 110 Meter hohen Roque Grande und seinem kleineren „Bruder", dem Roque Chico, mit dem Boot nur schwer anlegen kann, fanden Seevögel und Reptilien, auch die berühmten Rieseneidechsen, einen geschützten Lebensraum.

Unterkunft

• **Hotel Punta Grande** €€€, Las Puntas, Tel. 922559081. Dieses auf einer Landzunge grandios gelegene Haus ist etwas für abenteuerlustige Gemüter. Nirgends ist das Meer so unmittelbar spürbar wie hier: Bei starker Brandung erzittert das Haus, man fürchtet um das Fensterglas und wundert sich über die „brodelnde" Toilette. Laut Guinness-Buch war das Punta Grande mit seinen vier gemütlichen Zimmern von 1984 bis 1999 das kleinste Hotel der Welt. Vom kleinen Balkon genießt man seitlichen Meerblick und herrliche Sonnenuntergänge. Die Gäste teilen sich im Obergeschoss einen Aufenthaltsraum und zwei Terrassen. Im Erdgeschoss befindet sich das mit maritimen Accessoires stilvoll eingerichtete Restaurant. Geführt wird das Hotel von der Italienerin Noemi, die seit vielen Jahren auf El Hierro lebt.

• **Ap. Los Roques de Salmor** €€€, Calle Tibataje 31/37, Tel. 922559016, Fax 922559401. Die derzeit beste Wahl in Las Puntas: Fünf gepflegte Bungalows mit Terrasse gegenüber dem Hotel Punta Grande. Sie gruppieren sich im Halbkreis um einen Pool-Garten, sind auch behindertengerecht.

• **Ap. Punta Grande** €€, Las Puntas s/n, Tel./Fax 922559081, auch buchbar über Jahn Reisen. Schmucke Natursteinhäuser in erster Küstenreihe, direkt vor dem Wasserpark. Jedes Apartment verfügt über Wohnküche, Schlafraum und Terrasse und ist für drei Personen ausgelegt.

• **Ap. und Pensión Caribe** €€, Punta Grande, Tel. 922559221. Vier Zimmer und Apartments in zweiter Strandreihe ohne Meerblick, freundlich-funktional eingerichtet. Die Dachterrasse wird gemeinsam genutzt.

• **Ap. Noemi** €€, Calle Tibataje, Tel. 922559203 und Tel./Fax 922559081. Am Hang vermietet Señora Noemi mehrere einzeln stehende Bungalows. Die meisten haben Terrassen mit Meerblick, doch einige auch nur Fenster mit Aussicht auf die Straße. Da nahebei die neue Carretera zum Tunnel verläuft, muss in den kommenden Jahren mit Verkehrslärm gerechnet werden.

Verprengte Felstürme im Meer – Roques de Salmor

Essen und Trinken

●**Las Puntas** €€, Carretera General Las Puntas 30, Tel. 922559760, Di geschl. Plinio aus Norditalien liebt es, aus frischen Zutaten neue Gerichte zu kreieren. Er sammelt Steinpilze und wilde Rucola, forscht nach seltenen Kräutern wie *barasa* und stellt jeden Tag (!) eine neue Speisekarte zusammen. Da gibt es z.B. *papas a la Gorgonzola* (überbackene Kartoffeln), *fettuccine ai funghi* (Pasta mit Waldpilzen) oder das auf hoher Flamme schnell gebratene *filetto alla gitana* (Rinderfilet à la Zigeunerin).

●**Punta Grande** €€, Las Puntas, Tel. 922559081, So geschl. Das zum „kleinsten Hotel der Welt" gehörige Restaurant bietet Tun- und Tintenfisch, aber auch Lammbraten, dazu maritimen Dekor und Meerblick; die Bar ist ein beliebter Treff der Einheimischen.

●**El Tejerde** €€, Cascadas del Mar, Tel. 922555008, Di geschl. Aus Naturstein erbautes Lokal nahe der Küste, Spezialität des Hauses sind frischer Fisch und Ziegenfleisch.

Aktivitäten

●**Wandern:** 1,4 km südwestlich des Ortes startet an der Straße nach Tigaday der aussichtsreiche, doch anstrengende Aufstieg zum Mirador de la Peña (⇨Wanderung 14-B).

Sabinosa

Auf einer schmalen, 300 Meter hoch gelegenen Terrasse am Westrand des Golftals drängen sich die Häuser von Sabinosa. Mit seinen steilen Gässchen und kleinen Plätzen zählt das Dorf zu den schönsten der Insel. Nur schade, dass sich so wenig Leben auf den Straßen abspielt! Dabei gilt das hiesige Klima als das mildeste der Insel: Dank der über die Cumbre schwappenden Passatwolken ist Sabinosa vor sommerlicher Hitze geschützt, zugleich ist es weit entfernt vor der winterlichen Kühle der Hochebene. Für Besucher stehen Ferienhäuser und eine Pension bereit, außerdem gibt es einen Tante-Emma-Laden und ein Restaurant.

Seinen Namen verdankt das 200-Seelen-Dorf den Wacholderbäumen (span. *sabina*), die vor der Conquista bis weit ins Golftal hinabreichten. Sie wurden gerodet und an ihrer statt Weinreben gepflanzt. Diese gediehen auf den schmalen Terrassenfeldern prächtig und noch heute gilt der hier aus Lavaasche gezogene Wein als der beste der Insel.

064eh Foto: do

Sabinosa am westlichen Rand des Golftals

Golftal

Unterkunft

- **Pensión Sabinosa** €, Calle Valentina Hernández 7, Tel. 922559355. In einem alten Landhaus mit Weitblick übers Tal werden sieben Zimmer vermietet. Besonders begehrt ist die „Kajüte" auf der Dachterrasse *(azotea)*, die fast vollständig vom antiken Holzbett ausgefüllt ist. Kommunikationsfördernd ist der farngeschmückte Gemeinschaftsraum, in dem auch das Frühstück eingenommen wird; das Bad muss man sich mit den übrigen Gästen teilen. Die Zufahrt zur Pension ist ab der Hauptstraße ausgeschildert und erfolgt über die Calle Constitución 2.

• **Casa Gisela** €€, Calle La Tabla 4, Tel. 922698011, auch buchbar über Hanna Clasen, Tel. 04101-691515. Gisela Borgwardt vermietet ein Haus für 2–4 Personen mit Terrasse und weitem Blick aufs Meer. Von La Frontera kommend, 2 km vor Sabinosa am Holzschild „La Tabla" rechts in eine schmale Straße einbiegen und bis zu einem lehmfarbenen Haus hinabfahren.

Essen und Trinken

• **Sabinosa** €€, Calle Serrador 21. Das Lokal an der Durchgangsstraße bietet herreñische Hausmannskost und passend dazu hausgekelterten Wein.

Aktivitäten

• **Wandern:** In Sabinosa startet ein attraktiver Dorfverbindungsweg zur Hochebene La Dehesa (⇨Wanderung 16), wo man Anschluss an die Runde um die Ermita de los Reyes hat (⇨Wanderung 15). Über eine kurvenreiche, 3,5 km lange Straße, deren Kehren dank des alten Dorfverbindungswegs abkürzbar sind, gelangt man zur Küste bei Pozo de la Salud.

Pozo de la Salud

„Kurort" wäre als Bezeichnung etwas hochgegriffen für das kleine Dorf am äußersten Westende des Tals: Es besteht lediglich aus einer Hand voll Häusern und einer Küstenterrasse, auf der ein **Holzbrunnen** steht. Wer einen Eimer dabeihat, lässt ihn hinab und schöpft daraus das 26°C warme, salzig-schweflige **Heilwasser.** Neben dem Brunnen entstand 1996 das bislang einzige staatlich anerkannte kanarische Kurhotel. Doch auch wer sich nicht krank fühlt, wird am Ort Gefallen finden, denn hier wohnt man direkt am Meer, nahebei befinden sich das Naturschwimmbecken Charco Azul und der Sandstrand Playa del Verodal.

Lavawüste

Westlich des Ortes zieht sich die Straße durch eine bizarre, wild aufgebrochene Lavalandschaft. Zwischen Felstrümmern lugen einige wenige windzerzauste Sträucher hervor. Die Lavaplatt-

065eh Foto: gs

form entstand 1793 beim Ausbruch des Vulkans Lomo Negro. Mehrere Wochen spuckte er glühende Lava, die sich vom Hochplateau hinabwälzte. Auf ihrem Weg zur Küste erstarrte sie in allen erdenklichen Tönen und hinterließ schwarze und violette, rote und gelbe Farbschattierungen. Am Straßenrand ist ein Gedicht auf Fels gepinselt:

„Wirf den Stein von heute fort
Vergiss und schlaf
Wenn er Licht ist
Wirst du ihn morgen wiederfinden
In der sonnengleißenden Morgenröte."
(J.R. Jiménez)

Pozo de la Salud mit dem Kurhotel

Strand

Gut zwei Kilometer hinter Pozo de la Salud ist **Arenas Blancas** erreicht, El Hierros einziger – wie der Name sagt – „weißer" Sandstrand. Der Sand ist maritimen Ursprungs und besteht aus fein zerriebenen Muschelschalen, Korallen und Krebspanzern, die von der Meeresströmung angeschwemmt wurden. Leider ist er aufgrund gefährlicher Strömungen und starker Brandung zum Baden kaum geeignet.

Felsbögen

Gut einen Kilometer weiter, jenseits eines weit ins Meer vorgeschobenen Kaps, zweigen kurz hintereinander mehrere Pisten ab. Wählt man die zweite, gelangt man – vorbei an Becken, die einst der Salzgewinnung dienten – zu einem herrlich wilden Küstenabschnitt, wo das Meer mit Wucht an die niedrigen Klippen prallt. Kunstvoll hat es ihr Gestein im Laufe der Jahre zernagt: Da sieht man Tore, Brücken und Felsnadeln, besonders imposant der **Arco de la Tosca,** ein 25 Meter hoher, harmonisch geschwungener und auf mächtigen Sockeln ruhender Bogen. Gern kommen Herreños hierher, um ihre Angel ins Wasser zu werfen und sich von der Gischt besprühen zu lassen.

066eh Foto: gs

Unterkunft

●**Hotel Balneario Pozo de la Salud** €€€, Pozo de la Salud, Tel. 922559561, Fax 922559801, www.el-meridiano.com/balneario, balneario@el.meridiano.com. Das einzige Kurhotel der Kanaren steht nahe der Steilwand direkt am Meer. Der dunkle Bau verfügt über einen großen, vom Meer abgewandten Pool und eine Sonnenterrasse. Die 19 Zimmer im zweistöckigen Bau verteilen sich rings um einen grün gekachelten Innenhof, der trotz üppiger Farne und dunkler Ledersessel keine Gemütlichkeit aufkommen lässt. Die Zimmer, am schönsten die neun Räume mit Meerblick, verfügen über ein nur durch Glaswände abgetrenntes Bad. In der *clínica* werden unter Anleitung des hauseigenen Kurarztes umfangreiche Therapien durchgeführt (⇨Exkurs); für Hotelgäste ist die erste ärztliche Konsultation, die auch auf Deutsch oder Englisch durchgeführt werden kann, im Preis inbegriffen. Im Haus gibt es ferner ein Trocken- und Dampfbad, Whirlpool und Fitnesscenter. In dem kleinen Restaurant wird kanarische Küche serviert, auf Wunsch auch vegetarische Speisen und Diätmenüs.

●**Ap. María Lima** €€, Calle Primera 27, Tel. 922559771. Die freundliche María Lima, im Dorf als Señora Kika bekannt, vermietet zwei blitzblanke Apartments für nur 35 € direkt am Meer. Das schönere der beiden ist für bis zu vier Personen ausgestattet und liegt im Obergeschoss: Es verfügt über eine komfortable, mit Sat-TV ausgestattete Wohnküche, vom Balkon blickt man auf das zehn Meter entfernt anbrandende Meer. Die Schlafräume sind ruhig und liegen zur Landseite, dazu kommt ein geräumiges Bad mit Waschmaschine. Das untere Apartment ist ähnlich ausgestattet, doch es fehlt der Meerblick; der Zugang erfolgt durch die Wohnung der Wirtin. Alle Gäste haben Zugang zur großen Dachterrasse. Wer will, lässt sich von María Lima einen Eimer geben und schöpft nach Bedarf Heilwasser aus dem nahegelegenen Brunnen.

Essen und Trinken

Außer dem Restaurant des Kurhotels, das nur mittags und abends öffnet, gibt es im Ort ein weiteres Lokal.

●**El Pozo de la Salud** €€, Pozo de la Salud, Tel. 922559536, Mo geschl. Freundlich eingerichtet, mit fernem Meerblick und ein paar Tischen auf der Straße: Señor Cipriano serviert Meeresfrüchtesuppe, Napfschnecken und frischen Fisch. Der Salat fällt für herreñische Verhältnisse erstaunlich üppig aus – ein positiver Einfluss des benachbarten Kurhotels?

Einkaufen

Schönheitsbewusste können in der Rezeption des Kurhotels auf Basis des Heilwassers hergestellte Cremes und Parfüms erstehen – nicht billig, doch garantiert *made in El Hierro*.

Der Gesundbrunnen – einziges Kurbad der Kanaren

Träger Darm, Akne, Muskelschmerz? Der Gesundbrunnen am Südende des Golftals verspricht Heilung von fast allen Leiden ... Seit er 1702 an der Küste ausgehoben wurde, reißen die Meldungen nicht ab, das hier geförderte Wasser entfalte wahre Wunderkräfte. Die Heilwirkung des Wassers wurde erstmals 1830 entdeckt, als der angesehene Bürger *Alejandro Casañas* nach Einnahme des Wässerchens von seinem Rheuma befreit war. Begeistert von der Wirkung richtete er in Sabinosa eine Kur-Pension ein und vermietete Zimmer an Kranke. Einer seiner Gäste war *Conde de la Vega,* ein Graf aus Gran Canaria, der gleichfalls von seinem Leiden genas und das Wasser prompt zur Analyse nach Paris schickte. 1863 bestätigte der französische Chemiker *Orfila,* das Wasser sei „erfolgversprechend bei Hautkrankheiten, Halsdrüsengeschwülsten und Verschluss von Eingeweiden". Ein auf der Insel praktizierender Arzt stimmte ihm zu. Bei „Haut-, Syphilis- und Magenkranken" habe es stets beste Resultate erzielt" *(Guillermo de Paz).*

Bis nach Kuba wurde das Wasser aus dem Gesundbrunnen verschickt. 1949 verkündete die spanische Regierung hochoffiziell, dass das an Bikarbonaten und Mineralien reiche Wasser Heilwirkung habe, weshalb sich Pozo de la Salud „Kurbad" nennen dürfe ... Die Palette der Indikationen reicht weit: Behandelt werden Verdauungsprobleme und Hautkrankheiten, Rheuma und Kreislaufstörungen, Stresssymptome und Erschöpfungszustände.

Der erste Therapietag sieht meist folgendermaßen aus: Auf nüchternen Magen trinkt man drei Liter Heilwasser aus dem Pozo, um den Verdauungsapparat zu reinigen. Nach der Rosskur folgt Entspannung: Man darf sich im ca. 40°C

Der Brunnen, aus dem das Wunderwasser stammt

Aktivitäten

- **Angeln:** Im Kurhotel kann man Angelgerät ausleihen und sein Glück an der herrlichen Klippenküste versuchen.
- **Radfahren:** Auch wer nicht Gast ist, kann im Kurhotel Mountainbikes ausleihen.

warmen Thermalwasser aalen und erhält zur Stärkung heiße Hühnerbouillon. In Handtücher und Decken gewickelt wird man anschließend aufs Zimmer beordert – durch Schwitzen soll sich der Organismus reinigen. Je nach Krankheitsbild folgen unterschiedliche Anwendungen: Bei Hauterkrankungen Fango-Packungen und mineralsalzreiche Schlammbäder aus dem Toten Meer, bei „Orangen-Haut" Algenwickel und bei Asthma Dampf-Inhalationen. Ferner im Angebot: Soft-Laser, Lymph- und Venendrainage, Hydrocolon und Ultraschall, Isometrische Streckbehandlung sowie diverse Massagen.

067eh Foto: do

068eh Foto: gs

Wandern
auf El Hierro

Praktische Tipps

Zum Faulenzen ist El Hierro viel zu schade: Denn wo findet man auf so kleinem Raum eine derartige Vielfalt von Landschaften? Da gibt es Lorbeer- und Kiefernwald, sattgrünes Weideland und aschtrockene Lavahänge, schroffe Klippen und kleine, versteckte Badebuchten. Wohin man auch schaut – imposante Natur! Doch ohne Mühe kein Preis: Wer die Insel erwandern will, muss auf einigen Touren beträchtliche Höhenunterschiede bewältigen; gute Kondition ist gefragt, um das Ziel zu erreichen!

Wegenetz

Lange ist es nicht her, da waren die unmittelbar nach der Conquista angelegten Verbindungswege die einzigen „Verkehrsadern" der Insel. Sie waren steingepflastert, durch Seitenmauern abgestützt und breit genug für einen Bauern mit seinem Maulesel. Zwar verwandelten sich in den letzten Jahren viele Wege in Pisten und diese in Straßen, doch noch immer gibt es viele „naturbelassene" Strecken. Sie sind stets kräftesparend angelegt, verlaufen fast nie geradlinig-steil, sondern schrau-

069eh Foto: gs

ben sich in zahlreichen Kehren hangauf- bzw. -abwärts.

Einige Wege wurden in den letzten Jahren restauriert und mit **Einstiegstafeln** versehen. Dazu zählen der *Camino de Isora a Las Playas* (⇨Wanderung 6), *Camino de Jinama* (⇨Wanderung 11), *Camino de la Peña* (⇨Wanderung 14 A+B) und *Camino del Julán al Tagoror* (⇨Wanderung 17). Der *Camino de la Virgen* (⇨Wanderung 18), der große Prozessionsweg quer über die Insel, ist gleichfalls mit Richtungsschildern markiert.

Beste Wanderzeit

Auf El Hierro kann man das ganze Jahr über wandern. Bevorzugte Wanderzeit ist das **Frühjahr,** die Pflanzen stehen dann in voller Blüte und das Wetter ist meist stabil. Im Sommer sollte man während der heißen Mittagsstunden unter schattigen Bäumen pausieren und den Rückweg auf den Nachmittag verschieben. Oft launisch ist das Wetter im Winter, wo es durchaus auch stürmische und verregnete Tage geben kann. Ein Blick auf die **Wetterkarte im Regionalfernsehen** (Stichwort: *pronóstico del tiempo*) verrät, welche Region man sich für den folgenden Tag vornehmen sollte. Als Faustregel gilt: Weht der Wind von Nordosten, wandert man im Westen und Süden, wechselt er auf Süd oder West, erkundet man die – dann von Passatwolken freie – Nordseite.

Anfahrt

Viele der in diesem Buch vorgestellten Touren starten direkt **in den Urlaubsorten,** für andere sind längere Anfahrtswege nötig. Aufgrund des mangelhaften Busservice wird man in der Regel einen **Mietwagen** bzw. ein **Taxi** benötigen. Man

Pferdekoppel im Norden

kann freilich auch den Daumen hochhalten – auf der Insel gehörte das Trampen bis vor kurzem zum Alltag.

Viele Wanderungen sind als Rundtouren angelegt, so dass man bequem zum Ausgangspunkt zurückkehren kann. Die Anfahrt zu den Streckenwanderungen 9, 17 und 18 organisiert man am besten mittels Car-Sharing: An einem Tag wird das erste Pärchen zum Ausgangspunkt gefahren und am Ziel zum verabredeten Zeitpunkt abgeholt, am folgenden Tag tauscht man die Rollen.

Gehzeiten

Die bei der Tourenbeschreibung angegebenen Zeiten verstehen sich als reine Gehzeiten – ohne Rast und Fotopause und mit nur wenig Gepäck! Bedenken Sie bitte, dass jeder Wanderer sein eigenes Lauftempo entwickelt, die Zeit im Buch dient deshalb nur zur Orientierung!

Ausrüstung

Noch ein paar Worte zur Ausrüstung: Wichtig sind feste, gut eingelaufene Schuhe mit griffiger Sohle und über den Knöchel gehendem Schaft, außerdem eine strapazierfähige Hose, im Winter auch ein warmer Pullover und Regenschutz. In den Rucksack gehören, sofern es unterwegs keine Einkehrmöglichkeit gibt, Wasser und Proviant, ferner eine Sonnencreme mit hohem Lichtschutzfaktor, Pflaster und wenn möglich eine elastische Binde (Schutz bei Verstauchungen).

Schwierigkeitsgrad

Die Wanderungen in diesem Buch sind nach Schwierigkeitsgraden unterschieden:

*: Touren für Anfänger und weniger Geübte; man läuft zumeist auf breiten und gemütlichen Wegen, wo auch bei schlechtem Wetter keine Gefahr zu befürchten ist. Kinder können an diesen Wanderungen teilnehmen.
**: Touren für Wanderer mit Trittsicherheit und gewissem Orientierungssinn; sind Wege ausgesetzt, dann nur auf kurzen, überschaubaren Passagen. Keine gefährlichen Gipfelanstiege.
***: Touren für trittsichere und konditionsstarke, erfahrene Wanderer; die Wege sind anstrengend, streckenweise ausgesetzt, bei schlechtem Wetter gefährlich.

Gefahren

Wie auf den übrigen Inseln des kanarischen Archipels gibt es auch auf El Hierro keine bedrohlichen Tiere, **weder Schlangen noch Skorpione.** Ein paar **Verhaltenstipps,** damit Sie nicht Opfer eines Unfalls werden:

- Bleiben Sie stets auf den beschriebenen bzw. **ausgeschilderten Pfaden!**
- Ein plötzlicher Wetterumschwung ist in den Bergen nicht selten, nach **starkem Regen** können sich an bestimmten Stellen reißende Ströme bilden.
- Planen Sie die Wanderung immer so, dass Sie noch **vor Einbruch der Dunkelheit** zum Auto bzw. zum Ausgangspunkt zurückkehren.
- Es ist ratsam, Bekannte vor dem Beginn einer Wanderung über die **vorgesehene Route** und die voraussichtliche Dauer zu informieren.
- In einer Notsituation **Rufnummer 112** wählen oder die Guardia Civil verständigen (⇨„Reisetipps A–Z: Notfälle").

Organisierte Touren

Einige Reiseveranstalter haben auf die wachsende Nachfrage nach Wanderurlaub reagiert und führen inzwischen Touren auf El Hierro in ihrem Programm. **Wikinger** bietet einen zweiwöchigen Aufenthalt mit Standort in La Restinga, abwechselnd folgt auf einen Wander- ein Ruhetag. Fündig wird man auch in den Katalogen von **Activida** und **Gomera Trekking Tours.** Man achte bei der Buchung darauf, dass die Wandergruppen klein sind, ansonsten beginnt unterwegs die Qual des ewigen Warten- oder Hinterherlaufenmüssens.

Buchung per Katalog

- **Wikinger Reisen,** Kölner Str. 20, 58135 Hagen, Tel. 02331/904742, Fax 904704, www.wikinger.de
- **Gomera Trekking Tours,** Sandstr. 1a, 90443 Nürnberg, Tel. 0911/20787, Fax 20799, www.trekkingreisen.de
- **Activida Tours,** Am Beerholz 4, 65510 Idstein, Tel. 06126/581818, Fax 581820, www.activida.de

Buchung vor Ort

- **Sanjora** (Empresa de Servicios Turísticos), Av. Dacio Darías 65, Valverde, Tel. 922551840, Fax 922551463, www.islaelhierro.com/lasanjora.html, geöffnet Mo–Fr 9–13 und 16–19 Uhr

Die achtzehn schönsten Wanderungen

Wanderung 1**: „Hinabwedeln" zur Badebucht

Von Valverde nach Tamaduste

- **Charakter:** Kurzer, aber aussichtsreicher Abstieg über vulkanische, weinbewachsene Hänge. Am Endpunkt erwartet Wanderer eine herrliche Badebucht: Während man im ruhigen Wasser gefahrlos schwimmen kann, brechen sich nur wenige Meter entfernt gewaltige Wellen. Die Tour ist nicht schwierig, doch geht der steile Abstieg in die Beine; auf dem aschenen Lavahang ist Trittsicherheit erforderlich.
- **Ausgangspunkt:** Valverde
- **Endpunkt:** Tamaduste
- **Länge:** ca. 3,5 km (nur Hinweg)
- **Dauer:** 1:15 Std. (nur Hinweg)
- **Höhenunterschied:** 600 m im Abstieg, 30 m im Aufstieg
- **Einkehr:** Bars und Restaurants in Valverde und Tamaduste
- **Anfahrt:** Valverde ist mit dem Bus frühmorgens von allen größeren Inselorten erreichbar, vom Endpunkt gelangt man nur am Sonntagabend nach Valverde zurück.

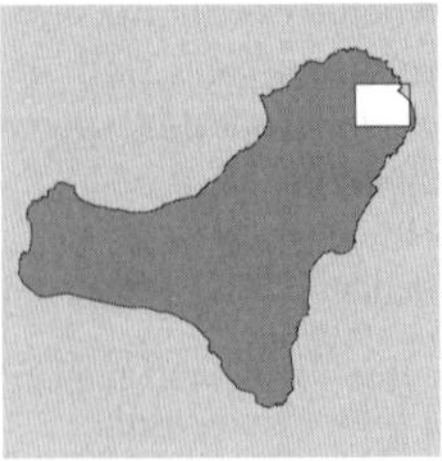

Von der Plaza Principal, dem Kirchplatz von **Valverde,** geht man auf der Straße Calle Doctor Gost – am Hotel Boomerang vorbei – abwärts. An der Gabelung nach knapp 5 Minuten hält man sich geradeaus (in der Fábrica de Quesadillas links der Straße besteht die Möglichkeit, sich mit köstlichem Käsekuchen als Wegproviant einzudecken). Wir folgen der Calle La Carrera, die uns nach 400 Metern zum Parkplatz des Colegio Público bringt, wo sie in die Hauptstraße einmündet. Direkt gegenüber geht es auf kurzer Piste weiter zum Centro Cultural Asabanos.

Rechts vom Gebäude schwenkt man in die abwärts weisende Asphaltpiste ein, die wenig später in einen erdigen, von Steinmauern gesäumten Fahrweg übergeht. Bald darauf bildet sich das alte Steinpflaster des *camino real* heraus; der Weg führt nun steiler hinab und bietet einen fantastischen Weitblick bis zum Flughafen und zum Zielort Tamaduste. Er mündet in einen pechschwarzen Lavahang, auf dem es in engen Serpentinen steil abwärts geht – wer Lust zum „Wedeln" hat, kann sich hier austoben!

Rechts von einem großen Haus stößt der Weg auf eine Asphaltpiste. Dieser folgt man nach rechts und ignoriert nach 200 Metern eine links abzweigende Piste. Erst nach weiteren 200 Metern biegt man links in einen breiten, mit Lavaasche bedeckten Weg ein. In der Ferne erhebt sich der rötlich schimmernde Vulkan La Cancela, auf den Feldern ringsum wächst Wein. Nach wiederum 200 Metern mündet die Piste in einen quer verlaufenden Weg, dem wir rechts hinab folgen. Er verläuft dicht an der Abbruchkante entlang, ist aber mit Seiten-

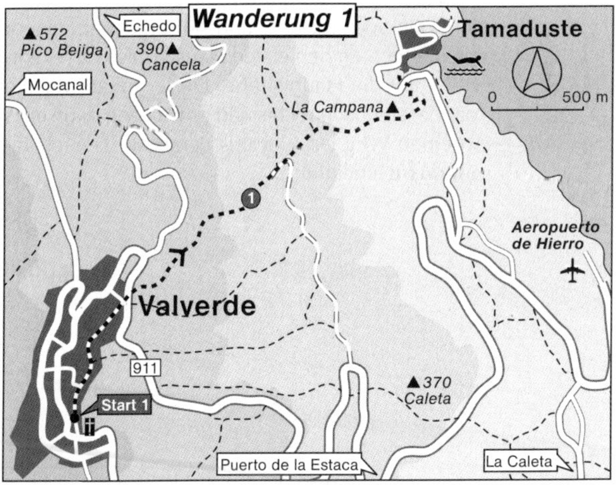

070eh Foto: gs

mauern gut abgestützt. Immer wieder ergeben sich spektakuläre Blicke in die Tiefe, wo sich die Häuser von Tamaduste rings um die gischtschäumende Bucht scharen. In vielen Kehren schraubt sich der Weg hinab, passiert zuletzt den markanten Lavafels **La Campana,** eine freigelegte, 97 Meter hohe Schlotfüllung, und stößt nach gut einem Kilometer – an den ersten Häusern des Ortes vorbei – auf die Hauptstraße. Dieser folgen wir ein paar Meter nach rechts und schwenken dann links in einen Weg ein, der uns geradewegs nach **Tamaduste** hineinführt.

Sonnenanbeter auf steingepflasterten Terrassen

Wanderung 2*: Abstieg zu „kochenden Kesseln“

Von Echedo zur Bucht Charco Manso

- **Charakter:** Vom Weiler Echedo steigt man gemütlich zur Küste hinab, wo man bei ruhiger See im Naturschwimmbecken baden kann. Insgesamt eine leichte Tour auf Wegen, Pfaden und asphaltierter Piste, kurzzeitig ist auf gerölligem Gelände etwas Trittsicherheit nötig.
- **Ausgangs- und Endpunkt:** Echedo
- **Zwischenziel:** Charco Manso
- **Länge:** 5 km (Hin- und Rückweg)
- **Dauer:** 2 Std. (Hin- und Rückweg)
- **Höhenunterschied:** je 350 m im Ab- und Aufstieg
- **Einkehr:** Restaurant La Higuera de la Abuela in Echedo
- **Anfahrt:** Echedo ist nicht per Bus erreichbar. Am besten lässt man sich mit Taxi oder Mietwagen zum Ausgangspunkt bringen und wieder abholen.

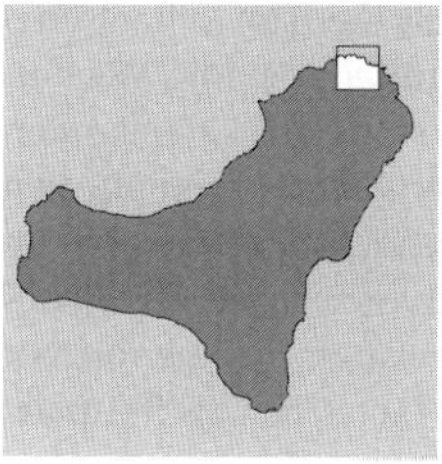

Vom Dorfplatz in **Echedo,** der Plaza Miguel Barrera mit kleiner Kapelle, folgt man der Straße nordwärts, vorbei am Restaurant La Higuera de la Abuela. Wir ignorieren die Abzweigung nach Guasalincho und biegen 400 Meter weiter, kurz hinter einer Linkskurve und am Ende einer Steinmauer, rechts ab in einen deutlich sichtbaren Weg. Dieser mündet nach 100 Metern erneut in die Straße, der wir nach rechts folgen: Nach 30 Metern passiert man ein Häuschen, nach weiteren 100 Metern erscheint zur Rechten ein „aufgebrochener“ Vulkanberg. Kurz vor Erreichen der Scharte zweigt links der Straße ein unscheinbarer, aber von Steinmännchen markierter Pfad ab, der sich sogleich verbreitert und seine alte Steinpflasterung erkennen lässt.

Auf diesem stets unterhalb der Straße verlaufenden Weg geht es fortan hinab – weit reicht der Blick über grüne, aufgelassene Terrassenfelder

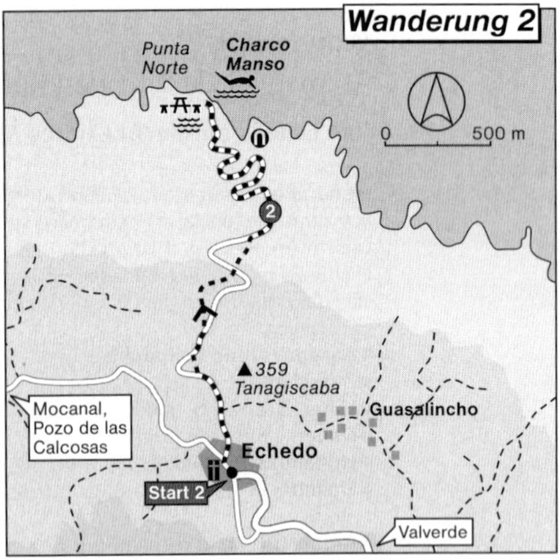

zum Meer. Nach einigen Minuten kreuzt der Weg die Straße und setzt sich als Geröllpfad hangquerend über ockerfarbenes Tuffgestein fort. Wiederum nach einigen Minuten passiert man einen mächtigen Felsen. In engen Kehren schraubt sich der Pfad hinab, wird schließlich breiter und mündet in die Straße, auf der man links zu den Buchten von **Charco Manso** gelangt: Ein überdachter Grillplatz (mit Süßwasser) bietet sich als Rastplatz an, bevor man an der Küste die „kochenden Kessel", von Höhlen durchsetzte Klippen, erkundet. Auf gleichem Weg geht es zum Ausgangspunkt in **Echedo** zurück.

Wanderung 3*: Durch die Dörfer des Nordens

Von Valverde zum Mirador de la Peña

- **Charakter:** Bis auf den Anstieg in der ersten halben Stunde ist dies eine überwiegend leichte Tour vorwiegend auf (teilweise asphaltierten) Pisten. Für die Bewohner des Nordens war dieser Weg einst die „Nabelschnur", die sie mit der Hauptstadt verband. Entlang der Strecke reihen sich Weiden, Felder und Haine aneinander, dazwischen liegen kleine Dörfer. Der Mirador de la Peña am Ende der Tour bietet eine grandiose Aussicht aufs Golftal.
- **Ausgangspunkt:** Valverde
- **Endpunkt:** Mirador de la Peña
- **Länge:** 9 km
- **Dauer:** 3:30 Std.
- **Höhenunterschied:** 300 m im An-, 230 m im Abstieg
- **Einkehr:** Bars und Restaurants in Valverde und am Mirador de la Peña
- **Anfahrt:** Valverde ist frühmorgens von allen wichtigen Inselorten mit Bus erreichbar; zurück geht es per Anhalter oder mit dem Taxi.

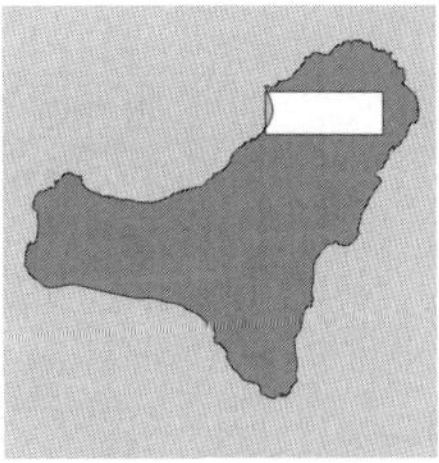

Gegenüber der Bar Los Reyes an der zentralen Kreuzung in **Valverde** folgt man der Calle Licenciado Bueno steil hinauf. Nach knapp 200 Metern führt sie unter einer Unterführung hindurch zu einer Kreuzung: Hier hält man sich geradeaus und folgt der Calle Armas Martell aufwärts. Zur Linken befindet sich das schmuck restaurierte Kunsthandwerkszentrum, anschließend geht es steil hinauf. Beim Haus *El Poyo* biegt man links in die Calle Casañas Frías ein und passiert nach weiteren 200 Metern einen kleinen Platz mit Kreuz und der Aufschrift „Por Don Francisco Casañas". Kurz darauf geht der Asphalt in die Steinpflasterung des alten Königswegs über, ein Schild zeigt den Beginn des „Camino de la Virgen" (Pilgerweg der Jungfrau) an.

Dieser führt am Rand eines Barranco aufwärts, vorbei an üppig wuchernder Vegetation. Nach einem guten Kilometer mündet der Weg knapp unterhalb der Leitplanke der Hauptstraße in eine Asphaltpiste, der wir nach rechts folgen. In sanftem Auf und Ab führt sie durch grüne Landschaft, weit unten liegen die Häuser von Valverde. Nach 1,2 Kilometern auf Asphaltpiste passiert man das Staubecken **Presa de Tefirabe** und gelangt zu einer Gabelung, an der man sich rechts hält. Nach 500 Metern kommt man an einem kleinen Picknickplatz vorbei, der zum Gelände der Finca Las Cancelitas gehört, auf der die Inselregierung neue Anbaumethoden erprobt. 400 Meter weiter ragt rechter Hand der kegelförmige Afoba auf, bald darauf erblickt man bereits **Hoyo del Barrio,** das Oberdorf von Mocanal.

Kurz vor Erreichen der ersten Häuser gabelt sich die Asphaltpiste: Rechts führt sie ins Dorf hinein, links in Richtung Casas del Monte. Wir folgen der rechts einknickenden Piste, verlassen sie aber bereits nach knapp 20 Metern auf einem links abzweigenden Weg, der an einer Garage vorbei von

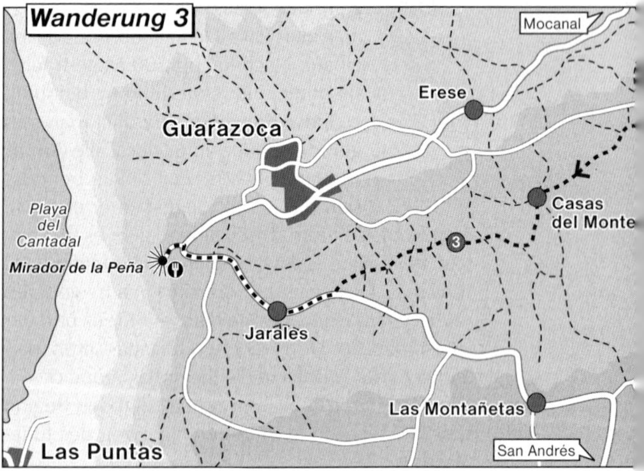

Seitenmäuerchen gesäumt aufwärts führt. Wenig später mündet er in das Dorfsträßchen (Calle Hoyo del Barrio Interior), dem wir links aufwärts folgen. Wir ignorieren eine rechts abzweigende Piste, am Haus Nr. 21 geht das Sträßchen wieder in den steingepflasterten *camino* über. Steil geleitet er uns zur Asphaltpiste, auf der es rechts weitergeht. Knapp zwei Kilometer braucht man sich um keine Abzweigung zu kümmern und kann den

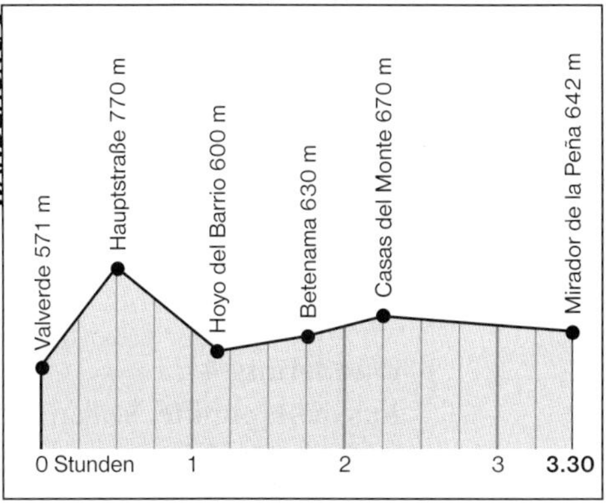

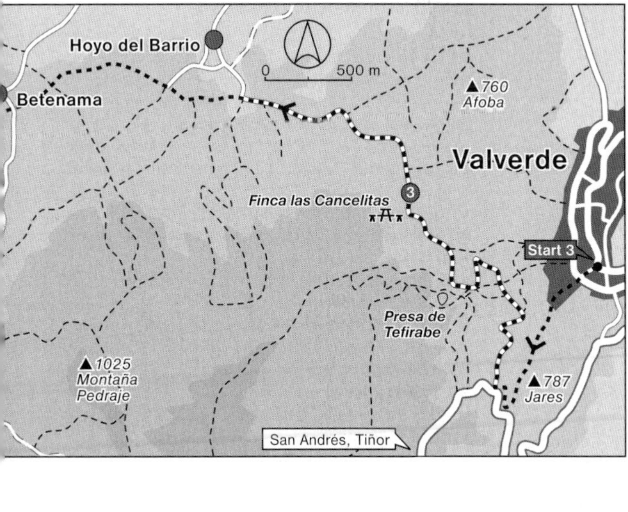

herrlichen Blick über die grünen Nordhänge El Hierros genießen.

Vorbei an den ersten Häusern von Betenama (Calle Artenga) gelangt man nach **Casas del Monte.** Auf das Haus Casas del Monte Nr. 13 folgt erstaunlicherweise Nr. 2. Direkt dahinter zweigen zur Linken zwei steingepflasterte Wege ab. Wir folgen dem rechten der beiden, der an Feldern vorbei zu einer Asphaltpiste führt. Auf dieser gehen wir nach rechts, um wenig später links in den (anfangs asphaltierten) *camino* einzuschwenken. Er ist von Zedern und Palmen gesäumt, selbst einen alten Drachenbaum kann man entdecken. Beim Weiler Jarales mündet er in die Hauptstraße, auf der wir rechts einbiegend nach gut einem Kilometer die Zufahrt zum spektakulären **Mirador de la Peña** erreichen.

Wanderung 4*: Aussichtspunkte, Vulkane und eine Eselsfarm

Vom Mirador de la Peña zur Montaña de los Muertos

- **Charakter:** Einfache Wanderung auf alten, steingepflasterten Wegen, ein kurzes Stück läuft man durchs Barranco-Bett. Unterwegs genießt man den Blick aufs Meer und auf eine Reihe junger, erloschener Vulkane. Ziel der Tour ist die Montaña de los Muertos (Berg der Toten) mit ihrem kraterähnlichen Schlund.
- **Ausgangs- und Endpunkt:** Mirador de la Peña
- **Zwischenziel:** Hochfläche an der Montaña de los Muertos
- **Länge:** ca. 6 km (hin und zurück)
- **Dauer:** 2:30 Std. (hin und zurück)
- **Höhenunterschied:** je 360 m im Ab- und Anstieg
- **Einkehr:** Restaurants im Mirador de la Peña und in Guarazoca
- **Anfahrt:** Guarazoca, 1 km östlich des Mirador de la Peña, ist mittags ab Valverde mit Bus erreichbar; zurück geht's mit Taxi oder per Anhalter.

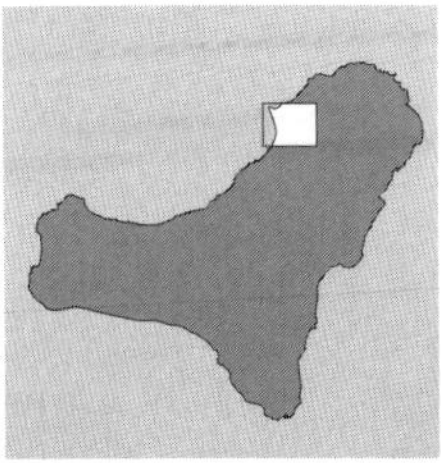

Von der Zufahrt zum **Mirador de la Peña** folgt man der Straße in Richtung San Andrés. Nach 250 Metern biegt man links in einen betonierten Weg ein, der sich sogleich in einen steingepflasterten *camino* verwandelt. Über grüne, mauerngesäumte Weiden führt er in 250 Metern zur Straße. Wir folgen ihr nach rechts, verlassen sie aber bereits wieder nach 20 Metern auf einem links abzweigenden, etwas verwilderten Weg.

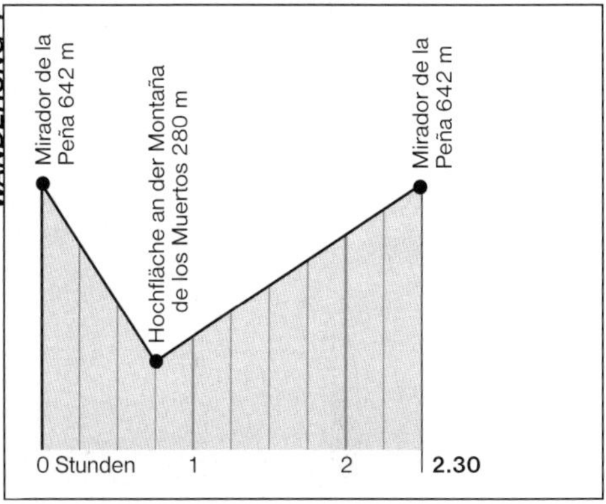

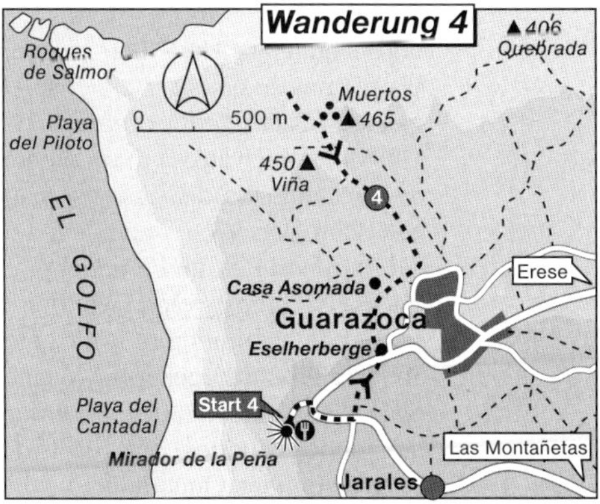

071eh Foto: gs

Vorbei am Haus Nr. 5 führt er zu einer Asphaltpiste, die uns zu einem quer verlaufenden Sträßlein geleitet (Calle Piedra Bremeja). Wir folgen ihm 100 Meter nach links, um vor einem schön restaurierten Landhaus, der Casa Asomada, rechts in einen schmalen Weg einzubiegen. Er durchquert ein Barranco-Bett und mündet in eine Asphaltpiste, der wir bergab folgen. Vor dem Blau des Meeres heben sich mehrere sanft geformte Vulkane ab: ganz links der „geköpfte" Weinberg (Montaña de la Viña), daneben der „Berg der Toten" (Montaña de los Muertos) und rechts der „Verbrannte Berg" (Montaña Quebrada).

Nach gut fünf Minuten endet der Asphalt und die Piste knickt rechts ein. An dieser Stelle steigen wir ins Barranco-Bett und folgen ihm abwärts. Im Frühjahr präsentiert es sich als botanische Wundertüte mit Tabaiba, Wolfsmilch und Affodil, tellergroßem Dachwurz und weiß blühenden Margeriten. Wenn der Barranco nach gut zehn Minuten eine Rechtskurve beschreibt, eröffnet sich ein anderes Bild: Dramatisch bricht die **Montaña de los Muertos** gen Westen ab, ihre zerborstenen Flan-

An der Abbruchante der Montaña de los Muertos

ken sind pechschwarz. Kurz darauf ist ein kraterähnlicher Abgrund erreicht: 40 Meter blickt man in die Tiefe, ringsum abgebrochenes, abgerutschtes Gestein. Hier hat man in den 1970er Jahren eine **altkanarische Begräbnishöhle** entdeckt, selbst Mumien konnten geborgen werden. Die Funde befinden sich in Valverde und sollen bald im Archäologischen Museum ausgestellt werden.

Links des Kraters setzt sich der Weg als schmaler Steig fort. In wenigen Minuten führt er zu einer weiten, von Bruchsteinmauern gesäumten **Hochfläche** – der ideale Platz für ein Picknick. In ihrer Mitte befindet sich ein kreisrundes Gehege. Über Abstürze hinweg bietet sich ein schöner Blick auf die Küste und die tief unten verlaufende neue Straße Frontera – Valverde. Auf gleichem Weg geht es zum Ausgangspunkt **Mirador de la Peña** zurück.

Wanderung 5**: Runde um den „heiligen Baum"

Von San Andrés zum Árbol Santo

- **Charakter:** Eine abwechslungsreiche Tour durch Kiefern- und Eukalyptuswäldchen, über grüne Täler und Kuppen. Unterwegs passiert man den „heiligen Baum" mit seinen bizarren Wasserlöchern. Auch bei Passatnebel wird die Tour zum Vergnügen: In wabernden Wolkenschwaden wirkt der Ort besonders geheimnisvoll.
- **Ausgangs- und Endpunkt:** San Andrés
- **Zwischenziel:** Árbol Santo („Heiliger Baum")
- **Länge:** ca. 11 km
- **Dauer:** 3:15 Std.
- **Höhenunterschied:** je 220 m im An- und Abstieg
- **Einkehr:** Bars und Restaurants in San Andrés
- **Anfahrt:** Wer in La Restinga oder El Pinar bzw. im Golftal wohnt, kann mit dem Bus frühmorgens nach San Andrés fahren und, wenn er sich sputet, mittags mit dem aus Valverde kommenden Bus zurückkehren. Von Valverde ist San Andrés nur mittags erreichbar, für die Rückfahrt in die Hauptstadt muss man sich ein Taxi nehmen bzw. per Anhalter fahren.

Variante: Kurztour zum „Heiligen Baum" ab Las Montañetas (s.u.)

El Hierro

Vliegveld El Hierro
olfo
Punta Grande
Casa Belgara Alta
a
Frontera
Tigaday
Las Playas
Parador El Hierro
Casa Rosa Mari
El Pinar

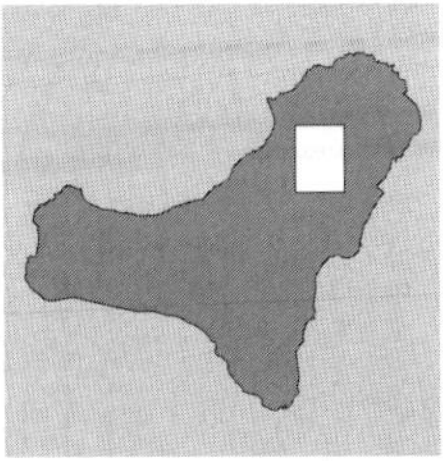

Vom Kirchplatz in **San Andrés** (⇨Ortsplan im Kap. „Bergland") folgt man der Straße nordwärts Richtung Guarazoca. Vorbei an Schaf- und Ziegenställen erreicht man nach 800 Metern den Beginn eines Waldstücks, wo der ausgeschilderte „Camino de la Virgen" die Straße kreuzt. Die Stelle ist als **Raya de las Cuatro Esquinas** bekannt, Die „Gemarkung der vier Ecken". Während der alle vier Jahre stattfindenden großen Inselprozession legt man hier eine Zwischenpause ein, ruht sich auf den gemauerten Bänken aus und trinkt von der steingefassten Quelle. Hier verlassen wir den Asphalt und folgen der ausgeschilderten Erdpiste Richtung „Árbol Santo". Leicht ansteigend führt sie durch Kiefernwald, wobei alle Abzweigungen zur Rechten und Linken unbeachtet bleiben. Nach 15 Minuten trennt sich an einer Gabelung unser Weg vom Camino de la Virgen.

Wer Lust auf einen Abstecher zum Geisterdorf **La Albarrada** hat, hält sich rechts und erreicht nach wenigen Minuten die Ruinen und verwilderten Gärten des verlassenen Dorfes. Anschließend folgt man der Piste zur Gabelung zurück und biegt dort rechts in den Hauptweg ein.

Unsere Route folgt der halblinks abzweigenden Piste, die steil aufwärts führt und kurzzeitig asphaltiert ist. Von einer Anhöhe bietet sich ein weiter Blick über die mit Vulkankuppen gespickte Hochebene von Nisdafe. Anschließend führt die Piste leicht abwärts und gabelt sich: Wir halten uns links, wenig später endet die Piste an einem Parkplatz. Der hier rechts abzweigende schmale Weg bringt uns – an mehreren Wasserlöchern vorbei – zum **Árbol Santo,** dem Nachfolger des legendären „Heiligen Baumes" (⇨Exkurs im Kap. „Bergland").

Anschließend gehen wir zum Parkplatz zurück und folgen dem nordwärts weisenden Weg. An der Gabelung nach knapp fünf Minuten biegen

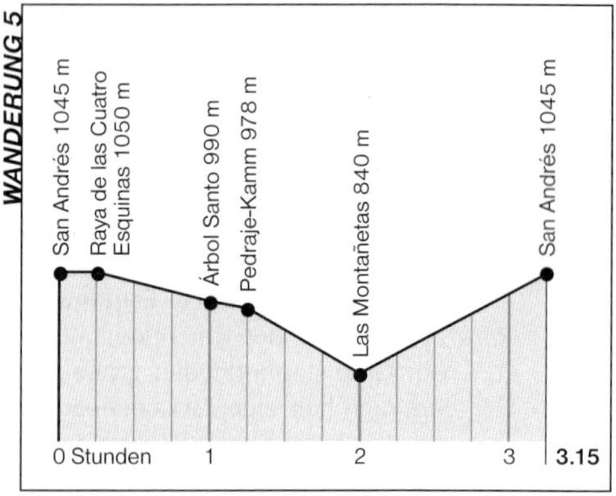
WANDERUNG 5
San Andrés 1045 m
Raya de las Cuatro Esquinas 1050 m
Árbol Santo 990 m
Pedraje-Kamm 978 m
Las Montañetas 840 m
San Andrés 1045 m
0 Stunden
1
2
3
3.15

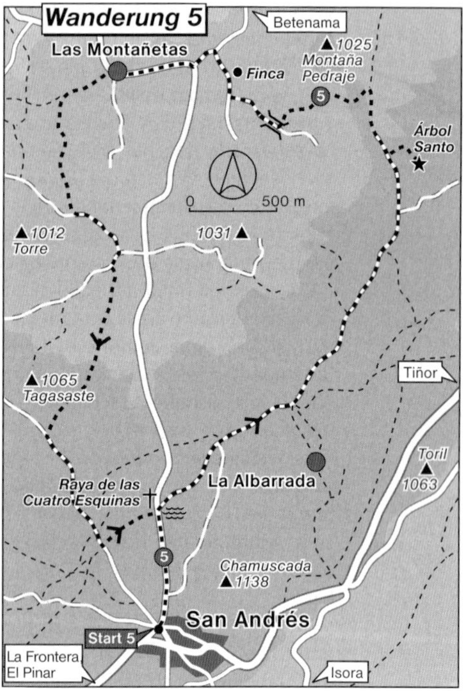
Wanderung 5
Betenama
Las Montañetas
Finca
1025
Montaña Pedraje
5
Árbol Santo
0
500 m
1012
Torre
1031
1065
Tagasaste
Tiñor
La Albarrada
Toril
1063
Raya de las Cuatro Esquinas
5
Chamuscada
1138
San Andrés
Start 5
La Frontera
El Pinar
Isora

wir in den scharf links abzweigenden Pfad ein (Achtung: kann man leicht übersehen) und erreichen eine Einsattelung im **Pedraje-Kamm.** Sogleich senkt sich der Weg und führt durch eine Allee von Agaven. Links fällt der Blick in eine malerische, waldgefasste Talmulde, auf der zuweilen Kühe grasen. Ab einem Eukalyptushain wird der Weg gerölliger, nach regenreichen Wintern ist er verwachsen, doch immer gut sichtbar. Zehn Minuten nach der Einsattelung mündet der Weg in eine Erdpiste, in die wir rechts einschwenken. Nach 450 Metern biegen wir rechts in eine Asphaltpiste ein. An einem Gehöft vorbei geht es zur Nebenstraße Las Montañetas – Betenama, an der wir uns links halten, um nach 100 Metern die Straßengabelung San Andrés – Guarazoca zu erreichen.

Hier gehen wir rechts und passieren die Ruinen und restaurierten Landhäuser von **Las Montañetas.** Nach 400 Metern, in der ersten Rechtskurve, biegen wir links in einen mauerngesäumten Fahrweg ein. Nach wenigen Minuten verwandelt sich dieser in einen *camino* und hält auf den vor uns aufragenden Berg zu. Er führt durch ein verwildertes Tal und stößt auf eine breite Piste, in die wir links einbiegen. An einem überdachten Wasserreservoir geht es rechts weiter, doch schon 50 Meter weiter achte man auf einen links abzweigenden, mauerngesäumten *camino,* dem man gut zehn Minuten folgt, bis er sich in einem kleinen Tal gabelt: Halbrechts geht es am Fuß der Montaña del Tagasaste entlang und von dort weiter zu einer breiten Piste. Dieser folgen wir nach links in Richtung des antennengespickten Chamuscada, des Hausbergs von San Andrés. Nach knapp zehn Minuten quert der mauerngesäumte Camino de la Virgen unsere Piste. Hier geht man geradeaus weiter und erreicht nach etwa 600 Metern **San Andrés.**

Variante: Kurztour zum „Heiligen Baum“ ab Las Montañetas

- **Ausgangs- und Endpunkt:** Gabelung Las Montañetas / Betenama
- **Dauer:** 1:30 Std. (hin und zurück)

Man folgt der Nebenstraße von **Las Montañetas** nach Betenama 100 Meter und biegt rechts in eine Asphaltpiste ein, die in 300 Metern zu einer Finca führt. 50 Meter dahinter wechselt man nach links auf eine Erdpiste über, die durch Eukalyptuswald aufwärts führt. Nach 450 Metern gelangt man zu einer Lichtung in einem Taleinschnitt (15 Min.). Die Piste schwenkt rechts ein, hier achte man auf einen links abzweigenden Pfad, der sich längs einer Reihe von Agaven den Hang hinauf-

072eh Foto: gs

zieht und an Eukalyptusbäumen vorbeiführt. Anfangs ist er geröllig und etwas verwildert, dann aber gut sichtbar (zur Linken ein Maschendrahtzaun).

Nach ein paar Minuten lichtet sich der Eukalyptushain, rechts unten im Tal liegen grüne, terrassierte Felder. Nach Passieren einer Allee von Agaven erreicht man eine Einsattelung (Pedraje-Kamm): Ringsum sieht man baumlose, saftig-grüne Kuppen und Täler. Nun senkt sich der Weg und führt zu einer Gabelung: Dort hält man sich rechts und erreicht nach fünf Minuten einen Parkplatz, von dem links ein schmaler Weg in wenigen Minuten zum **Árbol Santo** führt.

Wanderung 6**: Aus der Vogelperspektive

Vom Mirador de Isora nach Las Playas

- **Charakter:** Der spektakuläre, in die 1000 m hohe Steilflanke des Risco de los Herreños geschlagene Weg ist nichts für Schwindelanfällige. Doch ist er ausreichend breit und teilweise mauerngesäumt, nur an wenigen Stellen, wo die alte Steinpflasterung aussetzt, ist auf sandig-gerölligem Untergrund Trittsicherheit nötig. Während der gesamten Tour genießt man einen fantastischen Tiefblick in die amphitheaterförmige Bucht von Las Playas; am Zielpunkt kann man bei ruhiger See in die Fluten springen.
- **Ausgangspunkt:** Mirador de Isora
- **Endpunkt:** Las Playas
- **Länge:** 3,5 km
- **Dauer:** 2 Std.
- **Höhenunterschied:** 770 m im Abstieg
- **Einkehr:** in Isora und Las Playas
- **Anfahrt:** Isora ist ab Valverde nur mittags mit Bus erreichbar; von dort geht es zu Fuß 1,5 km südwärts zum Mirador; am Endpunkt fährt kein Bus, doch kann man sich im Parador bzw. im Restaurant Bohemia ein Taxi bestellen.

Abstieg nach Las Montañetas (Wanderung 5)

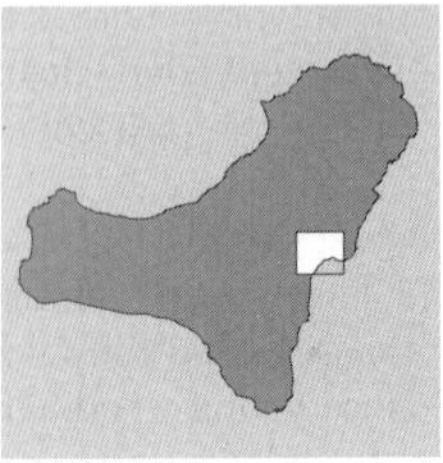

Mit seinen terrassenförmoig angelegten Plattformen bietet der **Mirador de Isora** (1,5 km südlich der Kirche von Isora) einen grandiosen Tiefblick in die Bucht von Las Playas. Gut kann man sich von hier einen ersten Überblick über die Tour verschaffen: Man sieht, wie sich der Weg in die Steilflanken krallt, hinter einem Felsvorsprung verschwindet und in der Küstenebene zielstrebig auf die Straße zuhält.

Er ist als „Camino Isora a la Playa" ausgeschildert und startet in Verlängerung der Straße am Südrand des Mirador hinter den Toilettenhäuschen aus Naturstein. Steingepflastert und mauerngesäumt steigt er auf den ersten Metern an und führt zu einer etwas undeutlichen Gabelung: Auf dem markanteren der beiden Wege geht es links weiter, nun steil bergab. Nach einigen Minuten kann man vorübergehend die Kniegelenke schonen: Der Weg flacht etwas ab, um sich alsdann am Rande eines Barranco erneut hinabzuschrauben.

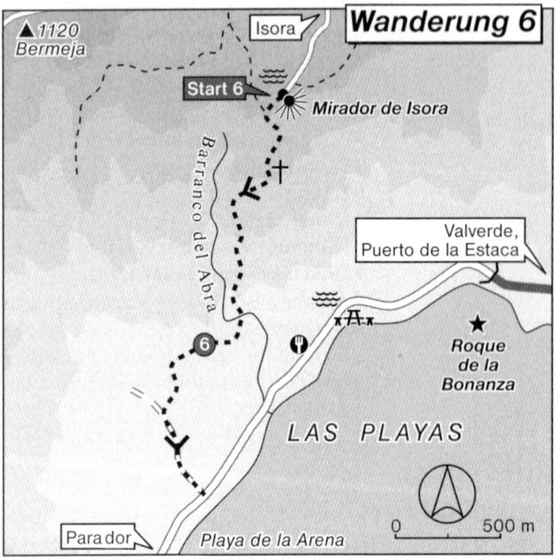

073eh Foto: gs

Nach gut 15 Minuten wird ein Holzkreuz passiert, nach weiteren 10 Minuten ein Gatter durchschritten – man mag kaum glauben, dass die Steilwand ein Weidegrund für Ziegen ist! Der Weg wird nun breiter, aber auch gerölliger; auf der Höhe einer einzeln stehenden Kiefer bietet sich von einem Natur-Mirador ein schöner Blick in die Tiefe.

Wieder schmaler führt der Weg im Zickzack bergab, quert eine Seitenschlucht und wieder ein Gatter. Kiefern und Wacholderbäume machen sich rar, fortan säumen Ginsterbüsche unseren Weg. Wir durchqueren den tief eingeschnittenen **Barranco del Abra** (30 Minuten nach dem zweiten Gatter) und halten uns an einer Gabelung rechts: In engen Kehren steigt der Weg an. Oben angekommen halten wir uns abermals rechts und gehen ein kurzes Stück aufwärts, bevor sich der Weg absenkt. Nach zehnminütigem Abstieg geht es auf Piste weiter zu einer Kreuzung. Dort halten wir uns links und laufen an einigen Häusern vorbei, bevor der *camino* (hier ausgeschildert) in die Küstenstraße von **Las Playas** einmündet: 400 Meter nördlich befindet sich das Restaurant La Bohemia mit kleiner Kapelle daneben, 900 Meter südlich der Parador mit angrenzenden Badebuchten (2 Std.).

Wanderung 7*: Kleine Runde bei El Pinar

Von Taibique zum Mirador de Tanajara

- **Charakter:** Gemütliche Tour über malerische, mit Feigen- und Mandelbäumen bepflanzte Hänge. Am Ende ein kleiner Höhepunkt: Von der hölzernen Aussichtsplattform des Tanajara liegt dem Wanderer El Pinar zu Füßen, über den jungvulkanischen Inselsüden reicht der Blick bis zum Mar de Calmas (Meer der Stille).
- **Ausgangs- und Endpunkt:** El Pinar (Taibique)
- **Zwischenziel:** Hoya del Gallego
- **Länge:** ca. 6 km
- **Dauer:** 2 Std.
- **Höhenunterschied:** je 180 m in An- und Abstieg
- **Einkehr:** Bars und Restaurants in Taibique
- **Anfahrt:** Taibique ist frühmorgens mit dem Bus ab La Restinga erreichbar, mittags passiert der von Valverde kommende Bus den Ort und fährt weiter in den Inselsüden.

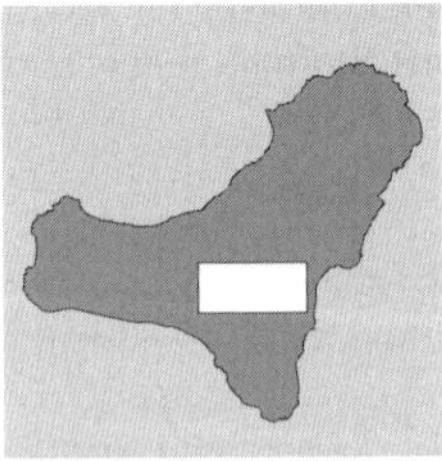

Der Beginn der Tour ist mit Wanderung 8 identisch: Vom Dorfplatz in **Taibique** (⇨Ortsplan im Kap. „Bergland“) biegt man neben der Librería in die steil hinaufführende Gasse ein. Nach knapp 200 Metern passiert man die kleine Plaza Estebán und hält sich halbrechts, ignoriert kurz darauf eine von rechts einmündende Straße und hält sich an der unmittelbar folgenden Kreuzung links. Nach 100 Metern biegt man rechts ein und folgt dem Wegweiser in Richtung Mirador de Tanajara. Wenn die Straße nach 20 Metern links einknickt, geht man geradeaus auf einem steingepflasterten, mauerngesäumten Weg weiter. Der steil ansteigende *camino* führt uns in 500 Metern zu einer Asphaltpiste, ein Schild kündigt den Beginn des Naturschutzgebiets „Parque Rural La Frontera" an.

Wir folgen der Piste nach links, die nach 200 Metern in einen erdigen Fahrweg übergeht. Nach weiteren 500 Metern beschreibt die Piste eine Rechtskurve und eröffnet einen schönen **Blick auf Hoya del Gallego,** ein mit Mandel- und Feigenbäumen bestandenes Tal**.** Links der Piste zweigen zwei breite Wege ab: Einer führt steil hinab in die Senke (⇨Wanderung 8), wir aber wählen den anderen, durch eine Kette versperrten Weg, der höhehaltend in einen Kiefernhain führt. An der **Einsattelung** wenige Minuten später bietet sich erneut ein wildromantischer Blick: Ein tief abgesenkter Hang ist mit einem scheckigen Muster aus Wiesen, Kiefern- und Mandelbaumhainen überzogen, hinter grünen Kegeln und Kratern erkennt man die zum Meer abfallende Lavawüste des Südens.

Direkt unter uns, in Luftlinie kaum 100 Meter entfernt, befindet sich ein kreisrunder Dreschplatz, direkt daneben – zwischen Baumkronen etwas versteckt – die **Casa El Matel,** unser nächstes Etappenziel. Entweder steigt man querfeldein zu ihm hinab oder man wählt den links der Einsattelung hinabführenden breiten Weg: In beiden Fällen gelangt man in wenigen Minuten zu einer markanten Piste knapp unterhalb des Hauses. Auf ihr geht es links weiter, kurze Zeit ansteigend, dann wieder in weiten Bögen hinab.

500 Meter hinter der Casa El Matel verlassen wir die Piste auf einem links abzweigenden Pfad, der wenig später in eine Piste mündet (wer den Pfadeinstieg verpasst, biegt kurz danach in die von Re-

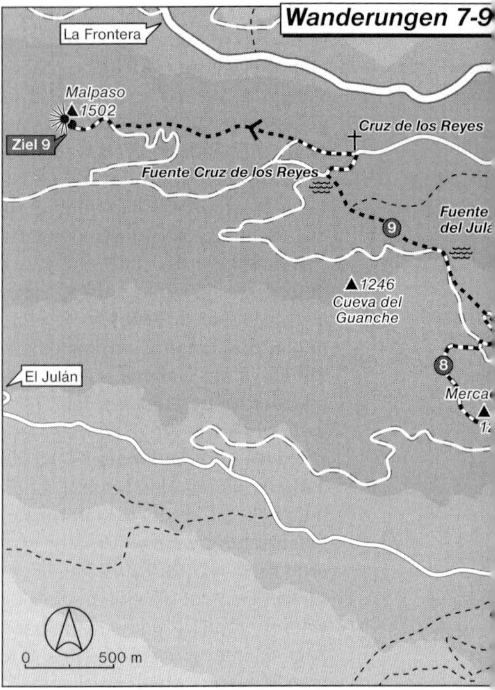
Wanderungen 7-9
La Frontera
Malpaso
1502
Ziel 9
Cruz de los Reyes
Fuente Cruz de los Reyes
9
Fuente
1246
Cueva del
Guanche
El Julán
8
0
500 m

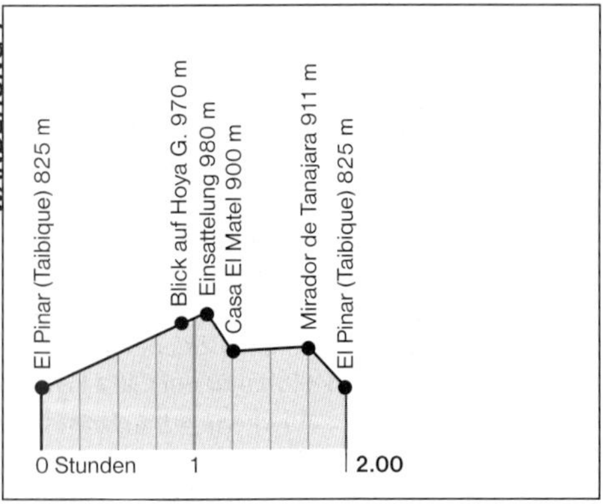
WANDERUNG 7
El Pinar (Taibique) 825 m
Blick auf Hoya G. 970 m
Einsattelung 980 m
Casa El Matel 900 m
Mirador de Tanajara 911 m
El Pinar (Taibique) 825 m
0 Stunden
1
2.00

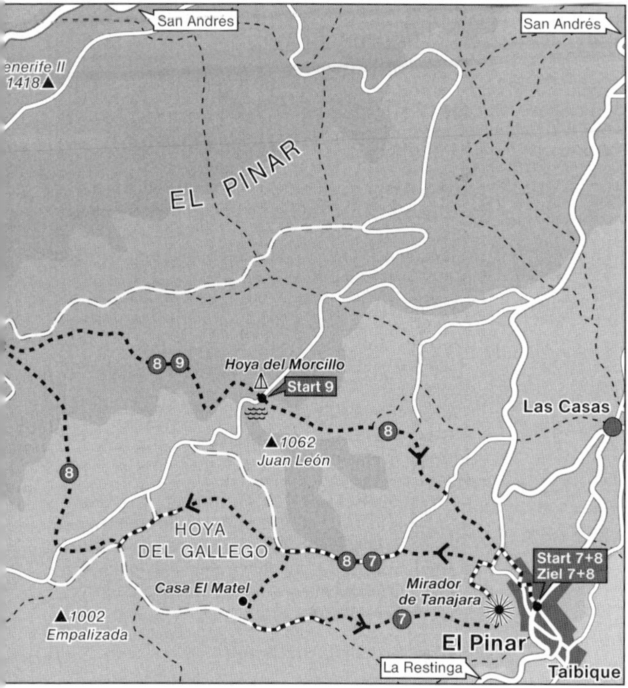

genrinnen durchzogene Piste ein). Sie führt später nur mäßig ansteigend an Natursteinhäusern vorbei (die kläffenden Hunde sind angeleint!) und mündet nach gut 20 Minuten in die Zufahrtstraße zum **Mirador de Tanajara.** Nach wenigen Schritten ist das Gipfelplateau erreicht: Neben Sendemasten wurde ein origineller Aussichtsturm postiert, der über eine Rundtreppe bestiegen werden kann. Direkt unter uns liegen die Häuser von Taibique, in der Ferne Las Casas und der Kiefernwald. Gen Süden schweift der Blick über die Vulkanlandschaft bis zu den Steilhängen von El Julán.

Vom Mirador folgen wir dem Asphaltsträßchen bergab und steigen über die Calle Chamorro zum Dorfplatz von **Taibique** hinab (2 Std.).

Wanderung 8**: Durch Kiefernwald auf einen Aussichtsberg

Über Hoya del Gallego zum Mercadel

- **Charakter:** Die anfangs leichte, später aufgrund des Höhenunterschieds etwas anstrengende Tour verläuft durchweg auf breiten Wegen und Pisten. Erst durchschreitet man Täler mit Mandel- und Feigenbäumen, dann einen Kiefernwald mit jahrhundertealten, majestätischen Kiefern. Am Mercadel, dem höchsten Punkt der Tour, liegt Wanderern der gesamte Inselsüden zu Füßen. Auf dem Rückweg passiert man Hoya del Morcillo, den schönsten Picknickplatz von El Hierro.
- **Ausgangs- und Endpunkt:** Taibique
- **Zwischenziel:** Montaña Mercadel
- **Länge:** ca. 11 km
- **Dauer:** 3:45 Std.
- **Höhenunterschied:** je ca. 450 m im An- und Abstieg
- **Einkehr:** In Taibique Bars und Lokale, in Hoya del Morcillo Zeltplatz mit Grillöfen und sanitären Anlagen.
- **Anfahrt:** Taibique ist frühmorgens mit dem Bus ab La Restinga erreichbar, mittags passiert der von Valverde kommende Bus den Ort und fährt weiter in den Inselsüden.

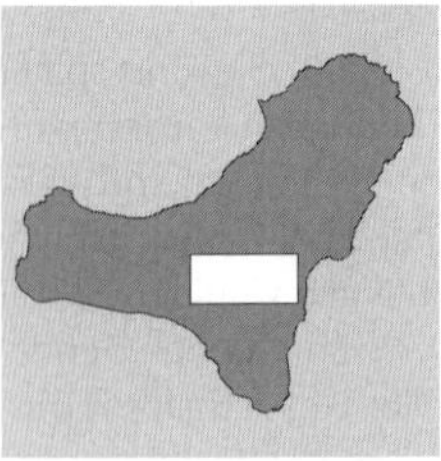

Vom Dorfplatz in **Taibique** biegen wir neben der Librería (Calle Travesía del Pino 48) in die steil hinaufführende Gasse ein (⇨Ortsplan im Kap. „Bergland"). Nach knapp 200 Metern passieren wir die kleine Plaza Estebán und halten uns halbrechts, ignorieren kurz darauf eine von rechts einmündende Straße und halten uns an der unmittelbar folgenden Kreuzung links. Nach 100 Metern biegen wir rechts ein (Calle Chamorro, hier nicht ausgeschildert) und folgen dem Wegweiser Richtung Mirador de Tanajara. Wenn die Straße nach 20 Metern links einknickt, gehen wir geradeaus auf einem steingepflasterten, mauerngesäumten Weg weiter. Nun liegt das Dorf hinter uns: Der an-

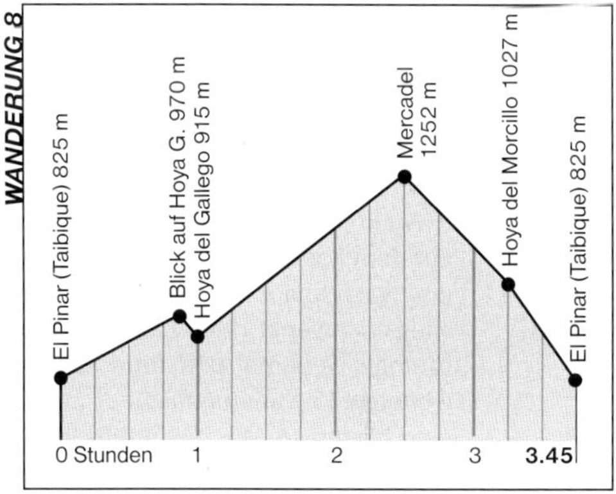

fangs nur langsam, später stärker ansteigende *camino* führt uns über einen weinbewachsenen Hang auf den Kiefernwald zu. Nach 500 Metern mündet er in eine Asphaltpiste, ein Schild kündigt den Beginn des Naturschutzgebiets „Parque Rural La Frontera" an.

Wir folgen der Piste nach links, die nach 200 Metern in einen erdigen Fahrweg übergeht. Wo dieser nach 500 Metern eine Rechtskurve beschreibt, zweigen linker Hand zwei Pisten ab und es eröffnet sich ein **Blick auf Hoya del Gallego,** ein malerisches Tal: Wir wählen nicht die linke, durch eine Kette versperrte Fahrspur (⇨Wanderung 7), sondern den halblinken Weg, der über Lavagrus steil nach **Hoya del Gallego** hinabführt. Auf seinem Grund wachsen von der Inselregierung gepflanzte Feigen- und Mandelbäume.

Wir ignorieren die links zu einer Hausruine abzweigende Piste; gut fünf Minuten später verlassen wir die rechts einknickende Piste auf einem schmalen, geradeaus weisenden und mauerngesäumten Weg. An einem Häuschen geht er in einen breiten Weg über, der an einer Steinmauer entlangführt. 300 Meter hinter dem Häuschen stoßen wir auf eine hier einknickende Piste, der wir geradeaus folgen. An der Gabelung nach gut

100 Metern geht es links, an einsamen Gehöften vorbei, zurück nach Taibique; wir aber halten uns rechts und erreichen wenig später – auf weich federndem Nadelboden und an alten majestätischen Kiefern vorbei – die **Straße Hoya del Morcillo – El Julán.**

Wir kreuzen die Straße und gehen rechtshaltend auf dem Forstweg in einen alten Kiefernwald hinein. Nach knapp 15 Minuten gemächlichen Aufstiegs schwenkt der Weg in ein von Felsen gesäumtes Seitental und führt steil bergan. Nach weiteren 15 Minuten flacht er ab und mündet in eine Forstpiste. Wir halten uns links (rechts führt später unser Rückweg zum Picknickplatz Hoya del Morcillo) und stoßen nach fünf Minuten an einem Baum mit Wasserhahn auf eine breitere Piste, die uns linker Hand nach 150 Metern zu einer Gabelung bringt: Dort geht es links in Richtung El Julán weiter, nach 100 Metern an der Gabelung rechts in Richtung Montaña Mercadel. Entgegen dem Uhrzeigersinn windet sich der Weg nun zum Gipfelplateau des **Mercadel** (1252 m) mit weitem Blick nach Süden.

Vom Gipfel steigt man zunächst auf dem bekannten Weg ab: an der ersten Gabelung links, nach 100 Metern rechts und nach weiteren 150 Metern am Baum mit Wasserhahn abermals rechts. Kurz danach ignorieren wir den von rechts heraufkommenden Weg, auf dem wir zuvor aufgestiegen waren. Auf der breiten Forstpiste lassen wir uns hinabtreiben, achten nach 25 Minuten auf einen rechts abzweigenden Weg, der uns direkt zur Straßenkreuzung am **Picknickplatz Hoya del Morcillo** bringt. Doch keine Sorge: Wer ihn verpasst, erreicht wenig später gleichfalls die Straße und folgt ihr 200 Meter nach rechts zur Straßenkreuzung.

Von der Kreuzung spaziert man auf der Zufahrtstraße 100 Meter leicht bergab zum Info-Häuschen des Picknickplatzes. Man durchschreitet das Holztor mit der Aufschrift „Hoya del Morcillo“

und hält sich sogleich rechts, am umzäunten Gelände des Fußballplatzes vorbei. Auf einem breiten, aber anfangs etwas undeutlichen Weg gelangt man in lichten Kiefernwald. Bald ist er von niedrigen Säulen markiert und führt gemächlich bergab. Nach 500 Metern ignorieren wir einen undeutlichen, auf die Montaña de Juan León rechts hinaufführenden Pfad. Gut 100 Meter weiter kommen wir zu einer Gabelung: Links geht es zur Aula de Naturaleza, wir aber halten uns halbrechts auf dem weiterhin säulengesäumten Weg. Dieser mündet wenig später in eine von Steinmauern flankierte Piste, die uns in fünf Minuten zu einer Straßenkreuzung bringt – ein Schild zeigt an, dass wir das Naturschutzgebiet verlassen. Sowohl hier als auch an der nächsten Kreuzung nach 400 Metern gehen wir geradeaus und erreichen nach weiteren 400 Metern auf der abschüssigen Straße La Paz den Dorfplatz von **Taibique** (3 Std.).

Wanderung 9**: Auf den höchsten Gipfel

Von Hoya del Morcillo auf den Malpaso

- **Charakter:** Die aufgrund des zu bewältigenden Höhenunterschieds etwas anstrengende Tour verläuft geradlinig zum zentralen Höhenkamm, unterwegs passiert man zwei Vegetationszonen und wildromantische Wasserplätze. Vom 1502 m hohen, oft windgepeitschten Malpaso eröffnet sich an klaren Tagen eine herrliche Aussicht.
- **Ausgangspunkt:** Picknickplatz Hoya del Morcillo
- **Zwischenziel:** Cruz de los Reyes
- **Endpunkt:** Malpaso
- **Länge:** ca. 7 km
- **Dauer:** 2:45 Std.
- **Höhenunterschied:** 500 m im Anstieg, 25 m im Abstieg
- **Einkehr:** Trinkwasser und Grillplätze am Startpunkt
- **Anfahrt:** Start- und Endpunkt sind nicht mit öffentlichen Verkehrsmitteln erreichbar; am besten organisiert man die Tour mittels Car-Sharing (siehe Einleitung zum Wanderkapitel).

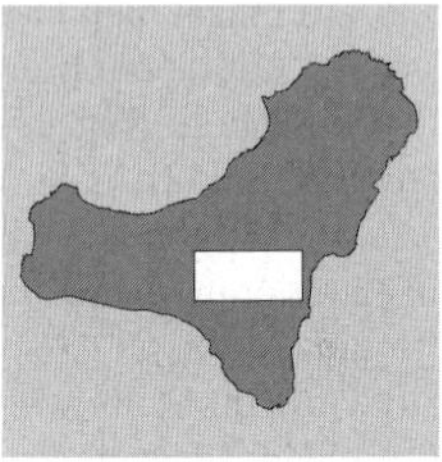

An der Straßenkreuzung von **Hoya del Morcillo** folgen wir, gegenüber der Zufahrt zum Picknickplatz, dem Weg im Taleinschnitt bergan. Nach 150 Metern stößt er auf eine Forstpiste, auf der wir links weitergehen. In weiten Bögen führt uns diese durch den Wald und quert wenig später eine Lichtung mit majestätischen Kiefern. Nach 15 Minuten kommen wir zu einer Gabelung und folgen der Hauptpiste halblinks. Wir passieren eine weitere Lichtung, ignorieren den links von der Hoya del Gallego heraufkommenden Weg (⇨Wanderung 8) und stoßen auf eine quer verlaufende Piste, wo wir uns an einer **Wasserstelle am Baum** erfrischen.

Wir ziehen geradeaus weiter (links geht es zum Gipfel des Mercadel) und lassen nach gut fünf Minuten eine von links einmündende Piste unbeachtet. Nach weiteren fünf Minuten – nun bereits in dichtem, von Gagelbäumen durchsetztem Wald – erreichen wir die steingefasste Quelle **Fuente del Julán** (1:10 Std.).

Der rechts der Piste (links der Zisterne) abzweigende breite Weg führt längs der Bergflanke (Montaña Cueva del Guanche) aufwärts. An der

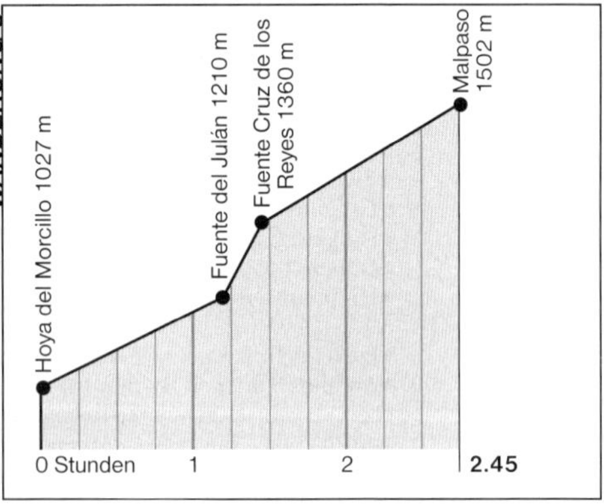

074eh Foto: gs

nächsten Gabelung geht es halblinks auf einem nun schmaleren Weg weiter; kurz danach, an einer zweiten Gabelung, halten wir uns halblinks. Durch einen „Tunnel" aus Gagelbäumen ersteigen wir den terrassenförmig angelegten Picknickplatz der **Fuente Cruz de los Reyes** – ein fürwahr verwunschener Platz! Links unterhalb mehrerer brunnenartig angelegter Zisternen kann man Wasser aus dem Hahn zapfen – ein Schild mahnt: „Ahorra el agua escasa y de todos" (Spare das knappe, allen gehörige Wasser). Über Treppen gelangt man zur Straße, die rechts in 300 Metern zu einer Kreuzung hinaufführt. Wir folgen der Ausschilderung nach links Richtung „Binto – La Dehesa" und erreichen nach 100 Metern das Plateau **Cruz de los Reyes,** wo die Asphaltdecke endet. Das „Kreuz der Könige" ist ein wichtiges Etappenziel bei der alle vier Jahre stattfindenen Prozession Bajada de la Virgen.

Vom Plateau folgen wir der breiten Piste westwärts. Wir verlassen sie in einer Linkskurve nach 400 Metern auf dem halbrechts abzweigenden *Camino de la Virgen,* der sich in gerader Linie den Vulkanhang hinaufzieht. Nach gut 700 Metern berührt er die Pistenstraße (auf der Piste kann man in bequemen Kehren gleichfalls auf den Gipfel gelangen) und führt geradeaus über Lavaasche zum Gipfel des 1502 m hohen, mit Funkmasten und einer Messstation ausgestatteten **Malpaso** (2 Std.). Von hier bietet sich ein großartiger Panoramablick über die ganze Insel; bei klarer Sicht erkennt man am Horizont die Nachbarinseln La Palma, Gomera und Teneriffa.

Wanderung 10*: Runde durch den Lorbeerwald

Von Raya de la Llanía zum Mirador del Golfo

- **Charakter:** Viel Abwechslung auf kurzer Strecke: Erst taucht man in schattigen, immergrünen Lorbeerwald ein, dann spaziert man über Lavaasche zum „Hexentanzplatz" am größten Inselkrater. Zuletzt ersteigt man den Mirador del Golfo mit fantastischem Tiefblick ins Tal. Die Tour ist problemlos und verläuft stets auf breiten, gut ausgebauten Wegen.
- **Ausgangs- und Endpunkt:** Raya de la Llanía (Parkplatz mit schreinartiger Wasserstelle, Km. 24.3 der Straße Valverde – Frontera)
- **Zwischenziel:** Fuente del Lomo
- **Länge:** 4,5 km
- **Dauer:** 1:15 Std.
- **Höhenunterschied:** je 100 m im An- und Abstieg
- **Anfahrt:** Der Startpunkt ist frühmorgens mit dem Bus aus dem Golftal erreichbar; der aus Valverde kommende Bus nach La Frontera passiert Raya de la Llanía zur Mittagszeit.

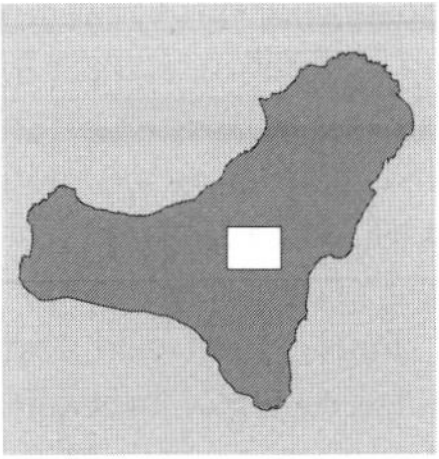

Die Tour beginnt gegenüber der Wasserstelle an der **Raya de la Llanía.** Von der in Richtung „Santuario Virgen de los Reyes" ausgeschilderten Straße biegen wir sogleich links in einen breiten Waldweg ein, den wir nach 15 Metern auf einem schmalen, rechts abzweigenden Pfad verlassen. Er führt höhehaltend durch dichten Lorbeerwald und stößt nach gut 10 Minuten auf einen breiten Weg, dem wir nach links – längs eines kleinen Barranco – folgen. An der Gabelung 5 Minuten später geht es halbrechts weiter, seitlich pos-

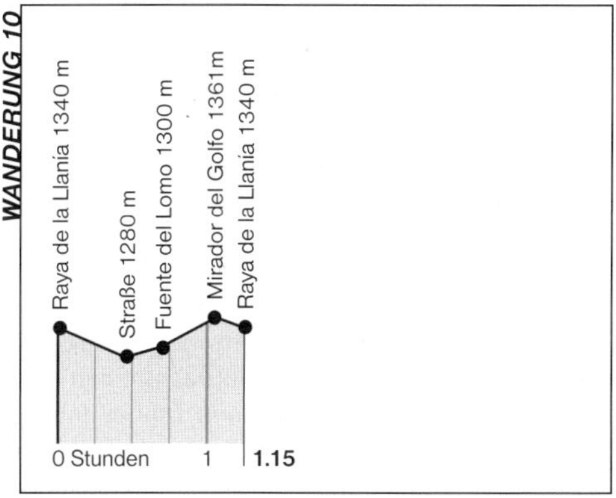

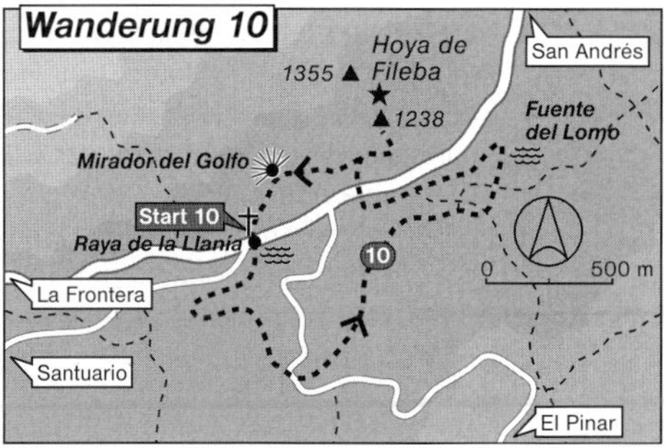

tierte Markierungssteine helfen bei der Orientierung. Bald beginnt der Weg abzufallen, erst sanft, dann stärker, bis er nach weiteren knapp 10 Minuten in einem von Seitenmäuerchen gesäumten Abschnitt die **Straße** quert (0:25 Std.).

Wir folgen dem Richtung „Fuente del Lomo" ausgeschilderten Weg in den Lorbeerwald und überqueren nach drei Minuten eine Holzbrücke – linker Hand erblickt man farnüberwucherte Wassersammellöcher. Anschließend geht es leicht bergauf durch einen Tunnel von Gagelbäumen (ein von rechts einfließender Weg bleibt unbeachtet). An der nächsten kleinen Gabelung (0:30 Std.) geht es rechts höhehaltend zu einer Kreuzung. 50 Meter geradeaus stößt unser Weg auf eine Piste, in die wir rechts einschwenken. An einer Lichtung mit einem Spalier von Holzstämmen gehen wir halblinks weiter und folgen den Markierungssteinen in ein dunkles, feuchtes Tal. Kurz vor einer weiteren Talsenke knickt unser Weg links ein und steigt zur Zisterne **Fuente del Lomo** leicht an (0:40 Std.).

Der Weg setzt sich links aufwärts in Richtung „Bailadero de las Brujas" fort. Wenn er sich am Rand eines Kiefernwalds gabelt, gehen wir halblinks, den Markierungssteinen folgend, weiter. Durch einen kleinen Tunnel unterquert man die Höhenstraße und gelangt rechts hinauf zu einer Lavaebene. An Markierungssteinen entlang setzt sich der Weg in den Kiefernwald fort. Am Richtungsschild empfiehlt sich ein kurzer Abstecher (hin und zurück 10 Minuten) zur **Hoya de Fileba,** dem grössten Vulkankrater der Insel, an dessen Rand sich der **„Hexentanzplatz"** (Bailadero de las Brujas) befindet.

Wir kehren zum Schild zurück und folgen dem Weg in Richtung „Mirador del Golfo" (alias Mirador de la Llanía). Nach gut einer Minute knickt er rechts ein und führt zu einem breiten Weg hinauf, in den wir rechts einbiegen. Über Lavaasche geht es anfangs steil aufwärts, dann wieder höhehaltend auf gemütlichem Weg. Nach Durchschreiten eines Lorbeerwalds tut sich vor uns eine mit Lavaasche bedeckte Hochebene auf. Markierungssteine führen zum Wegweiser und zum gemauerten **Mirador del Golfo.** Weit reicht der Blick hinab ins Tal bis zu den vorgelagerten Roques de Salmor und der Steilwand des Risco de Tibataje.

Vom Aussichtsplateau folgen wir dem Weg hinab nach La Llanía. Vorbei an einer Zisterne, in deren Mitte eine große Baumheide wächst, spazieren wir durch ein Waldgebiet und stehen wenige Minuten später wieder am Ausgangspunkt der Tour, dem Parkplatz an der **Raya de la Llanía** (1:15 Std.).

075eh Foto: gs

Wanderung 11**: Der Klassiker im Valle

Von La Frontera zum Mirador de Jinama

- **Charakter:** Ein perfekter Königsweg, streckenweise steingepflastert und von Seitenmauern gesäumt, schraubt sich in kühnen Kehren durch die Golfwand zur Hochebene von Nisdafe hinauf. Anders als der Camino de la Peña (⇨Wanderung 14) führt er durch immergrünen Nebelwald. Trotz des enormen Höhenunterschieds ist er leicht begehbar, Sitzbänke und Aussichtspunkte laden zur Verschnaufpause ein. Bei schlechtem Wetter allerdings sollte man auf die Tour verzichten, denn es drohen Rutsch- und Steinschlaggefahr.
- **Ausgangspunkt:** Kirche in La Frontera
- **Endpunkt:** Mirador de Jinama
- **Länge:** 4,3 km
- **Dauer:** 2:45 Std.
- **Höhenunterschied:** knapp 900 m im Anstieg
- **Einkehr:** Bar am Wegeinstieg
- **Anfahrt:** La Frontera ist mit dem Bus frühmorgens von anderen Orten des Golftals, mittags via San Andrés von Valverde erreichbar; am Endpunkt der Tour geht man vor zur Höhenstraße, von wo man mit dem aus Valverde kommenden Mittagsbus ins Golftal zurückfahren kann.
- **Hinweis:** „Konditionsbolzen" können die Tour mit den Wanderungen 13 und 14-A zu einer großen Runde verbinden (Gesamtstrecke 7 Std.).

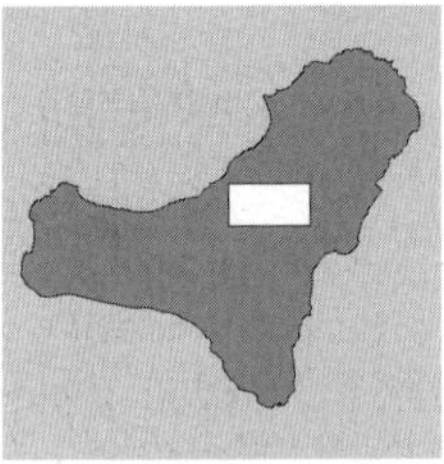

Gegenüber der **Kirche von La Frontera,** zwischen der Bar Candelaria und dem angrenzenden Restaurant, folgt man der Gasse bergan und biegt sogleich links in den ausgeschilderten, anfangs asphaltierten Camino de Jinama ein. Wo die Asphaltstraße nach ca. 10 Minuten eine Rechtskurve beschreibt, geht es geradeaus auf steingepflastertem Weg weiter. Wenig später quert dieser ein erstes Mal die Straße, kurz darauf ein zweites Mal – eine Tafel mit der Aufschrift „Camino de Jinama" gibt unmissverständlich seinen Verlauf an. Zwischen Weinfeldern erhebt sich eine alte Kiefer, nach Passieren eines Gatters schwenkt der Weg nach links zur Steilwand hinüber.

Nachdem wir 1,4 Kilometer gelaufen sind, prangt mitten auf dem Weg ein abgesplitterter Felsbrocken, den man beiderseits umgehen kann. Wenig später stößt man auf erste Mocán-Bäume mit ledrigen, gezähnten Blättern. Sie sind typische Vertreter des Lorbeerwalds, der vor der Conquista bis hier hinabreichte. Ein mächtiger Mocán unmittelbar am Wegesrand wurde mit einer kleinen „Freitreppe" versehen, auf der man gut sitzen und im Schatten des immergrünen Blätterdachs verschnaufen kann. 200 Meter weiter kündigt ein Schild die Quelle Fuente Tincos an, nach weiteren 250 Metern kann man am Steinplateau **El Miradero** (1:50 Std.) den Blick ins Golftal genießen.

Allmählich wird der Wald dichter – die Stämme sind moosbewachsen, von den Zweigen hängen Flechten herab. In knapp 1000 Metern Höhe ist der Wald oft in Passatwolken getaucht, allgegenwärtig ist das Geräusch herabfallender Tropfen. Einen Kilometer hinter El Miradero empfiehlt sich auf den aus Lavaplatten gemauerten Sitzbänken eine letzte Rast, bevor man die Schlussstrecke in Angriff nimmt. Kurz vor Erreichen der Abbruchkante wurde an einer quer stehenden Felsplatte ein Aussichtspunkt errichtet, der einen fantasti-

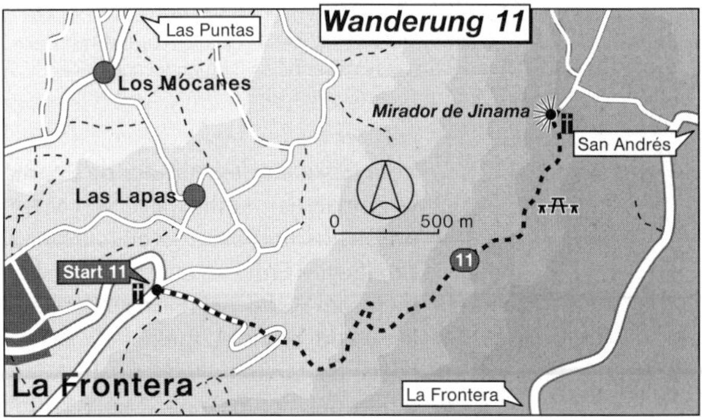

schen Tiefblick bietet. Anschließend passiert man die Ermita de la Caridad, die „Kapelle der Wohltätigen“, und gelangt zum Zielpunkt der Tour, dem **Mirador de Jinama** (2:45 Std.). Hier liegt uns das Tal ins seiner ganzen Breite zu Füßen. Der Blick reicht von der Punta de Dehesa im Westen bis zur Punta de Salmor im Nordosten; über gewaltige Steilwände schaut man zur Küstenebene, auf der die Häuser wie Spielzeugklötze anmuten.

Wanderung 12**: Kleine Runde am Mirador de Jinama

Vom Mirador über den Tibataje

- **Charakter:** Die Tour ist vorwiegend leicht, nur während des Wegstücks längs der Abbruchkante sind Trittsicherheit und Schwindelfreiheit nötig. Später verläuft die Tour über grüne, von Steinmauern durchzogene Almen mit Kühen und Schafen. Man könnte glauben, man sei in Schottland oder Irland, wären da nicht die sanft geschwungenen, von einem Grasflaum bedeckten Vulkankuppen und -krater.
- **Ausgangs- und Endpunkt:** Mirador de Jinama (Anmarsch möglich mit Wanderung 11)
- **Zwischenziel:** Tibataje
- **Länge:** ca. 6 km
- **Dauer:** 1:45 Std.
- **Höhenunterschied:** je 145 m im An- und Abstieg
- **Anfahrt:** Mit dem Morgenbus aus dem Golftal bzw. mit dem Mittagsbus ab Valverde bis Km. 20.4 der Höhenstraße, von dort läuft man 500 m zum Mirador de Jinama. Für die Rückfahrt kommt nur der Mittagsbus von Valverde ins Golftal in Frage.

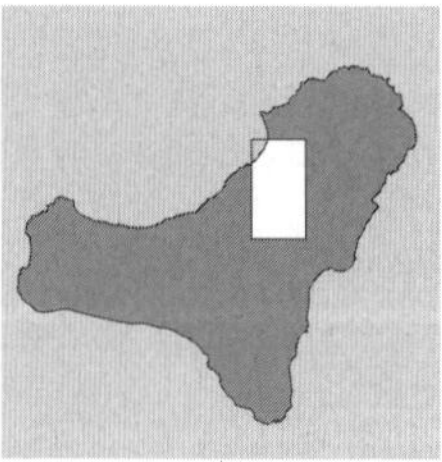

Vom Parkplatz des **Mirador de Jinama** folgt man der Asphaltpiste 100 Meter nordwärts und biegt in eine links abzweigende Erdpiste ein. Sie zieht sich dicht am Rand der Hochebene entlang und eröffnet spektakuläre Tiefblicke ins Golftal. Nach gut 15 Minuten endet sie vor einer Mauer, doch

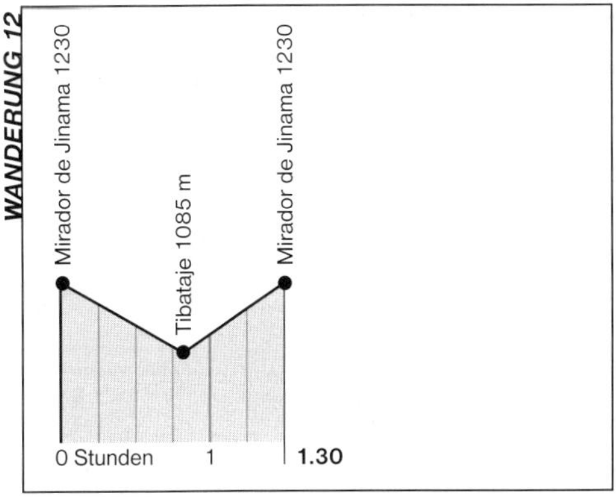

setzt sich hinter einer Lücke im Gestein ein Weg fort, der geradewegs auf die Vermessungssäule des Izique zuhält. Von dort genießt man einen schönen Blick auf die von Steinmauern durchzogene Weidelandschaft der Meseta de Nisdafe. Links der Geländekuppe geht es auf Trittspuren weiter, nun immer an der Abbruchkante entlang; man sollte nicht zu dicht an den Abgrund herangehen, da die Felsdecke an einigen Stellen brüchig ist. Man passiert Mauerdurchlässe und muss über ein Mäuerchen steigen, bevor man schließlich am „Eckpunkt" der Hochebene, dem so genannten **Mirador de Izique** (30 Min.) anlangt. Wer schwindelfrei ist, riskiert einen Blick in die Tiefe längs der Felswand Fuga de Gorreta. Dort hat in den 1970er Jahren ein Hirte die ausgestorben geglaubte Rieseneidechse von El Hierro wiederentdeckt; das Lagartorio zur Nachzucht der Tiere wurde am Fuß der Steilwand, im Museumsdorf Guinea, errichtet.

Der Pfad setzt sich nordwärts nahe der Abbruchkante fort und mündet schließlich in einen breiteren Weg. Vor Erreichen der Vermessungssäule des **Tibataje** schwenken wir rechts in einen mauerngesäumten Weg ein, der nach 400 Metern links einknickt und nun als Piste zur wenig befahrenen Straße Ermita Virgen de la Peña – Mirador de Jinama hinüberführt. Wir biegen rechts in sie ein und lassen uns die restlichen 2 Kilometer zum **Mirador de Jinama** gemütlich zurücktreiben (1:45 Std.).

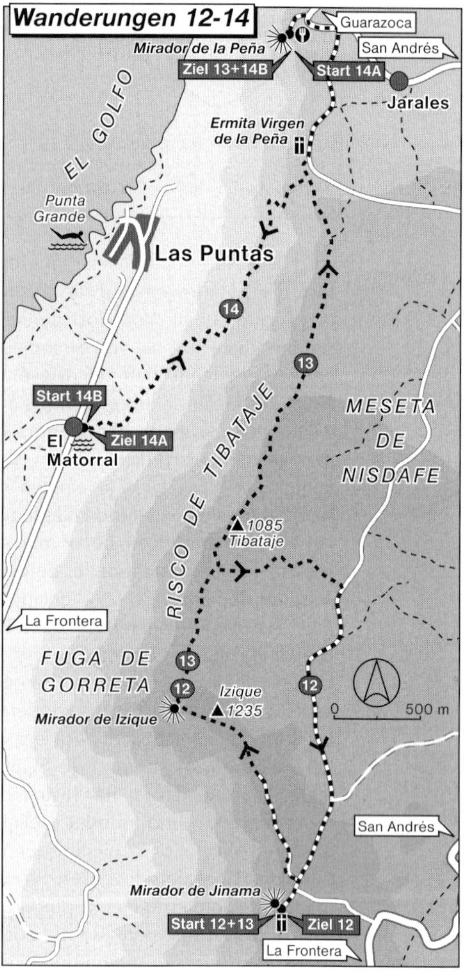

Wanderung 13***: Entlang der Abbruchkante

Vom Mirador de Jinama zum Mirador de la Peña

- **Charakter:** Die Tour führt längs der Abbruchkante von einem grandiosen Aussichtspunkt zum nächsten, ist aber nur schwindelfreien, trittsicheren Wanderern zu empfehlen. Einige Abschnitte führen über loses Geröll und sind rutschig, an einigen Stellen sind Mauerdurchlässe zu passieren oder man muss über Mäuerchen steigen. Häufig weht oben ein kräftiger Wind.
- **Ausgangspunkt:** Mirador de Jinama
- **Zwischenziel:** Ermita Virgen de la Peña
- **Endpunkt:** Mirador de la Peña
- **Länge:** ca. 6 km
- **Dauer:** 2 Std.
- **Höhenunterschied:** knapp 600 m im Abstieg
- **Einkehr:** Café und Restaurant im Mirador de la Peña
- **Anfahrt:** Mit dem Morgenbus aus dem Golftal bzw. dem Mittagsbus ab Valverde bis Km. 20.4 der Höhenstraße, von dort 500 m zu Fuß bis zum Mirador de Jinama; der Rückweg erfolgt per Taxi bzw. trampend.
- **Hinweis:** Konditionsstarke Wanderer können die Tour zusammen mit den Wanderungen 11 und 14-A zu einer großen Runde kombinieren.

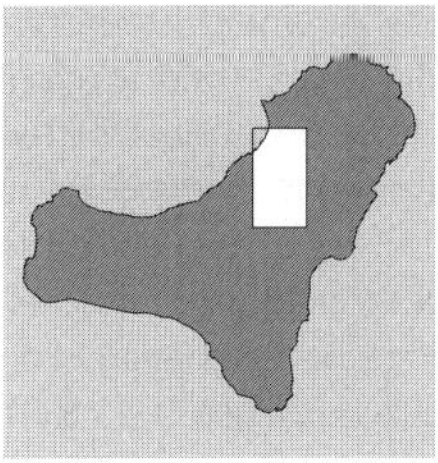

Das Anfangsstück der Tour ist identisch mit Wanderung 12: Vom Parkplatz des **Mirador de Jinama** folgt man der Asphaltpiste 100 Meter nordwärts und biegt in eine links abzweigende Erdpiste ein. Nach gut 15 Minuten endet sie vor einer Mauer, doch setzt sich hinter einer Lücke im Gestein ein Weg fort, der auf die Vermessungssäule des Izique zuhält. Links von ihr geht es auf Trittspuren weiter, nun immer längs der Abbruchkante. Bitte aber nie zu dicht an den Abgrund herantreten, denn mancherorts ist die Felsdecke brüchig! Vom „Eckpunkt" der Hochebene,

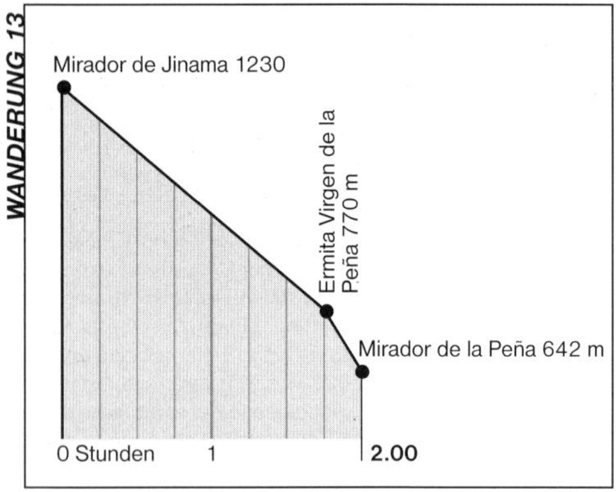

dem **Mirador de Izique** (30 Min.), verläuft der Pfad nordwärts und passiert den 1085 Meter hohen **Tibataje** (50 Min.).

Bei besonders schwindelerregenden Passagen weiche man landeinwärts aus und durchquere die Felder, wobei es nötig ist, Steinmauern zu überwinden. Doch wenigstens das Schlussstück kann man bequemer gestalten: Etwa eine halbe Stunde nach Passieren des Tibataje bietet sich die Möglichkeit, auf einen breiten, mauerngesäumten Weg zu wechseln, der nordwärts zu einer Piste hinabführt. Dieser folgt man nach links und erreicht nach 400 Metern den Einstieg zum ausgeschilderten, ins Golftal hinabführenden „Camino de la Peña" (siehe Hinweis). 100 Meter weiter ist die **Ermita Virgen de la Peña** erreicht, eine winzige, in den Fels eingelassene Kapelle – nebenan kann man sich an einer Wasserstelle erfrischen (1:45 Std.).

Von der Kapelle folgt man der Piste 700 Meter nordwärts zur Straße, biegt links in sie ein und erreicht nach wenigen Minuten den links der Straße verborgenen **Mirador de la Peña,** einen fantastischen Aussichtspunkt mit Café und Restaurant (2 Std.).

Wanderung 14-A**: Spektakulärer Abstieg ins Golftal

Vom Mirador de la Peña nach El Matorral

- **Charakter:** „Der Blick in den Abgrund ließ mich frösteln" notierte ein Reisender 1779, „doch dann sah ich Frauen und Männer, die behend und furchtlos hinabstiegen, als handele es sich um einen Spaziergang." Bevor es Straßen gab, war der *Camino de la Peña* der wichtigste Verbindungsweg zwischen den Dörfern des Nordens und dem Golftal; heute wird er von den Herreños nur noch während der Prozession genutzt, wenn die Heiligenfigur zur Kirche von La Frontera hinabgetragen wird. Der Weg ist überall ausreichend breit und durch Mäuerchen abgestützt, aufgrund des zu bewältigenden Höhenunterschieds aber anstrengend. Er sollte keinesfalls bei schlechtem Wetter begangen werden, wenn durch Regen und Wind Steinschlag droht (⇨Hinweis).
- **Ausgangspunkt:** Mirador de la Peña
- **Zwischenziel:** Ermita Virgen de la Peña
- **Endpunkt:** El Matorral
- **Länge:** 4,7 km
- **Dauer:** 2 Std.
- **Höhenunterschied:** 750 m im Ab-, 130 m im Anstieg
- **Einkehr:** Café und Restaurant im Mirador de la Peña
- **Anfahrt:** Guarazoca (1 km östlich des Mirador de la Peña) ist mit dem Mittagsbus ab Valverde erreichbar; von El Matorral gibt es mittags bzw. nachmittags keinerlei Busverbindungen.
- **Hinweis:** Wegen der Gefahr des Steinschlags kann der Weg im Winter gesperrt sein – eine Tafel (auch in Deutsch) weist darauf hin. Infos zum Zustand des Weges erhält man bei der Touristeninformation in Valverde.

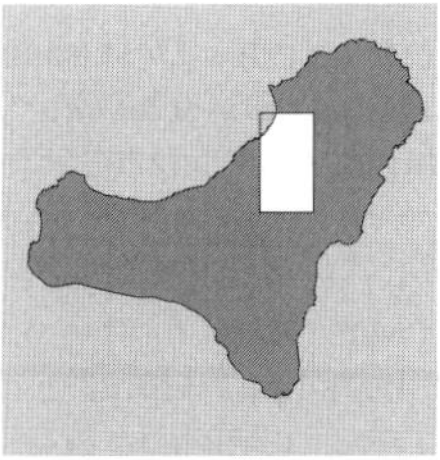

Vom **Mirador de la Peña** folgt man der Straße in Richtung San Andrés und biegt nach 300 Metern rechts in die zur „Ermita Virgen de la Peña" ausgeschilderte Betonpiste ein. Nach weiteren 700 Metern passiert man die **Ermita,** eine in die Felswand eingelassene Kapelle mit angrenzender Wasserhöhle (15 Min.). 100 Meter weiter verlässt

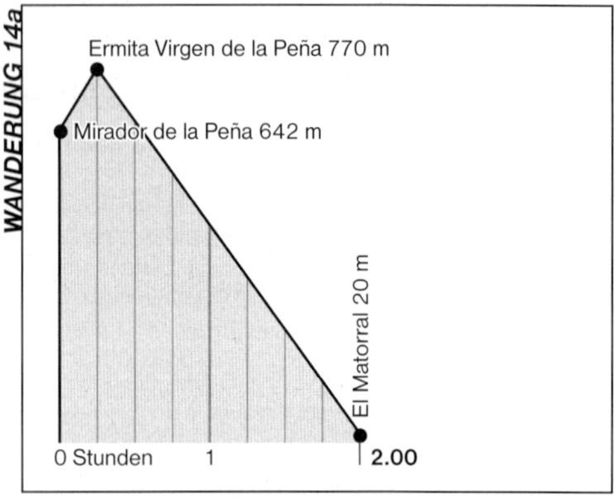

man die Piste auf einem rechts abzweigenden Weg – ein Schild zeigt den Beginn des Naturschutzgebiets Risco de Tibataje an. Ein paar Schritte weiter unten wurde eine Aussichtsterrasse angelegt, die einen überwältigenden Blick aufs Golftal bietet, auch der weitere Verlauf des Weges ist von hier sichtbar.

Der Weg schraubt sich fortan in engen Kehren die Steilwand hinab. Der graue Basalt ist von Flechten bewachsen und von rostroten Gesteinsadern durchzogen; hier und da ragen wild zerklüftete Felsvorsprünge hervor. Man passiert eine leere Nische in der Wand, in der einst eine Heiligenskulptur stand, wenig später erblickt man die **Figur der Wundertätigen Jungfrau** (Virgen Milagrosa) – obligatorischer Haltepunkt bei der Prozession ins Golftal.

450 Meter weiter passiert man den **Descanso de los Cochinos,** den „Ruheplatz der Schweine", der einst den Hirten und ihrem Vieh Platz für eine Rast bot. Der Weg windet sich bergab und bietet Ausblick auf Las Puntas und die sternförmige Badelandschaft Cascadas del Mar. Später führt er an verwilderten Feigen- und Obstbäumen vorbei und flacht sich ab, bevor er zu einer Gabelung gelei-

tet: Hier geht's links weiter (rechts kommt man gleichfalls zur Straße, allerdings näher an Las Puntas) – wenig später ist die Straße an der zentralen Kreuzung von **El Matorral** erreicht (2 Std.).

Wanderung 14-B**: Aufstieg zur Felsmadonna

Vom Golftal zum Mirador de la Peña

- **Charakter:** Die Strecke ist identisch mit Wanderung 14-A; das Hinauflaufen hat den Vorteil, dass die Kniegelenke geschont werden.
- **Ausgangspunkt:** Kreuzung in El Matorral (bei Las Puntas)
- **Zwischenziel:** Ermita Virgen de la Peña
- **Endpunkt:** Mirador de la Peña
- **Länge:** 4,7 km
- **Dauer:** 3 Std.
- **Höhenunterschied:** 750 m im An-, 130 m im Abstieg
- **Einkehr:** Café und Restaurant im Mirador de la Peña
- **Anfahrt:** Wanderer sind auf Taxis angewiesen oder fahren per Anhalter.
- **Hinweis:** Wegen Steinschlaggefahr kann der Weg vor allem im Winter gesperrt sein – eine Tafel (auch in Deutsch) weist darauf hin. Infos zum Zustand des Weges erhält man bei der Touristeninformation Valverde.

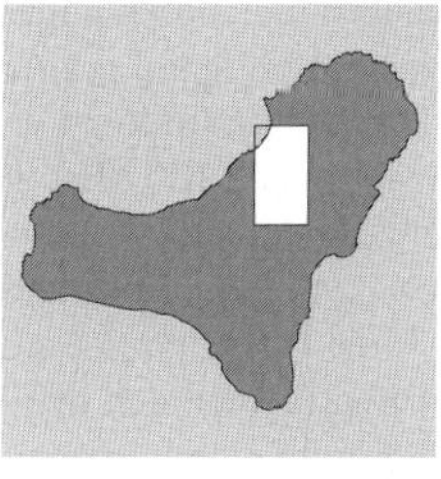

An der zentralen Kreuzung von **El Matorral** verweist ein Schild auf den Einstieg zum „Camino de la Peña". Wer eine Flasche dabeihat, kann sie am Wasserhahn auffüllen, um sich während des schweißtreibenden Aufstiegs erfrischen zu können. Breit und steingepflastert führt der Weg durch Obstfelder an den Steilhang heran, wo nach 15 Minuten der eigentliche Aufstieg beginnt. Vorbei an verwilderten Feigenbäumen und Wacholdersträuchern, die sich in Felsnischen behaupten, gelangt man nach insgesamt 2,4 Kilometern zur Wegausbuchtung **Descanso de los Cochinos,** dem „Ruheplatz der Schweine". Als früher die Hir-

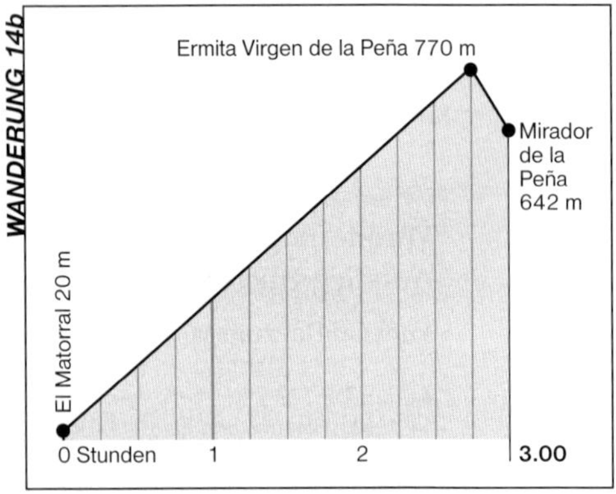

ten ihr Vieh zur Hochebene trieben, legten sie hier einen Zwischenstopp ein, um die Tiere verschnaufen zu lassen – der heutige Wanderer dankt's und genießt den Tiefblick ins Tal.

Der größte Teil des Aufstiegs ist zu diesem Zeitpunkt schon bewältigt. Nach 450 Metern passiert man die in eine Felsnische eingelassene **Figur der Wundertätigen Jungfrau** (Virgen Milagrosa), wenig später eine weitere, diesmal leere Nische. Wenn 300 Meter weiter ein Aussichtsbalkon ein herrliches Panorama über das Tal eröffnet, ist die Abbruchkante schon fast erklommen. Oben angelangt, sieht man sanft gewellte Almen, auf denen seelenruhig Kühe grasen. Der Weg mündet in eine breite Piste, auf der man links nach 100 Metern die **Ermita Virgen de la Peña** erreicht, die Kapelle der hl. Jungfrau aus dem Fels (2:45 Std.). Eine weiß getünchte Wand verschließt die Höhle, in der die Madonnenfigur aufbewahrt wird. Wer sich erfrischen will, findet rechts der Ermita eine höhlenartige Ausbuchtung mit Wasserhahn.

Von der Kapelle folgt man der Piste 700 Meter nordwärts zur Straße, biegt links ein und erreicht nach wenigen Minuten den links der Straße verborgenen **Mirador de la Peña,** einen fantastischen Aussichtspunkt mit Café und Restaurant (3 Std.).

Wanderung 15**: Wacholderbäume und Einsiedelei

Runde von der Ermita über den Mirador de Bascos

- **Charakter:** Abwechslungsreiche Runde auf dem Weideland der Hochebene La Dehesa. Von der legendären Ermita, in der Hirten die Figur der Inselpatronin hüten, führt die Tour an die Abbruchkante des Golftals heran. Von dort geht es anschließend zum Mirador de Bascos, dem einsamsten und zugleich spektakulärsten Aussichtspunkt auf die Westküste. Auf dem Rückweg lohnt ein Abstecher zu den windgebeugten Wacholderbäumen von El Sabinar. Insgesamt eine leichte Tour auf Weg und Piste; ein kurzes Stück setzt der Weg aus, doch fällt die Orientierung nicht schwer.
- **Ausgangs- und Endpunkt:** Ermita Virgen de los Reyes
- **Zwischenziel:** Mirador de Bascos
- **Länge:** 9,6 km
- **Dauer:** 3 Std.
- **Höhenunterschied:** je ca. 300 m im An- und Abstieg
- **Anfahrt:** Start- und Endpunkt sind nicht mit öffentlichen Verkehrsmitteln erreichbar
- **Hinweis:** Für alle, die in Sabinosa starten möchten, empfiehlt sich der Anmarsch mit Wanderung 16.

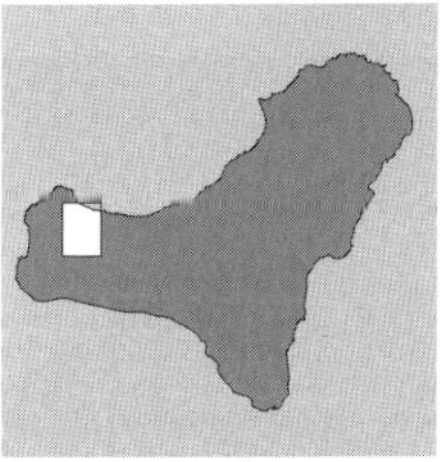

Vor der Kirchentür der **Ermita Virgen de los Reyes** halten wir uns links und treten durch die Maueröffnung. Wir überqueren die Straße, folgen dem Weg Richtung „Caracol" und gelangen nach 100 Metern zur **Cueva de la Virgen,** in der die Marienfigur ursprünglich aufbewahrt wurde (⇨Exkurs im Kap. „Süden"): In einer weiten, halbrunden Felswand sind zahlreiche Höhlen eingelassen; davor breitet sich ein Blumenteppich aus, der im Frühjahr Tausende von Bienen anlockt.

Anschließend gehen wir im Uhrzeigersinn um den Hügel herum und gelangen in knapp zehn Minuten zur Pistenkreuzung am Felsblock **Piedra del Regidor.** Dort folgen wir dem breiten, ausgeschilderten *Camino de la Virgen* und verlassen ihn

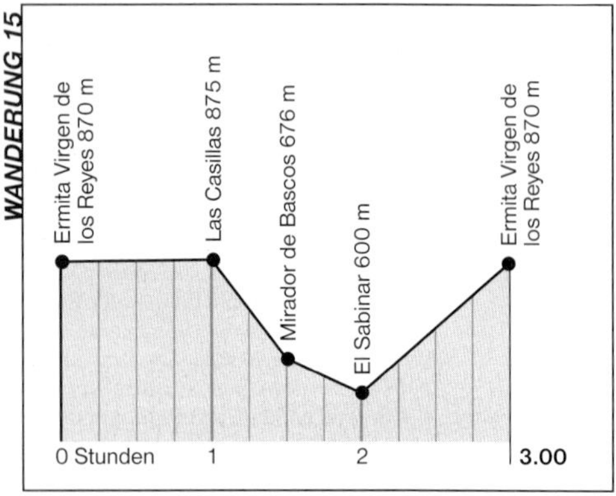

nach 400 Metern nach links. Nach einer knappen halben Stunde ist der Wendeplatz **Las Casillas** erreicht (1 Std.), wo auch der von Sabinosa heraufkommende Weg einmündet (⇨Wanderung 16).

Wir gehen auf dem breiten, nordwestwärts führenden Weg weiter und ignorieren alle Linksabzweige. Der Weg endet an einem Feld, das man weglos auf eine Steinmauer zu quert. Wir steigen über sie hinweg und laufen längs eines Kiefernwäldchens weiter bergab. Gut zehn Minuten spä-

076eh Foto: gs

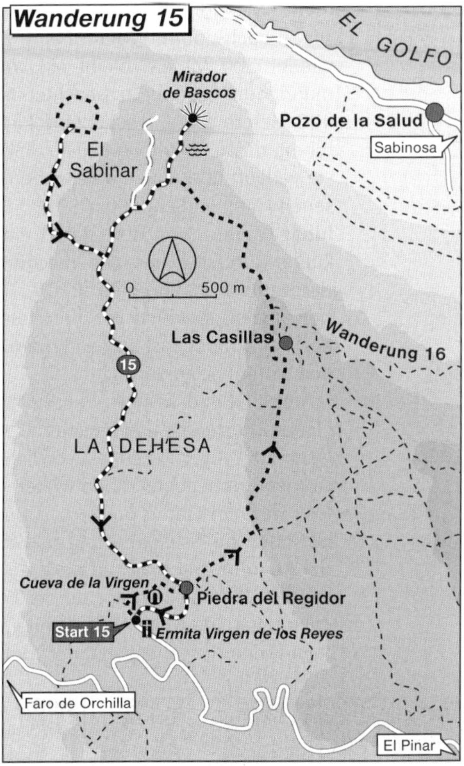

ter stoßen wir auf eine Piste, die uns rechts zum **Mirador de Bascos** führt (1:30 Std.). Vom steingefassten Aussichtsplateau mit Wasserstelle bietet sich ein atemberaubender Blick: Über Felsabgründe hinweg sieht man die helle Bucht Arenas Blancas, weiter rechts das Heilbad Pozo de la Salud mit seinem blau schimmernden Schwimmbecken, das terrassenförmig angelegte Dorf Sabinosa und dahinter das sich weit öffnende Golftal.

Ermita Virgen de la Peña (Wanderung 13)

Vom Mirador folgen wir der Piste südwärts, passieren nach gut 400 Metern eine Zisterne, nach wieder 200 Metern bleibt ein von rechts einmündender Fahrweg unbeachtet. Nach weiteren 400 Metern zweigt rechts eine Piste zu den berühmten Wacholderbäumen ab (1:45 Std.). Die Piste verläuft über einen abfallenden, grasbewachsenen Hang und endet nach 700 Metern in **El Sabinar** (2 Std.). Von dort startet ein *sendero*, ein kurzer Rundweg, der an den schönsten Wacholderexemplaren vorbeiführt: Die Bäume haben sich biegen, aber nicht brechen lassen; Stürme haben ihre Kronen fast an den Boden gedrückt und den Stamm bizarr verbogen.

Anschließend kehren wir die 700 Meter zur Hauptpiste zurück und biegen rechts in diese ein. Nach 200 Metern bleibt ein von links kommender Fahrweg unbeachtet, nach weiteren 1,5 Kilometern wird ein Gatter passiert. 700 Meter sind es nun noch zur Pistenkreuzung am Felsblock **Piedra del Regidor.** Alternativ zu dem vom Hinweg bekannten Pfad bleiben wir auf der Piste und erreichen nach 500 Metern die **Ermita Virgen de los Reyes,** den Ausgangspunkt der Tour (3 Std.).

077eh Foto: gs

Wanderung 16**: „Zubringer" vom Golftal auf die Hochebene La Dehesa

Von Sabinosa nach Las Casillas

- **Charakter:** Der hier beschriebene Weg endet in Las Casillas und erlaubt Anschluss an Wanderung 15. Er war, bevor die Straße von Sabinosa zur Ermita Virgen de los Reyes erbaut wurde, die schnellste Verbindug zwischen Golftal und La Dehesa. Auf ihm stiegen im Herbst die Hirten mit ihrer Herde hinauf und im Frühjahr wieder hinab; Bauern zogen auf ihm mit vollbepacktem Maulesel nach El Pinar. Der Weg ist problemlos, doch aufgrund des Höhenunterschieds anstrengend.
- **Ausgangspunkt:** Sabinosa
- **Endpunkt:** Las Casillas
- **Länge:** 2,7 km
- **Dauer:** 1:30 Std.
- **Höhenunterschied:** 475 m im Anstieg
- **Einkehr:** Bars und Restaurants in Sabinosa
- **Anfahrt:** Wanderer sind auf Taxi bzw. Mitfahrgelegenheiten angewiesen.

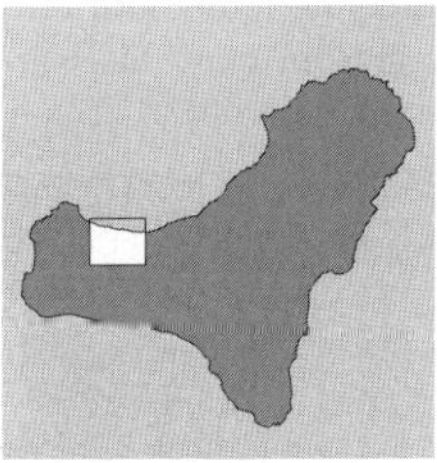

Startpunkt ist die Plaza José R. Vallabriga am westlichen Ortsausgang von **Sabinosa.** Gegenüber dem Platz gehen wir die Straße Hoya del Moral 200 Meter hinauf und verlassen sie auf dem alten *camino*, der an ihrem höchsten Punkt geradeaus weiterführt. Von Mäuerchen gesäumt schraubt er sich zwischen Weinfeldern, an Mispel- und Pfirsichbäumen vorbei aufwärts. Immer wieder bieten sich grandiose Blicke ins Golftal, auf die Häuser von Sabinosa und den am Meer liegenden „Gesundbrunnen" Pozo de la Salud.

Schon nach 600 Metern treten wir in die Zone der Passatwolken ein: Mit jedem Höhenmeter wird die Vegetation üppiger, zu Gagelbaum und mannshoher Erika gesellen sich bemooste Lorbeerbäume, von deren Zweigen Bartflechten hängen. Nachdem wir gut zwei Kilometer (1 Std.) ge-

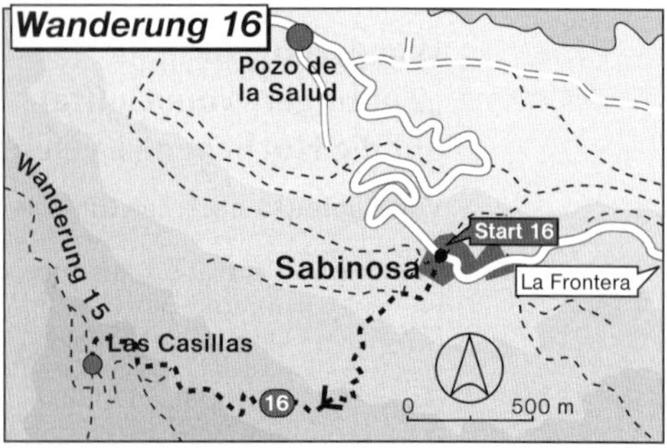

laufen sind, beginnt der Nebelwald, feucht und dunkel ist nun der Weg. Etwa 15 Minuten später lädt eine Steinbank zu einer Verschnaufpause ein, kurz darauf erscheint eine Gabelung: Wir ignorieren den links zur zentralen Kammhöhe führenden Weg, gehen statt dessen geradeaus weiter und erreichen nach fünf Minuten den Pistenwendeplatz **Las Casillas** an der Abbruchkante von La Dehesa (1:30 Std.): eine weite, von Steinmauern durchzogene Hochebene, aus der hier und da Vulkankuppen aufragen. Links neben einem Wacholderstamm kann man sich an einer Wasserstelle erfrischen.

078eh Foto: gs

Wanderung 17**: Auf den Spuren der Bimbaches

Über El Julán zu den Felszeichnungen Los Letreros

- **Charakter:** Die Tour verläuft auf einer staubigen Piste, die sich am einsamen, nur spärlich bewachsenen Hang von El Julán hinabschraubt. Der Weg führt vorbei am Tagoror, einem Kultplatz mit prähispanischen Felsgravuren, zu den Zeichnungen von Los Letreros. Unterwegs gibt es kaum Schatten, der Höhenunterschied ist beträchtlich.
- **Ausgangs- und Endpunkt:** Straße Hoya del Morcillo – Ermita Virgen de los Reyes, 5,5 km westlich des Picknickplatzes Hoya del Morcillo
- **Zwischenziel:** Tagoror / Los Letreros
- **Länge:** ca. 10 km (hin und zurück)
- **Dauer:** 4:30 Std.
- **Höhenunterschied:** je 630 m in An- und Abstieg
- **Anfahrt:** Der Startpunkt ist nicht mit öffentlichen Verkehrsmitteln erreichbar.
- **Hinweis:** Die Felszeichnungen können vorerst nur Mo–Sa von 9 bis 15 Uhr besichtigt werden; dann ist auch ein Wächter vor Ort, der ermächtigt ist, Besucher nach ihrem Personalausweis zu fragen.

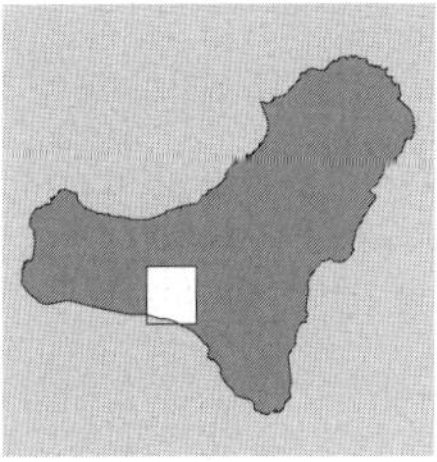

5,5 Kilometer westlich des Picknickplatzes Hoya del Morcillo zweigt links der Straße eine Piste ab. Sie ist als „Camino del Julán al Tagoror / Los Letreros“ ausgeschildert, eine Tafel kündigt zugleich ein „Centro de Interpretación del Parque Cultural de El Julán“ an. Man passiert das (geplante) **Besucherzentrum** nach gut 10 Minuten, weitere 20 Minuten braucht man bis zum Erreichen eines Gatters, das überstiegen werden muss. Anschließend schraubt sich die Piste in schier endlosen Kehren hinab. Zwischen den Zweigen junger Kiefern sieht man die Südküste und das „Meer der Stille“.

Kurz vor Erreichen eines Steilabbruchs (1:30 Std.) erblickt man bereits den **Tagoror,** einen aus losen

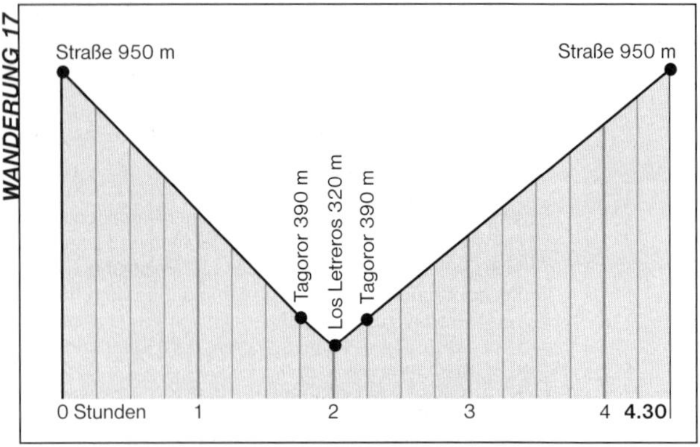

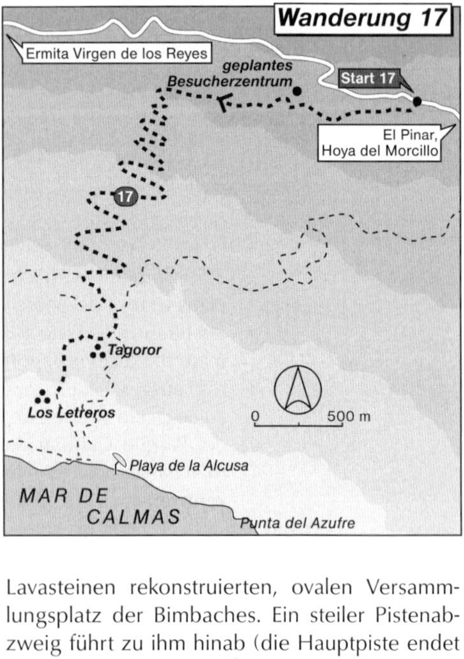

Lavasteinen rekonstruierten, ovalen Versammlungsplatz der Bimbaches. Ein steiler Pistenabzweig führt zu ihm hinab (die Hauptpiste endet am Schotterstrand Playa de la Alcusa). Weiter geht es auf einem westwärts führenden Pfad, vorbei an zwei *concheros* (Muschelhaufen), die noch von den vermeintlichen Picknicks der Bimbaches stammen. Man durchquert eine Barranco-Rinne und gelangt zu einem Felsrücken mit zwei flachen, parallel angeordneten Lavaplatten. 50 Meter zur Linken entdeckt man die ersten Felszeichnungen von **Los Letreros,** weitere geometrische Motive befinden sich unterhalb (⇨Exkurs im Kap. „Süden“). Der Rückweg erfolgt auf demselben Weg.

Wanderung 18***: Camino de la Virgen

Quer über die Insel von der Ermita Virgen de los Reyes nach Valverde

- **Charakter:** Die Inseldurchquerung von Südwest nach Nordost führt durch unterschiedlichste Landschaften: einsames Weideland und karge Lavagipfel, wolkenverhangenen Lorbeerwald und die Hochalmen von Nisdafe. Aufgrund der Länge und des zu bewältigenden Höhenunterschieds ist die Tour sehr anstrengend. Besonders kraftraubend ist die erste, bergauf führende Etappe zum Malpaso. Die Orientierung fällt leicht, vielerorts zeigen Richtungsschilder den Fortgang des Weges an.
- **Ausgangspunkt:** Ermita Virgen de los Reyes
- **Zwischenziele:** Malpaso / Mirador del Golfo
- **Endpunkt:** Valverde
- **Länge:** 25 km
- **Dauer:** 9 Std.
- **Höhenunterschied:** Anstieg 870 m, Abstieg 1000 m
- **Einkehr:** Unterwegs gibt es zahlreiche Quellen, aber keine einzige Bar, deshalb bitte ausreichend Proviant mitnehmen!
- **Anfahrt:** Die Ermita ist nicht mit Bus erreichbar, am besten lässt man sich per Taxi bzw. von Freunden im Mietwagen zum Ausgangspunkt fahren.
- **Hinweis:** Unterwegs gib es keine Pension oder Herberge, die es erlauben würde, die Tour in zwei bequeme Tagesetappen aufzuteilen. Offiziell ist das Übernachten im Schlafsack nicht gestattet.

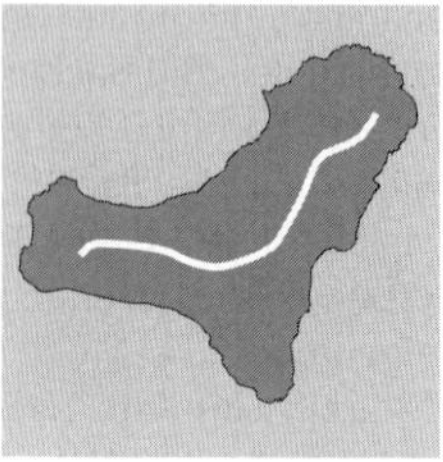

Alle vier Jahre wandern auf dem „Weg der Jungfrau“ Tausende von Herreños zur Hauptstadt Valverde (⇨Feste und Folklore). Von der **Ermita** folgen sie der Asphaltstraße 500 Meter zur Kreuzung am Steinblock **Piedra del Regidor,** wo sie ein erstes Mal innehalten. Dem Richtungsschild „Camino de la Virgen“ folgend, geht's anschließend geradeaus auf dem breiten Weg hangaufwärts weiter, wobei in der Folge alle quer verlaufenden Pisten ignoriert werden. Nach gut zwei Kilometern knickt der Weg bei zwei Viehgattern links ein und führt zu einer Gabelung: Dort hält man sich rechts und stößt kurz darauf auf eine Piste, die auf den Kamm der Cumbre zuhält. Bei guter Sicht bietet sich ein weiter Blick übers Golftal, zum Greifen nah erscheint das Dorf Sabinosa. Ein Steinsockel dient bei der Prozession als Ablage für die Sänfte der Jungfrau, man gönnt sich eine kleine Pause vor den nächsten Kilometern.

Fortan geht es am Kamm entlang in südöstlicher Richtung, an Verzweigungen hält man sich links. Vorbei an einem einzeln stehenden Haus erreicht man das **Monumento al General Serrador,** das nicht direkt am Weg, sondern etwas oberhalb

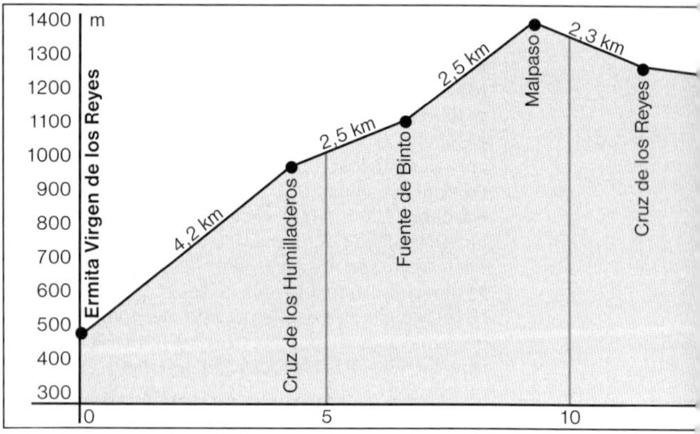

steht. Errichtet haben es die Bürger von Sabinosa für den Franco-General und einstigen Chef der kanarischen Militärjunta. Ihm hatten sie zu verdanken, dass das früher von allen Herreños gemeinsam genutzte Weideland Cres, der fruchtbarste Teil der Dehesa, ausschließlich ihnen zur Verfügung stehen sollte.

Der Weg bleibt rechts unterhalb des zentralen Kamms und steuert auf den schwarzen Kegel der Montaña de los Humilladeros zu. Am Sockel des Berges knickt er links ein und führt durch die Öffnung einer Begrenzungsmauer zum Holzkreuz **Cruz de los Humilladeros,** an dem die Prozession ein drittes Mal hält.

Über den aschenen Hang geht es ostwärts weiter, bald schon kann man die weiter unten parallel zum Weg verlaufende, zum Cruz de los Reyes führende Piste sehen. Der Weg wird schmaler und führt kurzzeitig durch ein Wäldchen, bevor er wieder Ausblick eröffnet – diesmal über den Hang von El Julán bis zum Südkap hinab. *Binto* heißt dieser Teil der Cumbre, wenig später bietet die nach ihm benannte Quelle **Fuente de Binto** Erfrischung. Über Lavagrus geht's weiter, vorbei am links aufragenden größten Inselvulkan mit dem klangvollen Namen Tanganasoga. Nach insgesamt

HÖHENPROFIL WANDERUNG 18

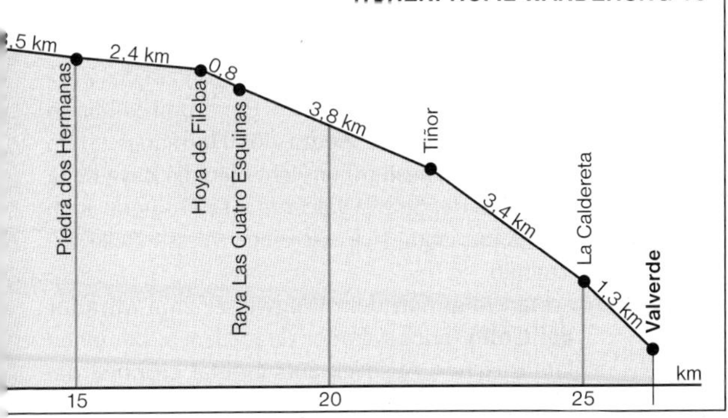

sieben Kilometern erreicht man die Grenzmarke **Raya de Binto,** wo während der Prozession die Tänzer von Sabinosa von den *bailarines* aus El Pinar abgelöst werden.

Unbeirrbar führt der Weg in östlicher Richtung bergauf. Nach weiteren 1,5 Kilomtern lässt man einen mauerngesäumten Linksabzweig nach Sabinosa unbeachtet, nach weiteren drei Kilometern ist der **Malpaso,** der höchste Inselgipfel (1502 m), erreicht. Bei guter Sicht eröffnet sich hier das schönste Panorama der Insel: Über ganz El Hierro schweift der Blick, manchmal tauchen am Horizont auch die Nachbarinseln Gomera, Teneriffa und La Palma auf.

Vom Gipfel folgt man der vom Cruz de los Reyes heraufführenden Piste, verlässt sie aber bereits nach zwei Kehren auf einer geradeaus weisenden, etwas undeutlichen Spur. Nach 700 Metern mündet diese wieder in die Piste, auf der man links zum Plateau am **Cruz de los Reyes** gelangt. Dort wird während der Inselprozession ein zweistündiges Picknick zelebriert. Erfrischen kann man sich an der schattigen Fuente de Cruz de los Reyes: Man folgt der am Cruz startenden Asphaltpiste und biegt nach 100 Metern rechts in ein Sträßchen ein – die Quelle befindet sich 300 Meter weiter zur Linken.

Nach dem Abstecher zur Quelle kehren wir zur Kreuzung zurück und folgen der Straße nach rechts. Man passiert die **Raya de Cepón,** wo traditionsgemäß die Tänzer aus La Frontera das Zepter übernehmen. Nun wird der Cumbre-Kamm schmaler, über die Piedra dos Hermanas (Stein der zwei Schwestern) erreicht man die **Raya de la Llanía** an der Straße Valverde – La Frontera, auch hier kann man sich an einer Wasserstelle erfrischen.

Man folgt nun dem Wegweiser zum **Mirador del Golfo** (auch Mirador de la Llanía), der einen fantastischen Ausblick aufs Golftal eröffnet, danach geht es weiter zum *Bailadero de las brujas,* dem „Hexentanzplatz“ oberhalb des größten Kraters der Insel (Hoya de Fileba). Von dort geht man über Lavaasche zur Straße und biegt links in sie ein. Nach einem Kilometer kommt man zur **Raya de la Mareta,** wo der ausgeschilderte Weg die Straße verlässt und in nordöstlicher Richtung weiterführt. An der **Raya Cruz del Niño,** bereits mit Blick auf die Hochebene Meseta de Nisdafe, kreuzt er ein erstes Mal die Straße, wenig später ein zweites und drittes Mal. *Tierra que suena* (klingende Erde) heißt dieses Stück Land mit Baumheide und fruchtbaren Feldern. Man ignoriert alle quer verlaufenden Pisten und errreicht am Rand eines Kiefernwäldchens die **Raya de cuatro esquinas** (Gemarkung der vier Ecken) mit steingefasster Quelle. Gegenüber setzt sich der Weg fort und ist ein kurzes Stück identisch mit dem Weg zum Árbol Santo. Nach zehn Minuten ignorieren wir den Linksabzweig zum Heiligen Baum und gehen nordostwärts weiter. Kiefern und Eukalyptusbäume, später Apfel- und Birnbäume säumen den Weg. Er senkt sich zur Straße Valverde – San Andrés, kreuzt sie und führt steil nach **Tiñor** hinab.

Von der Kirche folgt man der alten Dorfstraße nach links zur Carretera General, wo sich der alte *camino* rechts der Straße fortsetzt. Nach 200 Metern kreuzt er sie und verläuft nun links und oberhalb von ihr längs der Ostflanke der Montaña de los Ceprones. Anschließend geht's steil hinab zur Carretera, die erneut gekreuzt wird. Der *camino* führt nun am Nordrand des Kraters La Caldereta entlang und bietet nach Passieren eines Felsdurchbruchs einen schönen Blick auf die Hauptstadt. Er senkt sich steil zur Straße hinab und quert sie ein letztes Mal: Man ignoriert die links abzweigende Asphaltpiste und folgt dem breiten, steingepflasterten Weg direkt nach **Valverde.**

081eh Foto: gs

Anhang

Literaturtipps

- *Alvarita Padrón:* **Gastronomia Herreña,** 2. Aufl. Santa Cruz 2001. Süßes und Pikantes, Liköre und Schnäpse: Auf 400 Seiten werden klassische Rezepte der Insel zusammengetragen.
- *Manuel Lorenzo Perera:* **El Queso Herreño – Elaboración e Historia,** Santa Cruz 1997. Selbst das gibt es: ein Buch über den herreñischen Käse und seine Herstellung.
- *Miguel Ángel Rodríguez:* **El Lagarto Gigante de El Hierro,** Santa Cruz 2000. Auch wer des Spanischen nicht mächtig ist, kann an diesem großformatigen Buch Gefallen finden. Qualitativ gute Fotos zeigen außer Rieseneidechsen *(lagarto gigante)* auch viele spektakuläre Landschaften der Insel.
- *Izabella Gawin:* **Insula Fortunata.** Vom Nutzen einer Atlantikinsel, Bremen 1995 (Edition Temmen). Ein weiter Bilderbogen von den ersten Kontakten mit europäischen Sklavenjägern und Konquistadoren bis hin zur Abhängigkeit der kanarischen Wirtschaft von ausländischen Investoren. Dokumentiert werden auch die Pläne der deutschen Wehrmacht, den Kanarischen Archipel zum Militärstützpunkt auszubauen.
- *Peter Rothe:* **Kanarische Inseln.** Sammlung Geologischer Führer Nr. 81, Berlin/Stuttgart 1986 (Borntraeger). Wie ist die Vulkaninsel Fuerteventura entstanden? Wer mehr wissen will über die „Hot-Spot-Hypothese", die „Kontinentaldrift" oder die „Entstehung von Magmen ozeanischer Inseln", greife zu dieser geologischen Fachstudie.
- *Peter und Ingrid Schönfelder,* **Die Kosmos-Kanarenflora,** Stuttgart 1997 (Kosmos). Ein unentbehrlicher Reisebegleiter für alle, die die Pflanzen der Kanarischen Inseln nicht nur sehen und genießen, sondern auch bestimmen wollen.
- **Spanisch für die Kanarischen Inseln – Wort für Wort,** Reihe Kauderwelsch, Reise Know-How Verlag, Bielefeld, erscheint 2003. Spanisch zum Einsteigen und Auffrischen, ermöglicht die schnelle Verständigung. Begleitkassette erhältlich.
- **Spanisch Slang,** Kauderwelsch Band 57, Reise Know-How Verlag, Bielefeld. Alltags-Spanisch für Fortgeschrittene.
- **Reisewortschatz Spanisch,** Reise Know-How Verlag, Bielefeld. Das Wörterbuch zum Kauderwelsch.

Vorhergehende Seite:
Blick in die Tiefe vom Mirador de las Playas

HILFE!

Dieses Urlaubshandbuch ist gespickt mit unzähligen Adressen, Preisen, Tipps und Infos. Nur vor Ort kann überprüft werden, was noch stimmt, was sich verändert hat, ob Preise gestiegen oder gefallen sind, ob ein Hotel, ein Restaurant immer noch empfehlenswert ist oder nicht mehr, ob ein Ziel noch oder jetzt erreichbar ist, ob es eine lohnende Alternative gibt usw.

Unsere Autoren sind zwar stetig unterwegs und versuchen, alle zwei Jahre eine komplette Aktualisierung zu erstellen, aber auf die Mithilfe von Reisenden können sie nicht verzichten.

Darum: Schreiben Sie uns, was sich geändert hat, was besser sein könnte, was gestrichen bzw. ergänzt werden soll. Nur so bleibt dieses Buch immer aktuell und zuverlässig. Wenn sich die Infos direkt auf das Buch beziehen, würde die Seitenangabe uns die Arbeit sehr erleichtern. Gut verwertbare Informationen belohnt der Verlag mit einem Sprechführer Ihrer Wahl aus der über 150 Bände umfassenden Reihe „Kauderwelsch" (siehe unten).

Bitte schreiben Sie an: REISE KNOW-HOW Verlag Peter Rump GmbH, Osnabrücker Str. 79, D-33649 Bielefeld, e-mail: info@reise-know-how.de

Danke!

Kauderwelsch-Sprechführer – sprechen und verstehen rund um den Globus

Afrikaans ● Albanisch ● Amerikanisch - *American Slang, More American Slang* ● Amharisch ● Arabisch - Hocharabisch, für Ägypten, Algerien, Golfstaaten, Irak, Jemen, Marokko, Palästina-Syrien, Sudan, Tunesien ● Armenisch ● *Bairisch* ● Baskisch ● Bengali ● *Berlinerisch* ● Brasilianisch ● Bulgarisch ● Balinesisch ● Burmesisch ● Cebuano ● Chinesisch ● Dänisch ● *Deutsch - Allemand, Duits, German, Nemjetzkii, Tedesco* ● *Elsässisch* ● Englisch - *British Slang, Australian Slang, Canadian Slang, Neuseeland Slang*, für Australien ● Esperanto ● Estnisch ● Finnisch ● Französisch - für Frankreich, für Restaurant & Supermarkt, für den Senegal, für Tunesien, *Französisch Slang, Franko-Kanadisch* ● Galicisch ● Georgisch ● Griechisch ● Guarani ● Hausa ● Hebräisch ● Hieroglyphisch ● Hindi ● Indonesisch ● Irisch-Gälisch ● Isländisch ● Italienisch - *Italienisch-Slang*, für Opernfans, kulinarisch ● Japanisch ● Javanisch ● Jiddisch ● Kantonesisch ● Kasachisch ● Katalanisch ● Khmer ● Kisuaheli ● Kinyarwanda ● *Kölsch* ● Koreanisch ● Kroatisch ● Kurdisch ● Laotisch ● Lettisch ● Lëtzebuergesch ● Lingala ● Litauisch ● Madagassisch ● Makedonisch ● Malaiisch ● Mallorquinisch ● Maltesisch ● Mandinka ● Mongolisch ● Nepali ● Niederländisch ● Norwegisch ● Paschto ● Patois ● Persisch ● Pidgin-English ● *Plattdüütsch* ● Polnisch ● Portugiesisch ● Quechua ● *Ruhrdeutsch* ● Rumänisch ● Russisch ● *Sächsisch* ● *Schwäbisch* ● Schwedisch ● *Schwiizertüütsch* ● *Scots* ● Serbisch ● Singhalesisch ● Sizilianisch ● Slowakisch ● Slowenisch ● Spanisch - *Spanisch Slang*, für Lateinamerika, für Argentinien, für Chile, für Costa Rica, für Cuba, für die Dominikanische Republik, für Ecuador, für Guatemala, für Honduras, für Mexiko, für Nicaragua, für Panama, für Peru, für Venezuela, kulinarisch ● Tagalog ● Tamil ● Tatarisch ● Thai ● Tibetisch ● Tschechisch ● Türkisch ● Ukrainisch ● Ungarisch ● Urdu ● Usbekisch ● Vietnamesisch ● Weißrussisch ● *Wienerisch* ● Wolof

SPANISCH SPEZIAL

Die Sprachen Spaniens

O'Niel V. Som
Spanisch
Wort für Wort
ISBN 3-89416-480-8

Hans-Ingo Radatz
Katalanisch
Wort für Wort
ISBN 3-89416-262-7

Hans-Jürgen Fründt
Spanisch Slang
- das andere Spanisch
ISBN 3-89416-247-3

Hans-Ingo Radatz
Mallorquinisch
Wort für Wort
ISBN 3-89416-324-0

Auch wenn **español** - oder besser gesagt: **castellano** - heute in ganz Spanien den Status der Amtssprache hat, so ist es doch nicht die einzige Sprache im Land: Etwa acht Millionen Spanier sprechen **català** (Katalanisch), ungefähr zwei Millionen **galego** (Galicisch) und gut 700.000 **euskera** (Baskisch) - völlig eigene, selbständige Sprachen, die sich in Wortschatz, Grammatik und Aussprache vom Spanischen unterscheiden. Auf den Kanarischen Inseln wird ein Dialekt des castellano gesprochen - ein entsprechender Band ist in Vorbereitung.

REISE KNOW-HOW Verlag, Bielefeld

Kleine Sprachhilfe

Dieser kleine Sprachführer soll dabei helfen, sich auf El Hierro zurechtzufinden: bei der Unterkunftssuche und im Restaurant, bei der Autovermietung und beim Einkaufen. Einige Male mit dem Blick auf die fremden Sätze einschlafen – und schon wird es möglich, durch einen freundlichen Gruß Pluspunkte zu sammeln und mit dem Pensionsbesitzer einen guten Preis auszuhandeln. Damit man beim Essen nichts Falsches bestellt, gibt es am Ende dieses kleinen Führers ein „Gastronomisches Glossar". Wer länger auf El Hierro bleiben will, dem sei der Sprechführer „Spanisch für die Kanarischen Inseln – Wort für Wort" aus der Kauderwelsch-Reihe empfohlen (erscheint 2003) oder auch der Band „Spanisch Slang", mit dem man seine Kenntnisse gut um typische Wendungen der Alltagssprache erweitern kann (⇨Literaturtipps).

Betonung und Aussprache

Bei der **Betonung** gilt es folgende Grundregeln zu beachten:

- Aufeinander folgende Vokale werden getrennt gesprochen, jedoch nicht abgehackt, sondern elegant verschliffen (*s**oy**, b**ai**le*).
- Mehrsilbige Wörter, die auf Vokal, n oder s enden, werden auf der vorletzten Silbe betont (***u**no, pes**e**ta, bu**e**nas t**a**rdes*); Ausnahmen werden mit einem Betonungs-Akzent gekennzeichnet (*adi**ó**s, pensi**ó**n*).
- Wörter, die auf einen Konsonanten (außer n und s) enden, müssen auf der letzten Silbe betont werden (*hot**e**l, ay**e**r*).
- Wörter, die auf Vokal plus y enden, werden gleichfalls auf der letzten Silbe betont (*est**o**y*).

Die **Aussprache** der folgenden Buchstaben(-kombinationen) weicht vom Deutschen ab:

c vor dunklen Vokalen wie k (*casa*), vor hellen Vokalen wie engl. stimmloses th (*gracias*)
ch wie tsch (*ocho*)
h wird nicht gesprochen (*holá*)
j wie ch in „acht" (*Juan*)
ll wie j (*valle*)
ñ wie nj (*mañana*)
qu wie k (*queso*)
s wie ss (*casa*)
y wie j (*apoyo*), am Wortende wie i (*hoy*)
z wie engl. stimmloses th (*diez*)

Das umgedrehte Fragezeichen (¿) vor dem Fragesatz ist eine typisch spanische Besonderheit. Analog wird vor dem Befehlssatz ein umgedrehtes Ausrufezeichen (¡) gesetzt.

Allgemeines	Guten Morgen, guten Tag (vormittags)!	*¡Buenos días!*
	Guten Tag (nachmittags)!	*¡Buenas tardes!*
	Guten Abend, gute Nacht!	*¡Buenas noches!*
	Auf Wiedersehen!	*¡Adiós!*
	Tschüß!	*¡Hasta luego!*
	Vielen Dank!	*¡Muchas gracias!*
	Sprechen Sie Deutsch?	*¿Habla Usted alemán?*
	ja, nein	*sí, no*
	ein wenig	*un poco*
	nichts	*nada*
	Wie geht es Ihnen?	*¿Como está Usted?*
	Entschuldigen Sie!	*¡Perdón!*
	Einen Augenblick, bitte!	*¡Un momento, por favor!*
	Wo liegt ...?	*¿Dónde está ...?*
	Wie heißt ...?	*¿Cómo se llama ...?*
	Wann ist ... geöffnet?	*¿A que hora está abierto ...?*
	Wie spät ist es?	*¿Qué hora es?*
	Haben Sie ...?	*¿Tiene ...?*
	Gibt es ...?	*¿Hay ...?*
	Ich möchte gern ...	*Quisiera ...*
	Ich brauche ...	*Necesito ...*
	rechts/links	*a la derecha/ a la izquierda*
	geradeaus	*todo derecho*
	oben/unten	*arriba/abajo*
	heute	*hoy*
	morgen	*mañana*
	gestern	*ayer*
	von ... bis	*de ... hasta*
	Lassen Sie mich bitte in Ruhe!	*¡Por favor, déjeme en paz!*
	Hau ab!	*¡Lárgate!*
	Hör sofort auf!	*¡Basta ya!*
	Hilfe!	*¡Socorro!*
Wochentage	Montag	*lunes*
	Dienstag	*martes*
	Mittwoch	*miércoles*
	Donnerstag	*jueves*
	Freitag	*viernes*
	Samstag	*sábado*
	Sonntag	*domingo*
Monate	Januar	*enero*
	Februar	*febrero*
	März	*marzo*
	April	*abril*
	Mai	*mayo*
	Juni	*junio*
	Juli	*julio*
	August	*agosto*

	September	*septiembre*
	Oktober	*octubre*
	November	*noviembre*
	Dezember	*diciembre*
Zahlen	1	*uno, una*
	2	*dos*
	3	*tres*
	4	*cuatro*
	5	*cinco*
	6	*seis*
	7	*siete*
	8	*ocho*
	9	*nueve*
	10	*diez*
Unterkunft	Hotel, Apartment, Pension	*hotel, apartamento, pensión*
	Landhaus	*casa rural*
	Haben Sie ein Einzel-/ Doppelzimmer?	*¿Tiene una habitación individual/doble?*
	mit eigenem Bad	*con baño propio*
	Wieviel kostet es?	*¿Cuánto cuesta?*
	mit Frühstück	*con desayuno*
	mit Halb-/Vollpension	*con media pensión/ pensión completa*
	Kann ich das Zimmer sehen?	*¿Puedo ver la habitación?*
Restaurant	Die Speisekarte (Weinkarte), bitte!	*¡La carta (carta de vinos), por favor!*
	Kellner, Kellnerin	*camarero, camarera*
	Hören Sie! (Anrede des Kellners/der Kellnerin)	*¡Oiga, por favor!*
	Ich mochte etwas essen (trinken)	*Quisiera comer (beber) algo.*
	Guten Appetit!	*¡Qué aproveche!*
	Prost!	*¡Salud!*
	Die Rechnung bitte!	*¡La cuenta, por favor!*
	Wo ist die Toilette?	*¿Dónde están los servicios?*
Autoverleih	das Auto	*el coche*
	der Vertrag	*el contrato*
	der Führerschein	*el permiso de conducir*
	der Preis	*el precio*
	die Kreditkarte	*la tarjeta de crédito*
	Benzin bleifrei	*gasolina sin plomo*
	die Tankstelle	*la gasolinera*
	die Straße	*la carretera*
	der Parkplatz	*el aparcamiento*

	Wo kann man ein Auto mieten?	*¿Dónde se puede alquilar un coche?*
Einkaufen	Wo ist der Markt?	*¿Dónde está el mercado?*
	Gibt es auch eine Fischhalle?	*¿Hay también una pescadería?*
	Laden	*tienda*
	Bäckerei	*panadería*
	Apotheke	*farmacia*
	Wieviel kostet das?	*¿Cuánto cuesta?*
	Das ist teuer/billig.	*¡Es caro/barato!*
	Das gefällt mir!	*¡Esto me gusta!*
	Das ist alles!	*¡Más nada!*
	Kann ich mit Kreditkarte bezahlen?	*¿Puedo pagar con tarjeta de crédito?*

Gastronomisches Glossar

aceite – Öl
aceitunas – Oliven
agua mineral – Mineralwasser
- *con gas* – mit Kohlensäure
- *sin gas* – ohne Kohlensäure
aguacate – Avocado
aguardiente – Schnaps
ahumado – geräuchert
ajo – Knoblauch
al ajillo – mit Knoblauch zubereitet
al salmorejo – in pikanter Weinsoße
albaricoque – Aprikose
albóndigas- Fleischklößе
alcachofas – Artischocken
almejas – Herzmuscheln
almendras – Mandeln
almendrados – Mandelmakronen
anchoas – Sardellen
arepas – gefüllte Teigtaschen
arroz – Reis
asado – gebraten
atún – Tunfisch
aves – Geflügel
azafrán – Safran
azúcar – Zucker
bacalao – Kabeljau
batata – Süßkartoffel
bebida – Getränk
berro – Kresse
besugo – Seebrasse
bien hecho – ganz durch
bienmesabe – Mandelmus

bistec – Beefsteak
bizcochos – süßes Gebäck
bocadillo – belegtes Brötchen
bonito – kleiner Tunfisch
bogavante – Hummer
boquerones – Sardellen
buey – Rind-, Ochsenfleisch
buñuelo – Krapfengebäck
caballa – Makrele
cabrito en adobo – pikant eingelegtes Zickleinfleisch
café solo – Espresso
café cortado – Espresso mit etwas Milch
café con leche – Milchkaffee
calabaza – Kürbis
calamares a la romana – panierte Tintenfischringe
calamares en su tinta – Tintenfisch in eigener Soße
caldo – Brühe
caldo de pescado – Fisch- und Meeresfrüchtesuppe
camarones – Garnelen
caña – Bier vom Fass
cangrejo – Krebs
carajillo – Espresso mit Brandy
carne – Fleisch
carne de buey – Ochsenfleisch
carne de cabra – Ziegenfleisch
carne de cerdo – Schweinefleisch
carne de cordero – Lammfleisch
carne de ternera – Kalbfleisch
carne de vaca – Rindfleisch
casero – hausgemacht
cazuela – Fischgericht mit Kartoffeln
cebolla – Zwiebel
cereza – Kirsche
cerveza – Flaschenbier
chicharrones – in *gofio* gewälzte Speckgrieben
chorizo – Paprikawurst
chuleta – Kotelett
churros con chocolate – frittierte Hefekringel mit heißer Schokolade
clacas – einheimische Muschelart
ciruela – Pflaume
cochinillo – Spanferkel
cocido – 1. gekocht, 2. Fleisch- und Gemüseeintopf
coliflor – Blumenkohl
conejo – Kaninchen
consomé – Kraftbrühe
corvina – Schattenfisch
crema – Creme, Suppe
crudo – roh
dulces – Süßigkeiten
embutido – Wurst

empanada – gefüllte Teigtasche
ensalada – Salat
entrecot – Rumpsteak
escaldón – Brühe mit *gofio*
escalope – Schnitzel
espárragos – Spargel
espinacas – Spinat
estofado – Schmorbraten
fideos – Fadennudeln
flan – Karamelpudding
fresa – Erdbeere
fresco – frisch
frito – gebacken
fruta del mar – Meeresfrüchte
fruta – Obst
gallina – Huhn
gambas – Garnelen
garbanzos – Kichererbsen
gazpacho – kalte Gemüsesuppe
gofio – Mehl aus geröstetem Getreide
guisado – Schmorfleisch mit Soße und Kartoffeln
guisantes – Erbsen
helado – Speiseeis
hielo – Eis (zum Kühlen)
hierbas – Kräuter
higado – Leber
hongo – Pilz
huevo – Ei
huevo duro – hartes Ei
huevo pasado – weiches Ei
huevo frito – Spiegelei
huevos revueltos – Rührei
jamón – gekochter Schinken
jamón serrano – luftgetrockneter Schinken
judías – Bohnen
jugo – Saft
langosta – Languste
langostinos – Königskrabben
lapa – Napfschnecke
leche – Milch
leche condensada – Büchsenmilch
lechuga – grüner Salat
legumbres – Gemüse, Hülsenfrüchte
lenguado – Seezunge
lentejas – Linsen
licor – Likör
limón – Zitrone
lomo – Rückenstück
mantequilla – Butter
manzana – Apfel
mariscos – Meeresfrüchte

media ración – halbe Portion
medio hecho – halb durch
mejillones – Miesmuscheln
melocotón – Pfirsich
menú del día – Tagesmenü
merluza – Seehecht
mero – Zackenbarsch
miel – Honig
mojo verde – grüne Soße mit Koriander und Knoblauch
mojo rojo – rote Soße mit Chilischoten und Knoblauch
morcilla – Blutwurst
morcilla dulce – Blutwurst mit Mandeln und Rosinen
mostaza – Senf
mousse au chocolat – Schokoladenmus
naranja – Apfelsine
nata – Schlagsahne
nueces – Nüsse
paella – Reisgericht mit Meeresfrüchten, Fleisch und Gemüse
pan – Brot
panecillo – Brötchen
papas – Kartoffeln
papas fritas – Pommes frites
papas arrugadas – Kartöffelchen mit Salzkruste
parrillada – Grillplatte
pastel – Kuchen, Torte
pata de cerdo – zartes Schweinefleisch
pechuga – Brust
pepinillo – saure Gurke
pepino – Salatgurke
pera – Birne
percebes – Entenmuscheln
perdiz – Rebhuhn
perejil – Petersilie
pescado – Fischgericht
pez – Fisch
pez espada – Schwertfisch
pimienta – Pfeffer
pimiento – Paprikaschote
pincho, pinchito – Spieß
piña – Ananas
plátano – Banane
pollo – Hähnchen
polverones – leichte Gebäckstücke
potaje – Gemüseeintopf
puchero – Eintopf aus Fleisch und Gemüse
pulpo – Krake, Oktopus
queso ahumado – geräucherter Käse
queso curado / duro – reifer Käse
queso semicurado / semiduro – halbreifer Käse

queso tierno – Frischkäse
queso a la brasa – gegrillter Ziegenkäse
queso de almendras – Mandelkuchen
queso del país majorero – Käse aus Fuerteventura
ración – große Portion
rape – Seeteufel
ron miel – Rum mit Honig
ropa vieja – herzhaftes Fleischgericht mit Kichererbsen
sal – Salz
salchichas – Würstchen
salchichón – Salami
salsa – Soße
sama – Rotbrasse
salmón – Lachs
sancocho – Fisch mit Süßkartoffeln und Gemüse
sangría – Rotweinbowle mit Zitrusfrüchten
sardinas en aceite – Ölsardinen
setas – Speisepilze
solomillo – Filetsteak
sopa – Suppe
sopa de garbanzos – Kichererbsensuppe
sopa de verdura – Gemüsesuppe
tapa – kleines Tellergericht, Zwischenmahlzeit
tarta – Torte
té – Tee
tiburón – Haifisch
tocino – Speck
tollo – Trockenfisch
tortilla española – Omelett mit Kartoffelstücken
tortilla francesa – Omelett
trucha con batatas – Gebäck mit Süßkartoffelmus
truchas con cabello de ángel – Gebäck mit Fasermelonenkonfitüre
turrón – feste, süße Masse aus Mandeln und Eiern
uvas – Weintrauben
vegetariano – vegetarisch
verdura – Gemüse
vieja – karpfenähnlicher Fisch
vinagre – Essig
vino – Wein
vino blanco – Weißwein
vino rosado – Roséwein
vino tinto – Rotwein
vino dulce – süßer Wein
vino semiseco – halbtrockener Wein
vino seco – trockener Wein
vino de la casa – Tafelwein
zanahorias – Möhren
zarzuela – Fischeintopf
zumo – Saft

Alle Reiseführer auf einen Blick

Reisehandbücher
Urlaubshandbücher
Reisesachbücher
Rad & Bike

Afrika, Bike-Abenteuer
Afrika, Durch
Agadir, Marrakesch und Südmarokko
Ägypten
Alaska ⇗ Canada
Algerische Sahara
Amrum
Amsterdam
Andalusien
Äqua-Tour
Argentinien, Uruguay und Paraguay
Äthiopien
Auf nach Asien!

Bahrain
Bali und Lombok
Bali, die Trauminsel
Bali: Ein Paradies ...
Bangkok
Barbados
Barcelona
Berlin
Borkum
Botswana
Bretagne
Budapest
Bulgarien

Cabo Verde
Canada West, Alaska
Canadas Ost, USA NO
Chile, Osterinseln
China Manual
Chinas Norden
Chinas Osten
Costa Blanca
Costa Brava
Costa de la Luz
Costa del Sol
Costa Dorada
Costa Rica
Cuba

Dalmatien
Dänemarks Nordseeküste
Dominikanische Republik
Dubai, Emirat

Ecuador, Galapagos
El Hierro
England – Süden
Erste Hilfe unterwegs
Europa BikeBuch

Fahrrad-Weltführer
Fehmarn
Florida
Föhr
Fuerteventura

Gardasee
Golf v. Neapel, Kampanien
Gomera
Gran Canaria
Großbritannien
Guatemala

Hamburg
Hawaii
Hollands Nordseeinseln
Honduras
Hongkong, Macau

Ibiza, Formentera
Indien – Norden
Indien – Süden
Irland
Island
Israel, palästinens. Gebiete, Ostsinai
Istrien, Velebit

Jemen
Jordanien
Juist

Kairo, Luxor, Assuan
Kalifornien, USA SW
Kambodscha
Kamerun
Kanada ⇗ Canada
Kapverdische Inseln
Kenia
Korfu, Ionische Inseln
Krakau, Warschau
Kreta
Kreuzfahrtführer

Ladakh, Zanskar
Langeoog
Lanzarote
La Palma
Laos
Lateinamerika BikeBuch
Libanon
Libyen
Ligurien
Litauen
Loire, Das Tal der
London

Madagaskar
Madeira
Madrid
Malaysia, Singapur, Brunei
Mallorca
Mallorca, Reif für
Mallorca, Wandern
Malta
Marokko
Mecklenb./Brandenb.: Wasserwandern

Praxis, KulturSchock

Praxis

All Inclusive?
Als Frau allein unterwegs
Canyoning
Daoismus erleben
Dschungelwandern
Essbare Früchte Asiens
Fernreisen
Fernreisen, Fahrzeug
Fliegen ohne Angst
Clever buchen – besser fliegen
Fun u. Sport im Schnee
GPS f. Auto, Motorrad, Wohnmobil
GPS Outdoor-Navigation
Heilige Stätten Indiens
Hinduismus erleben
Höhlen erkunden
Inline-Skaten Bodensee
Inline Skating
Islam erleben
Kanu-Handbuch
Kreuzfahrt-Handbuch
Küstensegeln
Maya-Kultur erleben
Orientierung mit Kompass und GPS
Paragliding-Handbuch
Pferdetrekking
Reisefotografie
Reisefotografie digital
Reisen und Schreiben
Respektvoll reisen
Richtig Kartenlesen
Safari-Handbuch Afrika
Schutz vor Gewalt und Kriminalität
Schwanger reisen
Selbstdiagnose u. Behandlung unterwegs
Sicherheit/Bärengebiete
Sicherheit/Meer
Sonne, Wind und Reisewetter
Survival-Handbuch, Naturkatastrophen
Tauchen in kalten Gewässern
Tauchen in warmen Gewässern
Transsib – von Moskau nach Peking
Trekking-Handbuch
Tropenreisen
Vulkane besteigen
Was kriecht u. krabbelt in den Tropen
Wein Guide Dtschl.
Wildnis-Ausrüstung
Wildnis-Backpacking
Wildnis-Küche
Winterwandern
Wohnmobil/Indien und Nepal
Wracktauchen weltweit

KulturSchock

Afghanistan
Ägypten
Brasilien
China
Golf-Emirate, Oman
Indien
Iran
Islam
Japan
KulturSchock
Marokko
Mexiko
Pakistan
Russland
Spanien
Thailand
Türkei
Vietnam

Wo man unsere Reiseliteratur bekommt:

Jede Buchhandlung in der BRD, der Schweiz, Österreichs und in den Benelux-Staaten kann unsere Bücher beziehen.
Wer trotzdem keine findet, kann alle Bücher über unseren Internet Shop unter **www.reise-know-how.de** oder **www.reisebuch.de** bestellen.

Anhang

Register

650lp Foto: gs

Die Autorin

Izabella Gawin (1964) studierte Spanisch, Deutsch und Kunst. Die Kanarischen Inseln haben es ihr so sehr angetan, dass sie dort jedes Jahr mehrere Monate lebt. Ihre Dissertation schrieb sie über die Kulturgeschichte des Archipels, außerdem verfasste sie Reise- und Wanderbücher, u.a. zu La Palma und Gomera, Gran Canaria und Lanzarote. Bei Reise Know-How veröffentlichte sie die Bücher „Insel La Palma" und „Insel Gomera".